Peter Matthias Wehmeier

Selbstmanagement
Organisationsentwicklung und Interaktion

Verlag Wissenschaft & Praxis

Die Deutsche Bibliothek – CIP-Einheitsaufnahme

Wehmeier, Peter Matthias :
Selbstmanagement : Organisationsentwicklung und Interaktion /
Peter Matthias Wehmeier
– Sternenfels : Verl. Wiss. und Praxis, 2001
ISBN 3-89673-128-9

ISBN 3-89673-128-9

© Verlag Wissenschaft & Praxis
Dr. Brauner GmbH 2001
Nußbaumweg 6, D-75447 Sternenfels
Tel. 07045/930093 Fax 07045/930094

Printed in Germany

„Wir werden dahin kommen, daß einer mit Knopfdruck alles erfahren, nur nicht mehr denken kann. Das aber wird den Kampf um die eigene Identität verstärken.“

(Rüdiger Altmann)

„Wenn man des Übels Ursache nicht erkennt, kann man die Heilkur nicht beginnen.“

(Kalidasa)

„Kenntnis seiner selbst: an Sinnesart, an Geist, an Urteil, an Neigungen. Keiner kann Herr über sich sein, wenn er sich nicht zuvor begriffen hat.“

(Baltasar Gracián)

Inhalt

5. ENTSCHEIDUNG UND SELBSTMANAGEMENT 155

6. HANDELN UND SELBSTMANAGEMENT 187

7. SCHRITTE ZU EFFEKTIVEM SELBSTMANAGEMENT 211

LITERATUR 216

1. Einführung in das Selbstmanagement

Mit der ansteigenden Flut von Informationen, die wir verarbeiten und bewältigen müssen, wird es für den einzelnen immer wichtiger, sich mit Beziehungen,
Aneignungsprozessen, Planungsvorgängen, Entscheidungen und Handlungen
auseinanderzusetzen und mit diesen konstruktiv umzugehen. Viele Menschen
stehen ihrem Arbeitsumfeld oder ihrer Privatsphäre gleichgültig gegenüber
oder sind über manche Gegebenheiten sogar enttäuscht. Selbstmanagement ist
eine Möglichkeit, sich diese Problematik bewußtzumachen und entsprechend
auf sie zu reagieren.

Beim Selbstmanagement geht es letztlich immer um die positive Gestaltung
eigener Denkmuster. Das fördert die Psychohygiene des einzelnen, gestattet
aber auch eine realistische Sicht sowohl des eigenen Arbeitsumfelds als auch
der Privatsphäre. So kann Selbstmanagement dazu beitragen, Antworten auf
die allgemeine Orientierungslosigkeit und Hilflosigkeit zu finden, die viele
Menschen der heutigen Zeit befällt.

Effektives Selbstmanagement erfordert letztendlich die Fähigkeit, Harmonie
zwischen mehreren Teilvorgängen herbeizuführen oder wiederherstellen zu
können. Selbstmanagement bedeutet immer auch die Steuerung von Veränderungsprozessen. Veränderungen erfordern aber die fortlaufende Auflösung
von Konflikten. Sollen individuelle Ziele erreicht werden, müssen die gegebenen Umstände von dem Betreffenden verstanden und akzeptiert werden.
Wenn Sie sich als Teil eines Vorgangs verstehen und diesen mitgestalten, können Sie Ihren persönlichen Entwicklungsprozeß weit voranbringen. Darin
besteht effektives Selbstmanagement.

Was genau ist Selbstmanagement?

Selbstmanagement ist ein Begriff aus dem anglo-amerikanischen Sprachraum,
der für aktive und eigenständige Problembewältigung und damit für verbesser-
te Selbststeuerung steht (Kanfer et al., 2000). Selbstmanagement gründet sich
auf Theorien der Selbstkontrolle, Selbstregulation und des sozialen Lernens
mit ihrem Fähigkeits- oder Kompetenzaspekt (Bandura, 1977; Bandura u.
Schunk, 1982; Bandura, 1989). Bei dieser Form der Selbstregulation spielt
Vertrauen in die Fähigkeit des einzelnen, etwas Bestimmtes tun zu können,
eine wichtige Rolle. Jeder einzelne kann mittels Selbstregulation („Selbstmanagement") einen Lern- und Veränderungsprozeß durchlaufen, der ihn in die
Lage versetzt, sein Leben in Einklang mit seinen Werten und Zielen zu gestalten (Meichenbaum, 1979). Damit ist Selbstmanagement, ganz allgemein ge-

sprochen, die Grundlage für einen guten Umgang mit sich selbst und für eine konstruktive Interaktion mit anderen.

Selbstmanagement als Einstellung

Selbstmanagement ist eine zur praktischen Anwendung geeignete Einstellung oder Philosophie, die einen wichtigen Beitrag zur Aneignung der Realität leisten kann (De Waele et al., 1993). Die ursprüngliche Bedeutung des Wortes Philosophie ist „Liebe zum Denken" (Sandvoss, 1989). Folglich ist der Philosoph ein Freund des Denkens bzw. der Weisheit (*phílos* [gr.]: „Freund"; *sophía* [gr.]: „Weisheit"), der sich durch Streben nach jeder Form von Erkenntnis auszeichnet (Kunzmann et al., 1991). Im Gegensatz zur Philosophie als theoretisches Wissensgebäude ist Selbstmanagement eine praxisnahe Art, sich mit der Realität auseinanderzusetzen. Das Ergebnis dieser Auseinandersetzung mit der eigenen inneren und äußeren Wirklichkeit wirkt sich auf die eigene Lebenseinstellung aus. Aus dieser Einstellung ergeben sich Handlungsleitsätze oder eine eigene „praktische Philosophie".

Die eigene Einstellung entsteht im Laufe des Lebens aus der persönlichen Erfahrung in der Beziehung zu anderen Menschen und der Integration dieser Erfahrung (Oerter, 1995; Kipp et al., 1996). Als Ergebnis dieser Entwicklung bilden sich beim einzelnen Wertvorstellungen und Sichtweisen heraus, die eine Grundlage für sein Erleben und Handeln ausmachen. Diese Wertvorstellungen und Haltungen sind sowohl Fixpunkt als auch Triebfeder für die individuelle Lebensweise. Diese individuelle Lebensphilosophie ist jedoch keinesfalls mit „Lifestyle" zu verwechseln, den wir heute als „modernen" Lebensstil mit seinem ausgeprägten Konsumverhalten kennen. Mit Lebensphilosophie sind vielmehr die individuellen Einstellungen und Verhaltensweisen gemeint, die ein Mensch hat. Diese gilt es näher zu betrachten und gegebenenfalls zu ändern. So verstanden, ist Selbstmanagement eine „praktische Philosophie".

Selbstmanagement als Prozeß

Selbstmanagement ist als dynamischer Prozeß sehr vielschichtig. Verwirrend ist zunächst die Vielfalt der Gesichtspunkte, die dabei eine Rolle spielen. In den verschiedenen Lebensbereichen laufen ständig Vorgänge oder Entwicklungsprozesse ab: bei der Kommunikation und Interaktion mit anderen, bei Planungsvorgängen, beim Lernen, bei der Entscheidungsfindung, im täglichen Handeln usw. Groß ist die Zahl simultan ablaufender Ereignisse, die zu berücksichtigen sind. Oft hängen wichtige Faktoren auf undurchsichtige Weise miteinander zusammen. So stellen sich viele berufliche Aufgaben oder private Schwierigkeiten als komplexe Probleme dar. Erschwerend können institutionelle oder gesellschaftliche Zwänge und hoher Zeitdruck bei großer Arbeitsbelastung hinzukommen (Breuer, 1979). Dann kann leicht der Überblick verloren gehen, so daß eine produktive Auseinandersetzung mit der zu lösenden Aufgabe unmöglich ist. Im Rahmen des Selbstmanagements können komplizierte Abläufe auf eine strukturierte Art und Weise betrachtet werden. Das ermöglicht dem einzelnen die bessere Erledigung seiner Aufgaben und die Bewältigung schwieriger Situationen (Kanfer et al., 2000).

Die Bedeutung von Kommunikation und Interaktion beim Selbstmanagement

Zwischenmenschliche Kommunikations- und Interaktionsvorgänge sind „multimodal", d. h. sie sind durch zahlreiche Facetten bzw. Unterprozesse gekennzeichnet. Da Menschen Informationen aber nur selektiv verarbeiten, können wir die Informationen, die wir aufnehmen, leider nicht immer optimal nutzen. Multimodales Reagieren auf situative Anforderungen kann die Steuerungsfähigkeit des Bewußtseins daher schnell überfordern (Sulz, 1994a). In Situationen komplexer Informationsverarbeitung kann der dichte Informationsüberfluß einen entsprechend großen Streßfaktor darstellen, der den Prozeß sinnvoller Entscheidungsfindung möglicherweise behindert.

Beim Treffen von Entscheidungen spielen neben den rein informationsverarbeitenden Prozessen immer auch emotionale Faktoren eine wichtige Rolle (Ciompi, 1982; 1986). Dies ist uns nicht immer klar, da die Vorstellung ganzheitlicher Abläufe der Denkweise moderner Menschen uns oft noch recht fremd ist (Sulz, 1994a). Kognitive und emotionale Vorgänge laufen simultan ab und hängen untrennbar zusammen. Emotionen sind häufig nicht bewußt, sie beeinflussen aber die Art und Weise, wie wir denken. So können sich Emotionen unmittelbar auf Entscheidungsprozesse auswirken.

Die bewußte Steuerung sowohl kognitiver als auch emotionaler Denkvorgänge sowie die Verarbeitung verbaler und nonverbaler Informationen stellt recht hohe Anforderungen an Wahrnehmung und Denken. Wenn jemand beispielsweise in Planungs- oder Entscheidungsprozesse verwickelt ist, muß er ständig Informationen aus dem kontinuierlichen Fluß der Geschehnisse herausgreifen und deren Informationsgehalt und emotionale Konnotation selektiv bewerten. Wenn eine Person in ihrer Informationsverarbeitungskapazität und ihren Selbstmanagementfähigkeiten überlastet ist, können Streß, Realitätsverlust, Fehleinschätzungen und Fehlentscheidungen resultieren.

Selbstmanagement als System

Strukturalistische Theorien sind eine wichtige Grundlage für die Analyse organisationspsychologischer Vorgänge. Die theoretischen Konstruktionen übernehmen dabei die Funktion von Werkzeugen, die nicht *wahr* oder *falsch*, sondern mehr oder weniger *brauchbar* sind (Holling u. Müller, 1995). Systemmodelle können unter anderem dazu dienen, Zusammenhänge transparenter zu machen und sie besser zu verstehen (Schiepek u. Kaimer, 1989). Auf diese Weise helfen systemische Theorien, Komplexität von Vorgängen zu reduzieren. Wenige Theorien bieten ein breiteres Spektrum an Anwendungsmöglichkeiten für die Lebenspraxis. Auch die hier auf das Selbstmanagement angewandten Systemtheorien sind mehr oder weniger brauchbare Konstrukte, die dem Verständnis des Selbstmanagementansatzes dienen und dessen Umsetzung erleichtern sollen. Dabei ist der Aspekt der Nützlichkeit wichtiger als theoretische Konsistenz.

Die Grundvorgänge des Selbstmanagements

Nähern wir uns einer strukturierten Betrachtung des Selbstmanagements. Welches sind die Grundvorgänge, die unser Leben ausmachen und die daher auch wichtige Komponenten des Selbstmanagements darstellen? Es lassen sich fünf Vorgänge oder Prozesse aufzeigen, die unser Selbstmanagement bestimmen:

- Gestaltung der *Beziehung* zu Mitmenschen;

- *Aneignung* von Informationen und Fähigkeiten;

- *Entscheidungsfindung* im Kontext unserer Werte und Ziele;

- *Planung* bei der Arbeit und in der Privatsphäre;

- Umsetzung der Pläne in konkrete *Handlungen*.

Selbstmanagement setzt sich aus diesen Grundvorgängen zusammen, bedeutet aber mehr als die Summe dieser Teile. Darüber hinaus ist Selbstmanagement eine Methode, mit der wir die Teilaspekte oder Grundvorgänge aktiv gestalten können. Das geschieht, indem wir unsere innere und die äußere Realität betrachten, sie für uns strukturieren und begreifbar machen, um dann zu planen und unseren Werten und Zielen entsprechend zu handeln (s. Abbildung 1).

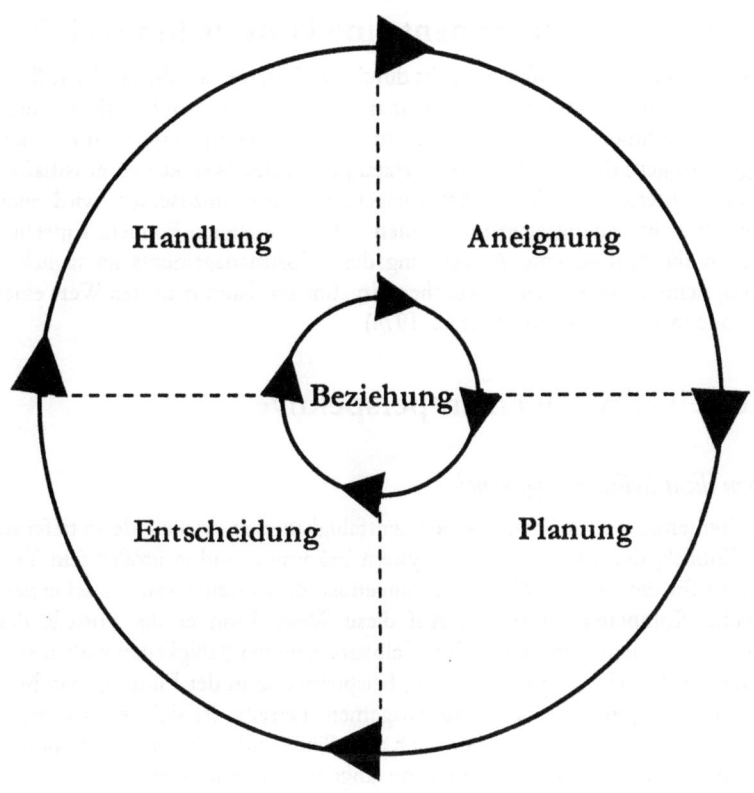

Abbildung 1: Die fünf Grundvorgänge des Selbstmanagements

Definition des Selbstmanagements

Berücksichtigen wir alle oben aufgeführten Aspekte, kommen wir einer Definition des Selbstmanagements recht nahe: Selbstmanagement ist das Hinarbeiten auf eine optimale Integration der emotionalen, geistigen, intellektuellen und körperlichen Lebensweise in jeder Phase des Lebens. Effektives Selbstmanagement verlangt, daß wir unsere persönlichen Entwicklungsmöglichkeiten erkennen, unsere Fähigkeiten entfalten und dabei unseren eigenen Bedürfnissen gerecht werden.

Kann Selbstmanagement eine Hilfestellung sein?

So wie man das Fahrradfahren nicht durch das Lesen eines Buches lernt (Senge, 1996), kann man seine Selbstmanagementfähigkeiten nicht allein durch theoretische Studien verbessern. Selbstmanagementkompetenz kann nur derjenige erlangen, der die Probe aufs Exempel macht. Wer keinen ernsthaften Versuch unternimmt, den Selbstmanagementansatz umzusetzen, wird auch keinen Nutzen davontragen und keinen Sinn darin sehen können. Entscheidend ist die konsequente Anwendung des Selbstmanagements im täglichen Leben, denn allein an den praktischen Ergebnissen kann man den Wert einer Methode messen (Watzlawick et al., 1974)

Die Selbstmanagementperspektive

Wozu dient Selbstmanagement?

Je weiter jemand seine Selbstmanagementfähigkeiten entwickelt, desto tiefer ist der Einblick, den er in sein Wertesystem bekommt, und je größer sein Verständnis für die eigenen Wertvorstellungen ist, desto weiter kann er seine persönliche Kompetenz ausbauen. Auf diese Weise kann er die Vorteile des Selbstmanagements umsetzen. Gute Selbstmanagementfähigkeiten wirken sich positiv auf den Umgang mit anderen, beispielsweise in der Führung von Mitarbeitern, aus. Jemand, der Selbstmanagement betreibt, ist sich seiner inneren Konflikte bewußt. Er spürt aber auch Konflikte und Konkurrenzsituationen zwischen sich und anderen und kann angemessen mit solchen Situationen umgehen.

Je mehr jemand eine Selbstmanagementperspektive einnimmt, desto differenzierter ist sein Gespür für seine Machtposition und desto souveräner ist sein Umgang mit ihr. Auf diese Weise ist derjenige weniger abhängig von der jeweiligen Organisationsstruktur und dadurch nicht so leicht manipulierbar. Durch die Einnahme einer Position großer Souveränität ist derjenige weniger in interaktionelle Abläufe verstrickt und kann statt dessen mehr zu seinen eigentlichen Aufgaben in der Organisation beitragen.

Da die Persönlichkeitsentwicklung des einzelnen zur Entwicklung konstruktiver Gruppenprozesse beiträgt, bedeutet Selbstmanagement des einzelnen immer auch einen Gewinn für die Gruppe oder Organisation, in der er tätig ist. Daraus ergibt sich andererseits ganz automatisch, was Selbstmanagement nicht sein soll und nicht sein kann (De Waele et al., 1993):

- Erfolgreiches Selbstmanagement ist *nicht* mit herkömmlichen Definitionen des Begriffs „Erfolg" gleichzusetzen. Es hat nichts mit betriebswirtschaftlichem Management oder kommerziellen Belangen zu tun.

- Selbstmanagement ist *nicht* mit Egoismus und Habgier gleichzusetzen und rechtfertigt diese in keiner Weise. Es wäre widersinnig, wenn Selbstmanagement dazu führte, daß andere benachteiligt würden. Egoismus und Habgier sind vielmehr Anzeichen dafür, daß kein effektives Selbstmanagement stattfindet.

- Selbstmanagement ist *keine* Ideologie oder Weltanschauung. Es geht beim Selbstmanagement weder um politische Standpunkte noch um Glaubensinhalte. Der Selbstmanagementansatz ist rational nachvollziehbar.

- Selbstmanagement ist zwar undogmatisch, aber *nicht* „wertfrei". Einige unverzichtbare Wertvorstellungen dienen als Eckpfeiler des Selbstmanagements. Autonomie, positive zwischenmenschliche Beziehungen und Pluralismus sind Werte, die für das Selbstmanagement wichtig sind.

- Selbstmanagement ist *nicht* von Modeströmungen abhängig. Da Selbstmanagement zeit- und kulturübergreifend ist, kann es weder an zeit- noch kulturgebundenen Erwartungen gemessen werden.

- Die Umsetzung von Aneignung, Beziehung, Planung, Entscheidung und Handlung darf *nicht* mit Opportunismus verwechselt werden. Opportunismus geht auf Kosten anderer und kennt keine ethischen Grenzen. Selbstmanagement hingegen rückt wichtige Werte in den Mittelpunkt und erfordert den Respekt vor allgemeinen ethischen Maßstäben.

- Selbstmanagement ist *kein* Allheilmittel. Es gibt Vorgänge, die sich dem Selbstmanagement entziehen, beispielsweise vorgegebene äußere Lebensbedingungen oder interne biologische Gegebenheiten (z. B. Konstitution, Krankheit).

Selbstmanagement ist eine Herausforderung

Es gibt eine Reihe von Wertvorstellungen, die im weiteren Sinne zum Selbstmanagement gehören, beispielsweise Aufrichtigkeit, Glaubwürdigkeit und Zuverlässigkeit. Je nach Unternehmenskultur ist die Herausforderung an die Wertvorstellungen des einzelnen unterschiedlich. In manchen Unternehmen können diese Wertvorstellungen und damit auch das Selbstmanagement des einzelnen vor mehr oder weniger große Herausforderungen gestellt werden. Vorgesetzte gehen häufig davon aus, daß eventuelle Wertkonflikte grundsätzlich ohne viel Aufhebens gelöst werden und stets innere Stärke gezeigt wird.

Dabei gibt es jedoch drei *Hauptschwierigkeiten*, die erfahrungsgemäß immer wieder eine Rolle spielen und dem einzelnen Probleme bereiten können:

Die *erste* Schwierigkeit beim Selbstmanagement ist die Verbreitung konventioneller Regeln der sozialen Interaktion und stereotyper Einstellung gegenüber beruflichen Rollen und Kompetenzen. Organisationen haben oft konventionelle Ansichten, was professionelle Rollen und Kompetenzen anbelangt. Sie haben daher häufig relativ starre Regeln für die Art und Weise, wie zwischenmenschliche Interaktion in der Organisation ablaufen soll. Die Mehrzahl der Beschäftigten großer Organisationen haben wenig Gelegenheit, sich mit Selbstmanagement zu befassen und sich Selbstmanagementfähigkeiten anzueignen. Wie etwa Familien tendieren auch Organisationen dazu, Menschen in feste Strukturen einzubinden und mit einer gewissen Autorität über sie zu bestimmen. Nur selten gibt es Organisationen, die in dieser Hinsicht eine Ausnahme darstellen. Die meisten Organisationen fördert weder individuelle Autonomie noch Eigeninitiative.

Die *zweite* Schwierigkeit beim Selbstmanagement geht aus der Einsicht hervor, daß wir mit unseren Wünschen und Zielen nicht alleine sind. Andere betreiben ebenfalls Selbstmanagement, und das kann als Konkurrenz wahrgenommen werden. Ein Mitglied der Organisation kann im Rahmen seines Selbstmanagements in Interessenskonflikte mit anderen Personen geraten, insbesondere dann, wenn Ressourcen wie Zeit, Geld, Raum usw. knapp sind. Konflikte um Ressourcen können auf grundlegende Unstimmigkeiten über Prioritäten hindeuten. Manchmal geht es bei Konflikten um kurz- oder langfristige Ziele der Organisation, manchmal entzündet sich ein Streit an der Frage, wer finanziell oder personell bessergestellt werden soll. Man mag derartige Konflikte als Spielereien betrachten, bei denen der Stärkere gewinnt. Aus der Perspektive des Selbstmanagements werden daran auch andere Aspekte deutlich, die ein tieferes Verständnis des Konflikts ermöglichen. Jemand, der Selbstmanagement betreibt, weiß, daß es bei Konflikten meist nicht darum geht, wer Recht hat. Er sieht einen Konflikt vielmehr als eine Form zwischenmenschlicher Interaktion, bei der es hauptsächlich um Macht oder um die Ausübung von Macht geht. Er weiß auch, daß Machtkämpfe keine effektiven Strategien zur Lösung von Problemen sind, da sie viel Zeit und Kraft in Anspruch nehmen und nicht zur Bewältigung tatsächlicher Probleme dienen. Um derartige Probleme zu umgehen, wendet sich die Person, die Selbstmanagement betreibt, solchen Strategien zu, die einen besseren Überblick ermöglichen. Er wird eine Langzeitperspektive ins Auge fassen, seine Anstrengungen auf ein Ziel ausrichten und auf flexible Art und Weise handeln. Diese Strategie erlaubt es ihm, sich auf wesentliche Aufgaben zu konzentrieren und sich nicht durch zweitrangige Belange ablenken zu lassen.

Die *dritte* Schwierigkeit beim Selbstmanagement liegt darin, daß es Menschen häufig schwerfällt, bestimmte Vorstellungen in konkrete Verhaltensweisen umzusetzen. Es fehlt ihnen an Ressourcen, ihren Gedanken auch Taten folgen zu lassen. Es gibt einige Wertvorstellungen, die für ein gutes Selbstmanagement von entscheidender Bedeutung sind, gerade wenn Probleme auftreten. Zu diesen Werten gehört ein Gefühl der Sicherheit und Lebensbejahung, der Aufbau von Vertrauen in die Fähigkeiten und Entwicklungsmöglichkeiten anderer Menschen, die Bereitschaft Offenheit und Interesse zu zeigen, sowie die Entwicklung von Selbständigkeit. Die Bedeutung dieser vier Aspekte des Selbstmanagements und die Umstände, die ihre Umsetzung behindern, sollen im Folgenden näher erläutert werden.

Sicherheit und Lebensbejahung

Sicherheit und Lebensbejahung gehören zu den wichtigsten Werten des Selbstmanagements. Solche Werte können jedoch schnell durch Enttäuschungen, Übervorteilung, Krankheit, Unfälle, politische Machenschaften, Täuschung, Verbrechen usw. untergraben werden. Eine negative Umgebung, wie beispielsweise eine „depressive" Organisation (Kets de Vries, 1987), fordert stets ihren Tribut. In einer solchen Situation kann der Betroffene nur verlieren. So kann es sehr schwer werden, Initiative zu zeigen oder überhaupt Vitalität an den Tag zu legen.

Wenn Gefühle, die in einer solchen Situation auftreten, nicht geäußert und negative Einflüsse nicht aus dem Weg geräumt werden, beginnt die Unzufriedenheit zu „gären". Sie nagt am Selbstwertgefühl und kann schließlich die Lebensbejahung untergraben. Eine ähnliche Wirkung können Unzufriedenheiten haben. Wenn man sich beispielsweise von einem Vorgesetzten ausgenutzt fühlt, ist es wichtig, daß man seine Unzufriedenheit äußert und der Vorgesetzte davon erfährt. Vielleicht ist ihm überhaupt nicht bewußt, daß er die Ursache für Unzufriedenheit ist. Doch nur dann kann die Ursache für die Unzufriedenheit aus dem Weg geräumt werden.

Will jemand trotz solcher negativen Einflüsse Selbstmanagement betreiben, muß er möglicherweise auf wichtige Stärken aus seiner Kindheit zurückgreifen: unerschütterliches Vertrauen in sich selbst und ein gewisses Maß an Naivität. Die Fähigkeit, diese Eigenschaften zu stärken und das Leben ein Stück weit nach ihnen zu gestalten, ist eine wertvolle Hilfe beim Selbstmanagement.

Vertrauen in die Fähigkeiten und Entwicklungsmöglichkeiten anderer Menschen

Dies ist die Grundlage für die konstruktive Beteiligung an Abläufen in Organisationen. Leider sind viele große Organisationen gezwungen, ihren Mitarbeitern einheitliche Anweisungen vorzugeben, was der Entwicklung von Vertrauen in die Entwicklungsmöglichkeiten und Fähigkeiten des einzelnen wenig förderlich ist. Die Einförmigkeit der Regeln und Richtlinien hängt häufig mit fehlendem Einblick der Führungsebene in die Komplexität der tatsächlichen Gegebenheiten in der Organisation zusammen. Wahres Verständnis von Komplexität und das Vertrauen in die Fähigkeiten anderer sollte dazu führen, daß klare und differenzierte Anweisungen erteilt werden, die den Fähigkeiten des einzelnen gerecht werden.

Die Schwierigkeit, Vertrauen in die Fähigkeiten und Entwicklungsmöglichkeiten anderer Menschen zu setzen, kennzeichnet manche Organisationen. Normalerweise üben bestimmte Instanzen Kontrollfunktionen aus, damit beispielsweise bestimmte Abläufe ordnungsgemäß durchgeführt werden. Übermäßige Kontrolle kann aber auch der Entwicklung eigener Fähigkeiten abträglich sein. So kann es dazu kommen, daß jemand auf Eigeninitiative verzichtet, weil sie (inneren oder äußeren) Kontrollinstanzen zuwiderlaufen könnte.

Enttäuschung bei der Arbeit kann zur Beeinträchtigung des Vertrauens in andere Menschen und deren Fähigkeiten führen. Solche Erlebnisweisen liegen jedoch oft an unseren eigenen Projektionen. Manchmal meint jemand, sein Kollege habe ähnliche Interessen und Ansichten wie er selbst, muß aber mit der Zeit feststellen, daß diese Vermutung gar nicht stimmt. Enttäuschung kann die Folge sein. Wer beispielsweise im Gespräch mit jemand anderem ganz offen ist, neigt dazu, davon auszugehen, daß der andere ebenfalls völlig offen ist. Wer aber schließlich realisiert, daß er das Verhalten des·anderen fehlinterpretiert hat, kann gekränkt reagieren.

Menschen benötigen regelmäßige Bestätigung. Wenn diese Bestätigung ausbleibt, fällt es schwer, das Zutrauen in die eigenen Fähigkeiten und in die Richtigkeit des eigenen Handelns aufrechtzuerhalten. Um sich der eigenen Fähigkeiten sicher zu sein, muß sich die Person, die Selbstmanagement betreibt, über ihre Fähigkeiten, ihren persönlichen Einflußbereich und Entwicklungsmöglichkeiten stets im klaren sein. Dies trifft besonders dann zu, wenn aktuelle Umstände ein ungewohntes Bild vermitteln und diese Klarheit in Frage stellen.

Offenheit und Interesse

Diese Eigenschaften sind von großer Wichtigkeit für das Selbstmanagement, und ihr Stellenwert kann kaum genügend betont werden. Neue Mitarbeiter, die mit gespannter Erwartung und großem Interesse die internen Abläufe einer Organisation kennenlernen und dabei gerne über den eigenen „Tellerrand" schauen möchten, ernten schnell Kritik. Das liegt daran, daß nur wenige Organisationen Eigenschaften wie Offenheit und Interesse wirklich schätzen. Oft heißt es, solche Anwandlungen dienten lediglich der Befriedigung persönlicher Neugier und sei für die Organisation nicht produktiv. Es ist jedoch erschreckend, festzustellen, wie wenig Mitarbeiter einer Abteilung über die tatsächlichen Aufgaben und Tätigkeiten von Kollegen anderer Abteilungen wissen.

Offenheit birgt aber auch gewisse Risiken. Wenn beispielsweise Kollegen mit Offenheit und Interesse nicht richtig umgehen können, können leicht Enttäuschungen entstehen. Ein allzu offener Umgang mit Information kann einem zum Nachteil gereichen. Es ist nämlich möglich, daß Kollegen bestimmte Informationen zu einem späteren Zeitpunkt zu ihrem eigenen Vorteil ausnutzen. Die Erfahrung zeigt, daß Offenheit und Interesse stets umsichtig gehandhabt werden müssen.

Selbständigkeit

Selbständigkeit bedeutet in diesem Zusammenhang, daß die Person, die Selbstmanagement betreibt, ihre Prioritäten weitgehend selbst bestimmt. Dazu muß sie ihre Motivation kennen. Gutes Selbstmanagement ist daher auch ein stetiges Bemühen um ein besseres Verständnis derjenigen Faktoren, die das eigene Handeln bestimmen. So lernt jemand, der Selbstmanagement betreibt, unter welchen Bedingungen er am produktivsten ist. Es gibt aber andere Aspekte der Selbständigkeit. Selbständigkeit bedeutet beispielsweise auch, wichtige Entscheidungen allein treffen zu müssen, und für die Konsequenzen geradezustehen.

Selbständigkeit zu entwickeln ist für die meisten Menschen ein mühsamer Vorgang. Zuerst beginnt man mit der Erfüllung kleinerer Aufgaben und gewinnt seine ersten Erfahrungen. Mit weiterer Lernerfahrung entwickelt sich dieser Prozeß allmählich. Mit dem Ausbau der eigenen Fähigkeiten übernimmt man zunehmend komplexe Aufgaben und Verantwortlichkeiten. So gesehen, ist Selbständigkeit die Fähigkeit, bei der Arbeit eigenständig dazuzulernen (z. B. „self-learning on the job").

Selbständigkeit kann aber auch sehr schwerfallen. Im ungünstigen Falle entsprechen die Umstände, die jemand an seiner Arbeitsstelle vorfindet, nicht unbedingt seinen Vorlieben. So kann es dazu kommen, daß ein Vorgesetzter seinen Mitarbeitern ohne weitere Diskussion einen Arbeitsstil vorschreibt, den sie nur schwer übernehmen können. Auf diese Weise wird deutlich, wie wenig Organisationen Selbständigkeit und die damit verbundene Lernerfahrung schätzen. Häufig befinden sich Mitarbeiter in hierarchisch strukturierten Ordnungen und haben recht klar umrissene Aufgaben. So ist es oft schwierig, durch Erfolgserlebnisse „im Kleinen" Sicherheit und Selbständigkeit zu erlangen, um sich dann „im Großen" vor den Vorgesetzten zu bewähren.

Welchen Stellenwert hat Selbstmanagement?

Wie wichtig ist Selbstmanagement für den einzelnen? Natürlich sind Beziehungen, Wissen, Erfahrung, Erholung, finanzielle Belange usw. ebenfalls wichtig. Beim genauen Nachdenken über diese Dinge kommt man jedoch immer wieder auf die herausragende Bedeutung des Selbstmanagements für Beziehung, Aneignung, Planung, Entscheidung und Handlung. Eine Reihe von Gründen spricht dafür, daß Selbstmanagement nicht nur für einen ausgewählten Personenkreis wichtig ist, sondern fast für jeden eine große Relevanz hat, gerade im Arbeitsumfeld.

Gute und anpassungsfähige Organisationsstrukturen beruhen eher auf den Selbstmanagementfähigkeiten der Mitarbeiter, und zwar auf allen Ebenen, als auf außergewöhnlichen Fähigkeiten einiger weniger Personen in den obersten Etagen. Macht und Einfluß hängen zunehmend von der *Kommunikationsfähigkeit* und *echter Problemlösekompetenz* ab und weniger von Hierarchiestufen oder formalem Status. Meistens ist auch derjenige, der unmittelbar mit einer bestimmten Aufgabenstellung zu tun hat, am ehesten in der Lage, konstruktive Lösungsvorschläge zu machen. Daher sollte ein Vorgesetzter nie jemanden von der Entscheidungsfindung ausschließen, der unmittelbar betroffen ist. Aus der Sicht des obersten Managements ist es sinnvoll, die Selbstmanagementfähigkeiten aller Mitarbeiter zu fördern, damit der Bezug zur Realität auf allen Ebenen erhalten bleibt.

Für das Selbstmanagement bedeutet dies wiederum, daß weder Druck noch Hilfestellung durch den Vorgesetzten die eigene Motivation und Kompetenz zur Arbeitsbewältigung ersetzen kann. Die bestehende Wirtschaftsordnung erfordert vielmehr, daß die Initiative für Ausbildung, Fortbildung und berufliche Weiterentwicklung weitgehend von interessierten Einzelpersonen ergriffen werden muß. Aufstiegsmöglichkeiten werden sehr viel weniger von Organisationen vorgegeben als vor einigen Jahren. Daher benötigen Organisationen heutzutage zunehmend solche Mitarbeiter, die in der Lage sind, sich selbständig weiterzubilden und beruflich zu entwickeln.

Da Ressourcen wie Zeit, Geld, Räumlichkeiten und Fachwissen begrenzt sind und heute ökonomischer und zwischenmenschlicher Realitätssinn gefordert sind, ist der einzelne zunehmend auf eigene Möglichkeiten der Herstellung akzeptabler Arbeitsbedingungen angewiesen. Dabei spielen die persönlichen Voraussetzungen eine wichtige Rolle. Der einzelne kann optimale Bedingungen für erfolgreiches Arbeiten am besten auf der Grundlage seiner eigenen Möglichkeiten schaffen. Es ist wenig hilfreich, dabei die Sichtweisen, Einstellungen und Werthaltungen anderer in Frage zu stellen.

Bei näherer Betrachtung der Bedingungen, unter denen *kein* Selbstmanagement erfolgt, fällt auf, daß die betroffenen Personen nicht die Eigenschaften und Verhaltensweisen zeigen, die gutes Selbstmanagement auszeichnen. Es fehlt eine positive Einstellung gegenüber sich selbst; es besteht kein Interesse an der Förderung körperlicher, psychischer und emotionaler Gesundheit bei sich und anderen; die Einsicht, daß Lernprozesse vom eigenen Engagement abhängen, ist nicht präsent; es fehlt die Bereitschaft, Veränderungen wahrzunehmen und mitzugestalten. Unter solchen Umständen werden Menschen immer unselbständiger und immer abhängiger von äußeren Vorgaben.

Mit schwindender Selbständigkeit und steigender Abhängigkeit steigt auch die Verletzlichkeit des einzelnen, die allerdings durch unterschiedliche Schutzmechanismus kompensiert wird. Beispielsweise wird mehr Sicherheit in einem ausgefeilten System von Regeln und Anordnungen erwartet, oder es wird Halt gesucht durch bestimmte Prinzipien. Manche Menschen investieren ihre besten Ressourcen im Privatbereich und lassen ihrer Arbeit nur eine zweitrangige Bedeutung zukommen. Andere Menschen setzen eine Strategie der „Distanzierung" ein, die es ihnen erlaubt, zwischen ihren Handlungen und ihrer Verantwortung dafür zu trennen (Argyris, 1983).

Keine dieser Strategien führt jedoch zu größerem Engagement und besserer Teamarbeit, was aber für die Effektivität von Organisationen wichtig ist und daher wünschenswert wäre. Natürlich sollte auch ein loyaler Mitarbeiter nicht alles in seine Organisation investieren. Ein wichtiger Aspekt des Selbstmanagements ist die Erkenntnis, daß keine Organisation alle Bedürfnisse des Menschen erfüllen oder den alleinigen Sinn seiner Existenz ausmachen kann. Vielmehr kann heute keine Organisation dauerhafte ökonomische oder persönliche Sicherheit gewährleisten. Die Lebenszyklen von Organisationen werden immer kürzer. Das stellt hohe Anforderungen an die Selbstmanagementfähigkeiten des einzelnen, da er sich stets auf potentielle Veränderungen einstellen muß. Bei unzureichendem Selbstmanagement wird ein Mitarbeiter viel Energie zur Verteidigung seiner bedrohten betrieblichen „Besitzstände" aufwenden. Das Beharren auf einem festen Standpunkt bedeutet aber einen großen Verlust an Flexibilität und kreativem Potential.

Mittlerweile haben zahlreiche erfolgreiche Manager eingesehen, daß die Einschränkung der Tätigkeit ihrer Mitarbeiter auf genaue Vorgaben zu Entfremdung und Demotivation führt (Senge, 1996). Die Mitarbeiter gehen dann ihrer Tätigkeit nur noch mechanisch und ohne inneres Engagement nach. Möglicherweise ist das Problem niedriger Produktivität in vielen Betrieben durch genau diese Vorgänge zu erklären. Wenn nämlich ein Vorgesetzter die Motivation und Ressourcen seiner Mitarbeiter nur zum Teil mobilisieren kann und darüber hinaus effektives Selbstmanagement verhindert, kann das Engagement der Mitarbeiter nur mittelmäßig sein (z. B. durch „innere Kündigung").

Heute möchten Mitarbeiter als vielseitige und kreative Individuen wahrgenommen werden und nicht einfach als Arbeiter, die acht Stunden am Tag an ihrem Schreibtisch einer vorgegebenen Arbeit nachgehen. Eine strenge Unterscheidung zwischen Arbeitswelt und Privatsphäre ist heute künstlich und unrealistisch. Darüber hinaus zeigt sich, wie wichtig es für jeden Menschen ist, sich mit seinen eigenen Werthaltungen, Einstellungen und Verhaltensweisen auseinanderzusetzen. Vorgesetzte müssen sich mit der Tatsache abfinden, daß Arbeit, Privatleben, Werte und Ziele ihrer Mitarbeiter auf vielfache Weise zusammenhängen und sich aufeinander auswirken. Aus diesem Grund sind Vorgesetzte immer häufiger bereit, den Selbstmanagementprozeß ihrer Mitarbeiter zu unterstützen.

Die gewaltigen Umwälzungen, die sich aufgrund neuer Technologien, veränderten Umweltbedingungen, Fusion großer Konzerne und fortschreitender Globalisierung abspielen, verursachen rasche Veränderungen in der Organisationsstruktur und Unternehmenskultur großer Betriebe. Dies erfordert umfangreiche Anpassungsprozesse. Viele Mitarbeiter müssen Änderungen ihrer Zielvorgaben, Arbeitsabläufen und Einstellungen hinnehmen, was sie vor hohe Anforderungen stellt. Mißlingt die Bewältigung dieser Aufgaben, kann berufliches Versagen oder Depression („Burn-out") die Folge sein.

Schließlich geht es bei Selbstmanagement auch um die Gestaltung von persönlichem und zwischenmenschlichem Engagement. Es geht insbesondere darum, mit diesem Engagement sorgfältig umzugehen. Eine immer größer werdende Zahl von Menschen verschiedenster Kulturen macht sich Gedanken um ihre eigenen Ideale, Wunschvorstellungen und Möglichkeiten. Sie denken aber auch an ihre Ängste und Sorgen. Beim effektiven Selbstmanagement muß es folglich darum gehen, sich damit auseinanderzusetzen, wie unser Denken, Fühlen und Handeln zusammenhängt (Bateson, 1981), und eine bewußte und gezielte Harmonisierung aller inneren und äußeren Vorgänge herbeizuführen, die das physische und emotionale Gleichgewicht betreffen (Bateson, 1982).

Das Konzept des Selbstmanagements betont das Streben nach Autonomie und die Selbstverantwortung des einzelnen (Kanfer et al., 2000). Selbstmanagement setzt zunächst die Wahrnehmung der gegenwärtigen inneren und äußeren Bedingungen voraus, wozu auch die Klärung persönlicher Werte und Ziele gehört. Nach der Planung von Handlungsstrategien entscheidet sich der einzelne für eine bestimmte Strategie, seine Ziele zu verfolgen. Damit ist die Bewältigung von Aufgaben verbunden, die man sich selbst stellt oder die von außen an einen herangetragen werden. Der Ablauf der einzelnen Schritte hat eine kontinuierliche Dynamik. Diese Tatsache verdeutlicht den *Prozeßcharakter* des Selbstmanagements und unterstreicht die Notwendigkeit, Selbstmanagement als *Vorgang* aufzufassen.

Selbstmanagement als Vorgang

Wie laufen Vorgänge ab?

Wenn wir uns umschauen, können wir sehen, daß sich überall verschiedenste Vorgänge abspielen: der Lauf der Jahreszeiten, regenerative Prozesse in der Natur, Lebenszyklen von Pflanzen, das Leben der Tiere, Stoffwechselprozesse usw. Aber auch zwischenmenschliche Kommunikation und Interaktion können als *Vorgänge* aufgefaßt werden, mit allen psychologischen, sozialen, kulturgeschichtlichen, politischen und historischen Aspekten.

Vorgänge sind meistens durch eine Reihe *charakteristischer Eigenschaften* bestimmt:

- kontinuierliche Bewegung, auch unter Veränderung von Geschwindigkeit, Richtung oder mit scheinbarer Unterbrechung;

- Regelmäßigkeit der Bewegung in Form von Phasen, Rhythmen oder Gegensätzen, zwischen denen die Bewegung stattfindet;

- eine gewisse Stabilität, was die Richtung der Bewegung anbelangt;

- der Vorgang ist Teil eines größeren Vorgangs, in den er eingebettet ist und auf den er zurückwirkt;

- der Vorgang kann nicht ohne Berücksichtigung von Begleitvorgängen gesehen und nicht isoliert betrachtet werden, ohne seinen Fortbestand in Frage zu stellen.

Die auffälligste Eigenschaft eines jeden Vorgangs ist *Bewegung*. Wenn wir uns für einen Vorgang interessieren, so interessieren wir uns meistens für dessen Bewegung, also die Richtung, in die er sich entwickelt, und die Geschwindigkeit, mit der sich Veränderungen einstellen. Andere Aspekte, beispielsweise die

Form, die ein Gegenstand oder ein Geschehen annimmt, treten dabei in den Hintergrund.

Die Vorstellung, die wir von einem Vorgang haben, steht immer mit unserer Vorstellung von *Zeitverläufen* im Zusammenhang. Was wir als Ergebnis eines Vorgangs wahrnehmen, ist tatsächlich nur die Momentaufnahme eines Ablaufs, der ständig im Fluß ist. So sind konkrete Ergebnisse bestimmter Zeitabläufe, wie beispielsweise ein wissenschaftliches Untersuchungsergebnis, ein medizinischer Befund, eine Examensnote, ein Wahlergebnis oder eine wirtschaftliche Bilanz, natürlich Einschnitte, die einen Zeitverlauf gliedern oder sogar abschließen. Solche Ergebnisse sind jedoch nur als Ausschnitt aus einem fortlaufenden Prozeß zu betrachten. Sie gestatten insbesondere keine vollständige Aussage über den Gesamtvorgang, der gerade ausschnittsweise betrachtet wird.

Es kann sein, daß Vorgänge bei näherer Betrachtung ungeordnet oder sogar chaotisch abzulaufen scheinen. Wenn wir jedoch einen Vorgang von außen und damit aus der Distanz betrachten, sehen wir meistens, daß er doch nach einem geordneten Muster abläuft. Was zunächst unlogisch und unverständlich erscheint, erweist sich aus übergeordnetem Blickwinkel als zielgerichtet und sinnvoll. Scheinbar chaotische Abläufe können sich mit zunehmendem Verständnis der Zusammenhänge als geordnete Entwicklungsprozesse entpuppen. So können wir einen Vorgang durch distanzierte Betrachtung verstehen und erlangen dadurch ein gewisses Maß an Kontrolle über den Vorgang. Indem wir nämlich einen Vorgang durchschauen, lassen wir uns nicht so leicht durch ihn beunruhigen.

Leider werden die Auswirkungen von Vorgängen leicht mit den Vorgängen selbst verwechselt. Wer auf die bloßen Auswirkungen von Abläufen fixiert ist oder diese mit den Vorgängen selbst verwechselt, kann bedeutenden Fehleinschätzungen bezüglich der Eigenschaften dieser Vorgänge aufsitzen. So kann man sich über die zukünftige Entwicklung des Vorgangs leicht täuschen. Solche Fehleinschätzungen können alle möglichen Vorhaben betreffen: lang- oder kurzfristige Firmenziele, Fünf- oder Zehnjahrespläne, Absichtserklärungen, Eheverträge usw. An dieser Stelle wird deutlich, wie die übermäßige Beschäftigung mit Einzelheiten eines Vorhabens oder Plans und die Vernachlässigung einer umfassenden Sichtweise der Vorgänge und ihrer Wechselwirkung in die Irre führen kann.

Die Vorstellung, die wir von einem Vorgang haben, steht immer auch mit unserer Vorstellung von *strukturellen Gegebenheiten* im Zusammenhang. Wenn wir den Versuch unternehmen, einen Vorgang von anderen Vorgängen in unserer Vorstellung zu trennen, bleibt uns nur ein abstrakter Begriff, über dessen Zusammenwirken mit anderen Abläufen wir uns keine Vorstellung machen können. Wenn wir beispielsweise das menschliche Immunsystem isoliert betrachten, können wir einige Aussagen über dessen Funktion machen. Wir sind jedoch nicht notwendigerweise in der Lage, die unterschiedlichen Wirkungsweisen des Immunsystems in verschiedenen Organen des Körpers zu beschreiben. So ist es schwierig, die Wechselwirkung räumlich entfernter Systeme anhand einer eingeschränkten Betrachtungsweise („Scheuklappen") zu verstehen.

Ähnlich ist es, wenn wir Theorien aus einem Bereich auf einen anderen Bereich übertragen. Wenn wir beispielsweise Modelle aus der Wirtschaft auf einen anderen Bereich übertragen, können wichtige Verbindungen zum ursprünglichen Umfeld, welches dem Modell Gültigkeit verschafft hat, verlorengehen. Beispielsweise kann ein Mitarbeiter einer Organisation beim Versuch, die Organisation als ganze zu verstehen, die Funktionsweise seiner Abteilung, etwa die der Buchhaltung, zum Maßstab machen. Wenn er aber nicht die gesamte Organisation falsch verstehen will, muß er die jeweilige Funktionsweise der einzelnen Abteilungen begreifen und die Zusammenhänge und Wechselwirkungen zwischen ihnen verstehen. Er kann nicht die Funktionsweise einer Abteilung (z. B. seiner eigenen) einfach auf die anderen Abteilungen übertragen, also die Theorie eines Bereiches aus dem ursprünglichen Umfeld herausnehmen und ohne Berücksichtigung des Kontexts auf einen anderen Bereich anwenden.

Es kann sein, daß ein Vorgang bei näherer Betrachtung ungeordnet oder sogar chaotisch abzulaufen scheint. Wenn wir jedoch einen Vorgang aus der Distanz betrachten, sehen wir meistens, daß er doch nach einem geordneten Muster abläuft. Was zunächst unlogisch und unverständlich schien, erweist sich aus übergeordnetem Blickwinkel als zielgerichtet und sinnvoll. Scheinbar chaotische Abläufe können sich mit zunehmendem Verständnis der Zusammenhänge als geordnete Entwicklungsprozesse entpuppen. So können wir einen Vorgang durch distanzierte Betrachtung verstehen lernen und erlangen dadurch ein gewisses Maß an Kontrolle über den Vorgang. Indem wir nämlich einen Vorgang durchschauen, lassen wir uns nicht so leicht durch ihn beunruhigen, und können ihn mit beeinflussen.

Mit unserem Interesse am allgemeinen Ablauf von Vorgängen richten wir unser Augenmerk auf spezielle Aspekte von Bewegung und Austausch. In diesem Zusammenhang ist es wichtig, den Zeitablauf dynamischer Prozesse und ihre Wechselwirkung mit anderen Vorgängen näher zu betrachten. Die in der Natur vorkommenden Vorgänge sind im wesentlichen selbstorganisierend und dienen der Aufrechterhaltung von Gleichgewichtszuständen. Zivilisationsabhängige Prozesse wie etwa Kommunikationsnetze, der Güterverkehr oder das Ausbildungssystem werden von Menschen in Gang gehalten und sind ebenfalls weitgehend selbstregulierend. Auch kreative Vorgänge sind dynamische Prozesse, die durch Transformation geprägt sind, d. h. der Überführung eines Zustands in einen anderen. Durch Transformation werden neue Sichtweisen eröffnet und neue Gleichgewichtszustände hergestellt.

Ein weiterer dynamischer Vorgang ist die Steuerung komplexer Vorgänge („Prozeßmanagement") (Senge, 1996). Jeder Mensch befindet sich in einem Prozeß der Bewegung und des Austauschs. Er reguliert und koordiniert diese Prozesse – sie sind Teil des Selbstmanagements. Damit ist Selbstmanagement eine Art Prozeßmanagement. Prozeßmanagement bedeutet, daß Bewegung und Austausch ermöglicht oder gefördert werden, um ein zeitliches und räumliches Gleichgewicht zwischen zusammenhängenden Vorgängen herbeizuführen oder zu erhalten. So kann Prozeßmanagement als Harmonisierung im weitesten Sinne verstanden werden. Ein solches Prozeßmanagement ist besonders in Krisenzeiten wichtig, wenn der normale Austausch durch ungewöhnliche oder unerwartete Umstände beeinträchtigt ist.

Für das Prozeßmanagement sind zwei Aspekte besonders wichtig: Wissen und Wertmaßstäbe. Die Fähigkeit einer Person, einen Prozeß zu gestalten, ist durch deren jeweiligen Wissensstand begrenzt: Management erfordert Wissen. Der Aneignung von Wissen kommt daher ein hoher Stellenwert zu. Nicht weniger wichtig für das Management sind aber auch Werte, anhand derer Entscheidungen getroffen werden können und Wissen umgesetzt werden kann. Werte geben Vorgängen eine Ausrichtung und verleihen ihnen existentielle Bedeutung. Beide Aspekte sind für gutes Prozeßmanagement unverzichtbar. So sollte auch Selbstmanagement auf ein harmonisches Zusammenwirken der Faktoren Wissen und Werte ausgerichtet sein.

Beschreibung des Selbstmanagementvorgangs

Selbstmanagement kann man als Prozeß beschreiben, durch den andere, untergeordnete Vorgänge gesteuert werden. In der Steuerung dieser Vorgänge liegt der Managementaspekt. Der Selbstmanagementprozeß selbst setzt sich aus fünf Grundvorgängen zusammen, deren Berücksichtigung die Grundlage für effektives Selbstmanagement ist. Diese Grundvorgänge sind der Aneignungsvorgang, der Beziehungsvorgang, der Planungsvorgang, der Entscheidungsvorgang und der Handlungsvorgang. Diese fünf Vorgänge sind deshalb grundlegend, weil sie für jeden einzelnen – ungeachtet der Person – zutreffen und sowohl von historischen Zeitabläufen als auch von kulturellen Faktoren unabhängig sind.

Beim Selbstmanagement geht es darum, das gesamte Leben als Vorgang zu betrachten, bei dem manche Aspekte vorhersehbar, stabil und selbstregulierend, andere Aspekte hingegen nicht planbar sind und daher flexibel und „kreativ" gehandhabt werden müssen. Wenn jemand sein Leben als Vorgang mitgestalten will, bedeutet dies also, daß er oder sie sowohl die stabilen, vorhersehbaren und selbstorganisierenden Vorgänge als auch die plötzlich auftretenden, neuartigen und nicht vorhersehbaren Vorgänge des Lebens gestalten und in ein Gleichgewicht bringen muß.

Selbstmanagement zwecks Herstellung eines Gleichgewichts oder Wiedererlangung verlorener Harmonie erfordert immer eine Orientierung an der Richtung derzeit ablaufender Vorgänge, auch wenn dies manchmal schwierig sein kann. Aus Sicht des Selbstmanagements kann nichts dadurch erreicht werden, daß in entgegengesetzter Richtung eines Prozeßablaufs gearbeitet wird, der Ablauf ignoriert oder der Versuch unternommen wird, den Vorgang aufzuhalten.

Wie beim Management jedes anderen Vorgangs spielen auch beim Selbstmanagement *Wissen* und *Werte* eine entscheidende Rolle. Das Management der stabilen, vorhersehbaren und selbstorganisierenden Aspekte des Lebens setzt eine Auseinandersetzung mit diesen beiden Aspekten voraus und erfordert ein ausgewogenes Zusammenspiel persönlicher und zwischenmenschlicher Vorgänge. Anders ausgedrückt, ist ein harmonisches Gleichgewicht oder eine gesunde „Ökologie" verschiedener selbstorganisierender Systeme erforderlich (Bateson, 1981). Darüber hinaus erfordert das Management eigener kreativer Lebensäußerungen die Auseinandersetzung mit eigenen Ausdrucksmöglichkeiten und ein Verständnis dafür, wie man unvorhergesehene Eindrücke und Impulse der Umwelt mitteilt.

Wenn wir Selbstmanagement als einen Prozeß verstehen, werden dynamische Aspekte des Selbstmanagements viel wichtiger als Fragen fester Persönlichkeitsaspekte oder eines definierten persönlichen Stils. So erwarten wir bestimmte Phasen und Regelmäßigkeiten, die im Laufe des Selbstmanagements auftreten. Ferner sehen wir, daß der Selbstmanagementvorgang mit anderen Vorgängen zusammenhängt und in diese eingebettet ist, beispielsweise in unterschiedliche organisatorische, soziale und kommunikative Abläufe, für deren Gelingen das Selbstmanagement wiederum eine sinnvolle Funktion erfüllt. So kann Selbstmanagement zur Verbesserung von Abläufen bei der Arbeit, in der Familie, in Ausbildung und Politik beitragen.

Die fünf Grundvorgänge des Selbstmanagements

Der Vorgang des Selbstmanagements entspricht also dem Vorgehen des einzelnen in seinem Bemühen, Wissen über sich und seine Umwelt zu erlangen, Harmonie in seine eigene Entwicklung zu bringen, ein verlorenes Gleichgewicht wiederherzustellen (körperlich, psychisch, sozial, finanziell usw.) und seine Interaktion mit anderen Personen abzustimmen. Dazu bedient sich der einzelne mehrerer Teilprozesse, die das Selbstmanagement letztlich ausmachen. Selbstmanagement besteht aus den folgenden fünf Komponenten oder Grundvorgängen:

- Beziehung,

- Aneignung,

- Planung,

- Entscheidung

- Handlung.

Diese Grundvorgänge haben Prozeßcharakter, d. h. sie spielen sich über gewisse Zeiträume ab und sind laufend Veränderungen unterworfen. Daher sprechen wir in diesem Zusammenhang auch von „Prozessen" (also Beziehungsprozeß, Aneignungsprozeß, Planungsprozeß, Entscheidungsprozeß, Handlungsprozeß). Selbstmanagement kann als Regulation dieser Prozesse oder Grundvorgänge verstanden werden. Dabei muß stets berücksichtigt werden, daß die Grundvorgänge miteinander verflochten sind und in Wechselwirkung miteinander stehen. Wie hängen dabei diese Vorgänge zusammen?

Selbstmanagement in Organisationen wie auch im Privatbereich erfordert immer ein Zusammentreffen mit anderen und geht mit Austausch, Konfrontation und Übereinkunft einher. Es ist immer eine Herausforderung an den einzelnen, eigene Interessen, Bedürfnisse, Vorlieben, Möglichkeiten und Grenzen mit seinen Mitmenschen abzustimmen. Darin besteht ein wesentlicher Teil des *Beziehungsvorgangs*. Beziehung ist keine „Einbahnstraße": Sie drückt sich in Kommunikation und Interaktion zwischen Menschen aus (Watzlawick et al., 1969). Die Reaktion anderer Menschen (Kollegen, Partner usw.) auf die eigenen Handlungsweisen und emotionalen Äußerungen wirkt sich wiederum auf den eigenen Beziehungsprozeß und damit auf das Selbstmanagement aus. Das geschieht auf die unterschiedlichste Art und Weise. Das eigene Selbstwertgefühl, die Kompetenz, das Gefühl der Intimität oder die eigenen Ausdrucksmöglichkeiten können durch Äußerungen anderer beeinträchtigt werden. Daher ist es wichtig, ein Netz von Personen zu finden oder aufzubauen, die einem Halt und Unterstützung geben können. Eine solche Unterstützung kann das Ergebnis eines erfolgreich gesteuerten Beziehungsprozesses sein. Wir sehen, daß der Beziehungsprozeß die Grundvoraussetzung für ein positives Zusammenleben mit anderen Menschen ist, denn Leben heißt Beziehungen gestalten (Shem, 1987).

Niemand kann Anforderungen gut erfüllen, ohne den gegebenen Zeitrahmen zu berücksichtigen oder den Kontext zu kennen, in dem die Aufgaben erfüllt werden sollen. So muß das Verhältnis zwischen realistischen Möglichkeiten und bestehenden Grenzen laufend ausgelotet werden. Die erforderlichen Informationen dazu werden durch den *Aneignungsprozeß* geliefert und nutzbar gemacht. Der Aneignungsprozeß dient unter anderem dazu, relevante räumliche und zeitliche Voraussetzungen zur Erledigung von Anforderungen zu erfüllen. So kann man seine eigenen Interessen, Bedürfnisse, Möglichkeiten und Grenzen sowie die von der Umwelt vorgegebenen Rahmenbedingungen leichter in Einklang bringen. Der Aneignungsprozeß erlaubt es einem, einen klaren Blick auf die Realität zu werfen. Das betrifft sowohl die Realität der eigenen Wünsche und Ressourcen als auch die Realität der Erfordernisse und Möglichkeiten der Umwelt. Allerdings muß man diese unterschiedlichen Faktoren bei sich selbst und bei anderen auch wahrnehmen. Jeder Wahrnehmungsvorgang ist daher ein Teil des Aneignungsprozesses.

Effektives Handeln erfordert immer ein gewisses Maß an Planung. Planloser Aktionismus führt nämlich in den seltensten Fällen zu dem gewünschten Ergebnis. Der *Planungsprozeß* sollte daher der Entscheidungsfindung und dem Handeln stets vorangehen. Planung erfordert zunächst eine klare Stellungnahme bezüglich der Wertvorstellungen, nach denen sich die Planung richten muß. Mit der Auswahl von Veränderungsbereichen und der Klärung von Zielen fährt die Planung fort. Dabei ist es wichtig, zwischen solchen Zielen zu unterscheiden, die einem selber wichtig sind, und solchen, die für andere Menschen von Bedeutung sind. Es gibt zwar Regeln, nach denen bei der Planung vorgegangen werden kann, doch die Regeln hängen von den unterschiedlichsten Bedingungen ab, die von Situation zu Situation verschieden sein können. Darüber hinaus unterscheiden sich Menschen in ihrer Fähigkeit, Regeln angemessen anzuwenden. So kommt es darauf an, nicht nur Wissen vorzuweisen, sondern auch, sich der Grenzen des eigenen Wissens bewußt zu sein. Da man normalerweise bei der Lösung eines komplexen Problems die Bearbeitung der verschiedenen Teilprobleme nicht auf die gleiche Weise behandeln kann, ist ein hohes Maß an planerischer Flexibilität erforderlich. Dabei gilt es, manches Nichtabsehbare einzukalkulieren. Manchmal ist es gut, genau zu planen, manchmal muß man Spielraum lassen. Manchmal kann es gut sein, den Details Aufmerksamkeit zu schenken, manchmal ist es besser, nur einen groben Überblick im Auge zu behalten und sich nicht in Details zu verlieren. Nur so kann es gelingen, das Richtige zur angemessenen Zeit und auf korrekte Art und Weise zu tun (Dörner, 1995).

Um sich in einer Organisation zu orientieren und angemessen zu handeln, muß man laufend Entscheidungen treffen. Dieser *Entscheidungsprozeß* betrifft natürlich nicht nur die Organisation, sondern auch einen selbst. Um Entscheidungen treffen zu können, muß man sich darüber im klaren sein, was einem am wichtigsten oder wertvollsten ist und welches Ziel die höchste Priorität hat. Wie bei den anderen Grundvorgängen ist es auch beim Entscheidungsprozeß wichtig, daß ein Gleichgewicht gefunden wird zwischen den Entscheidungen, die einem selber wichtig sind, und denen, die für andere wichtig sind. Darüber hinaus spielen zeitliche und kulturelle Gesichtspunkte auch eine Rolle. Die Wertvorstellungen, auf die man Entscheidungen gründet, können sich im Laufe des Lebens mit zunehmendem Alter und zunehmender Erfahrung ändern. Wertvorstellungen können je nach aktueller Situation und äußeren Bedingungen unterschiedlich sein. Doch der Entscheidungsprozeß selber, der dem einzelnen hilft, seine Handlungsmöglichkeiten anhand seiner Wertvorstellungen und Ziele einzuschätzen und Alternativen gegeneinander abzuwägen, ist ein fester Bestandteil des Selbstmanagementvorgangs.

Sowohl bei der Arbeit in einer Organisation als auch im täglichen Leben werden ständig Vorhaben in Taten umgesetzt. Selbst nichts zu tun ist eine Handlunsweise, die eine bewußte oder unbewußte Entscheidung voraussetzt. Der *Handlungsprozeß* ermöglicht einem, sich seinen Zielen zu nähern, Wünsche zu erfüllen und Bedürfnisse zu befriedigen. Die Ergebnisse eigener Handlungsweisen sind meistens mehr oder weniger gute Kompromisse zwischen anspruchsvollen Zielvorstellungen und begrenzten Möglichkeiten. Jeder kennt die Notwendigkeit, ein Gleichgewicht zwischen dem Wunsch nach konkreter Umsetzung eigener Pläne und der Einschränkung durch äußere Gegebenheiten und Hindernisse zu finden. Materielle, soziale oder organisatorische Probleme in unserem Umfeld können den Handlungsprozeß behindern. Auf diese Weise erhalten wir unmittelbare Rückmeldung über die Auswirkungen unseres Handelns und bekommen deutlich zu spüren, inwieweit wir uns mit den bestehenden situativen, kulturellen und sozialen Erwartungen in Einklang befinden. Das Management des Handlungsprozesses erfordert also die Ausübung einer gewissen Kontrolle über unsere Handlungsweisen und verlangt, daß uns sowohl die eigenen Wertvorstellungen als auch die Erwartungen der Umgebung klar sind. So wird uns im Laufe des Handlungsvorgangs deutlich, worin die tatsächlichen Handlungsmöglichkeiten bestehen.

Auf den Ablauf der fünf oben genannten Vorgänge treffen drei Feststellungen zu:

• das Selbstmanagement schließt *alle fünf* Grundvorgänge ein. Sie müssen als unterschiedliche, aber jeweils unabdingbare Aspekte des Selbstmanagements gesehen werden;

- die Vorgänge laufen *gleichzeitig* ab; ihr Ablauf ist eher simultan als sequentiell; dadurch ergeben sich Wechselwirkungen zwischen den einzelnen Vorgängen, was das Geschehen sehr komplex macht;

- jeder Vorgang *beeinflußt* die anderen Vorgänge und spiegelt sich in ihnen wider; auf diese Weise hängt jeder Vorgang mit den übrigen Vorgängen zusammen und wird von ihnen beeinflußt.

Warum sind alle fünf Grundvorgänge für ein effektives Selbstmanagement unabdingbar? Kann man sich nicht auch vorstellen, daß jemand nur durch die Regulation von drei der fünf Vorgänge gutes Selbstmanagement betreibt? Möglicherweise kann er tatsächlich die Beziehung zu seinen Mitmenschen aufrechterhalten, Planungsschritte durchführen, Entscheidungen treffen und auch konstruktiv handeln. Wenn aber diese Person beispielsweise nicht in der Lage ist, sich Erfahrungen anzueignen, um daraus zu lernen, kann effektives Selbstmanagement kaum gelingen. Und wenn sich jemand Erfahrungen aneignen kann, gute zwischenmenschliche Beziehungen pflegt und über Handlungskompetenz verfügt, aber keine Entscheidungen treffen kann, wird auch kein effektives Selbstmanagement möglich sein. Wir sehen, daß Selbstmanagement bald zum Stillstand kommt, wenn einer der fünf Grundvorgänge vernachlässigt wird. Bei Vernachlässigung mehrerer Grundvorgänge kann überhaupt kein Selbstmanagement zustande kommen.

Wir haben gesehen, daß die fünf Grundvorgänge (Beziehung, Aneignung, Planung, Entscheidung, Handlung) miteinander verwoben sind und simultan ablaufen. Wenn es bei einem der Grundvorgänge Behinderungen gibt, sind die anderen Vorgänge sofort mitbetroffen, und der gesamte Selbstmanagementprozeß verlangsamt sich oder kommt sogar zum Erliegen. Dabei kann keiner der Grundvorgänge einen vorrangigen Stellenwert beanspruchen. Kein Vorgang ist wichtiger als die anderen. Alle Grundvorgänge sind gleich wichtig für das Gelingen des Gesamtvorgangs.

Die strikte Trennung der fünf Grundvorgänge ist kaum möglich, da sie eng miteinander verbunden sind ("„Vernetzung"). Jeder Vorgang spiegelt sich in den anderen wider: Beispielsweise ist der Aneignungsprozeß beim Aufbau zwischenmenschlicher Beziehungen beteiligt, aber auch bei der Sammlung von Informationen zur Planung und Entscheidungsfindung. Der Beziehungsprozeß ist für reibungslose Kommunikation und die Aneignung von Erfahrung erforderlich, was wiederum für Entscheidungsfindung und zielgerichtetes Handeln wichtig ist. Der Entscheidungsprozeß bestimmt den Aneignungsprozeß, indem entschieden wird, was gelernt wird und was nicht. Er bestimmt aber auch Planungs- und Handlungsweisen und ist ferner bei zwischenmenschlichen Beziehungen beteiligt. Der Planungsprozeß hingegen bestimmt das

Vorgehen, wenn es beispielsweise um die gezielte Durchführung eines Vorhabens oder das Knüpfen hilfreicher Beziehungen geht. Schließlich spielt der Handlungsprozeß bei allen Vorgängen eine Rolle, in denen es um Aneignung, Beziehungsgestaltung, Planung oder Entscheidungsfindung geht.

Wir sehen, daß der Selbstmanagementprozeß ein Vorgang ist, bei dem die eigene Person in Wechselwirkung mit äußeren physischen und sozialen Abläufen steht. Selbstmanagement erfordert daher den ständigen Wechsel zwischen einem umfassenden Weitblick, der aktuelle und potentielle Probleme erfaßt, und einer genauen Fokussierung einzelner wichtiger Fragestellungen. Erst ein solcher Wechsel ermöglicht eine sachgerechte Lösung (Watzlawick et al., 1974), denn nur wenn einem der Bezug zu den umgebenden Abläufen bewußt ist, kann man innerhalb des gegebenen räumlichen und zeitlichen Rahmens optimal handeln. Selbstmanagement erfordert also, daß man stets den Überblick behält. Die fünf Grundvorgänge (Aneignung, Beziehung, Planung, Entscheidung, Handlung) stellen dabei Bezugspunkte dar, anhand derer man sich orientieren kann. Sie helfen, die eigene Rolle in einem Organisationsablauf zu klären.

Wie sieht effektives Selbstmanagement aus?

Selbstmanagement ist ein Vorgang, der darauf ausgerichtet ist, Selbsterkenntnis und Selbstregulation zu optimieren, damit einen Zustand des Gleichgewichts und der Harmonie eintreten kann. Dazu sollte sich die persönliche Entwicklung ungehindert in Richtung Selbsterkenntnis und Harmonie entfalten können, und innere oder äußere Hindernisse sollten zu bewältigen sein.

Selbstmanagement ermöglicht es einem, sich in seinem Umfeld (z. B. einer Organisation) zurechtzufinden und aktiv zu handeln. Dabei hält man die Harmonie zwischen seinen eigenen Eigenschaften und denen der Umgebung aufrecht. Das gilt natürlich auch für jeden der fünf Grundvorgänge des Selbstmanagements. Ein gemeinsamer Aspekt beim Management der fünf Grundvorgänge ist demzufolge die Suche nach Gleichgewicht und Harmonie. Das erfordert häufig Kompromisse zwischen dem, was man gerne möchte, und dem, was angesichts der äußeren Umstände tatsächlich möglich ist. Dabei sind zwei Aspekte wichtig:

- die Unterschiede zwischen eigenen Wertvorstellungen und denen der Organisation oder der Unternehmenskultur, in der man sich bewegt;

- die eigene Bedürfnisse und Ziele sowie Chancen und Möglichkeiten, die sich im eigenen Umfeld auftun.

Dazu ist es wichtig, daß der Kontakt zu weiteren simultan ablaufenden Vorgängen im persönlichen, beruflichen und sozialen Bereich nicht verlorengeht. Jemand, der Selbstmanagement betreibt, muß Beziehungen zu Mitmenschen aufnehmen, gestalten und aufrechterhalten. Er muß sowohl seine innere Realität als auch sein äußeres Umfeld wahrnehmen und berücksichtigen, wobei der Vorgang der Aneignung für die dazu notwendige Informationszufuhr sorgt. Derjenige muß auch in die Zukunft vorausschauend planen und Handlungsalternativen entwickeln. Auch muß er Entscheidungen ohne größere Schwierigkeiten treffen und innerhalb seiner Möglichkeiten bzw. Grenzen handeln.

Selbstmanagement erfordert darüber hinaus einen angemessenen und souveränen Umgang mit unvorhergesehenen Vorkommnissen und Krisen. Die Bewältigung einer Krise stellt eine große Herausforderung an den einzelnen dar, und so ist die erfolgreiche Bewältigung einer unvorhergesehenen Schwierigkeit Zeichen eines effektiven Selbstmanagements. Ein Vorgang ist dann effektiv, wenn er unbeeinträchtigt vonstatten geht, d. h., wenn er im Zusammenspiel mit anderen Vorgängen reibungslos und ohne Hemmnisse abläuft. Das trifft natürlich auch auf das Selbstmanagement zu: Selbstmanagement ist dann effektiv, wenn seine Grundvorgänge problemlos ablaufen und es als ganzes seine Funktion erfüllt.

Effektives Selbstmanagement ist jedoch nicht mit dem Fehlen größerer Hindernisse bei den fünf Grundvorgängen (Beziehung, Aneignung, Planung, Entscheidung, Handlung) gleichzusetzen. Vielmehr geht es auch um die Beeinflussung der fünf Grundvorgänge durch verschiedene Faktoren. Diese Faktoren wirken sich über die Grundvorgänge auf den Selbstmanagementprozeß als ganzen aus (De Waele et al., 1993). Dabei spielen Zyklen, Phasen und Kreisläufe eine Rolle. Auch Gegensätze oder Konflikte können für die Grundvorgänge wichtig sein. Wechselwirkungen zwischen Innen und Außen spielen ebenfalls eine Rolle, wie auch der Austausch zwischen Bewußtem und Unbewußtem. Ferner ist das Konzept der Synergie oder gegenseitigen Verstärkung wichtig. Die Harmonisierung dieser Faktoren und die Abstimmung der fünf Grundvorgänge aufeinander hat erhebliche Auswirkungen auf das Selbstmanagement. Die Auswirkungen wollen wir im Folgenden näher betrachten.

Faktoren, die das Selbstmanagement beeinflussen

Rhythmen, Phasen und Kreisläufe: Solche Vorgänge liegen den meisten Entwicklungsprozessen zugrunde. Sie spielen auch bei Selbstmanagementvorgängen eine Rolle und sollten daher genügend berücksichtigt werden. Phasen, Rhythmen und Kreisläufe legen den Vergleich mit Funktionen des menschlichen Körpers nahe. In einem Organismus laufen verschiedene Funktionen rhythmisch ab. Beispielsweise gehen manche Vorgänge von einem Zustand der Aktivität in einen Zustand der Ruhe über, bevor sie wieder in einen Zustand der Aktivität zurückkehren. Diese Vorgänge beschreiben einen Kreislauf („Zyklus"). Im Selbstmanagement spielen sich Vorgänge auf ähnliche Art und Weise ab. Beispielsweise erfordert der Aneignungsprozeß Phasen intensiven Beobachtens und Lernens, auf die Phasen der Ruhe und Integration folgen. Während dieser Ruhe- bzw. Integrationsphasen verarbeitet die betreffende Person die Wahrnehmungen und schafft eine kritische Distanz zu dem, was sie erlebt und gelernt hat.

Aber auch andere Grundvorgänge erfordern manchmal kritische Distanz. So haben auch Beziehungsvorgänge ihre guten und schlechten Zeiten. Phasen guter zwischenmenschlicher Beziehungen können sich mit Phasen der Unsicherheit und Störung abwechseln. Es gibt Zeiten, in denen man auf andere zugehen kann, Freundschaften aufbaut, emotionale Nähe herstellt, gemeinsamen Aktivitäten nachgeht. Es gibt aber auch Zeiten, in denen man die Intensität von Beziehungen reduziert.

Ein häufiges Problem ist Unsicherheit angesichts unmittelbar anstehender Entscheidungen. Es ist unmöglich, sich immer über alle Ziele und Prioritäten im klaren zu sein. Daher werden Entscheidungsprozesse häufig von wechselnden Phasen der Entschlußsicherheit und des Zweifels begleitet.

Beim Handlungsprozeß äußert sich der Wechsel von Phasen hoher Aktivität und Produktivität, die sich mit Phasen der Entspannung und Erholung abwechseln. Beispiele für berufliche Situationen, die einen erheblichen Aufwand an kreativer Energie und Anstrengung erfordern, sind Vertragsverhandlungen, Präsentationen, Vorstellungsgespräche usw. Darauf folgt häufig eine Phase relativer Ruhe und Entspannung.

Gegensätze und Polaritäten: Zahlreiche Modelle der persönlichen Entwicklung und der Entwicklung von Gruppen gehen von Gegensätzen aus, die gleichzeitig auf den Entwicklungsprozeß wirken. Zu solchen Gegensätzen zählen beispielsweise Zuneigung und Ablehnung oder Vertrauen und Mißtrauen (Gibb, 1978). Einem effektiven Selbstmanagementprozeß liegt die Erkenntnis zugrunde, daß die Realität immer Gegensätze mit sich bringt. Diese Gegensätze wirken natürlich auf den Selbstmanagementprozeß ein. Dabei gibt es nicht nur abwechselnde Einflüsse der Gegensätze, sondern auch deren Koexistenz, d. h., daß sie gleichzeitig wirksam werden. Darüber hinaus besteht eine ständige Wechselwirkung zwischen den Gegensätzen, d. h., daß sie sich gegenseitig beeinflussen.

Für den Beziehungsprozeß bedeutet dies beispielsweise, daß freundschaftlicher Kontakt zu anderen Menschen bei gleichzeitigem Respekt vor deren Verschiedenheit und Individualität möglich ist. Gerade in einer Beziehung, in der wir dem anderen Vertrauen entgegenbringen, ist es erforderlich, den Bezug zum eigenen Standpunkt zu behalten und so die eigene Meinung nicht restlos aufzugeben. Wenn wir einen Menschen mögen, tun wir gut daran, uns zu vergegenwärtigen, daß entgegengesetzte Gefühle wie Haß oder Gleichgültigkeit eine Rolle spielen können, wenn auch nur unbewußt oder als weit entfernte Möglichkeit.

Bei Planungsvorgängen gibt es immer mehrere Möglichkeiten des Vorgehens, die gleich gut sein können, aber auf unterschiedliche Weise zum gleichen Ziel führen. Je nach dem Weg, über den man das Ziel erreichen will, kann auch der Planungsprozeß in entgegengesetzte Richtungen führen. Beispielsweise kann ein historisches Gebäude restauriert oder abgerissen und im alten Stil wieder aufgebaut werden. Das Ergebnis mag nach außen hin das gleiche sein, erfordert aber zwei völlig unterschiedliche Herangehensweisen: entweder die Erhaltung der alten Bausubstanz oder deren Zerstörung.

Ähnliches trifft auch auf den Entscheidungsprozeß zu. Auch wenn wir nicht unschlüssig oder entscheidungsschwach erscheinen, werden Entscheidungen immer durch zwei entgegengesetzte Motivationen bestimmt: Neigung oder Abneigung. Bei Ambivalenzkonflikten, bei denen es beispielsweise um die Entscheidung zwischen zwei positiven, aber unvereinbaren Möglichkeiten geht („Appetenz-Appetenz-Konflikt"), ist die Entscheidung die, für *welche* der beiden Optionen man sich entscheidet. Ähnlich ist es bei der Entscheidung, welche von zwei negativen, aber unvermeidlichen Möglichkeiten gewählt werden soll („Aversions-Aversions-Konflikt"). Auch in diesem Fall ist die Entscheidung letztendlich die, ob man sich *für* eine der beiden Optionen entscheidet oder *gegen* sie.

Auch beim Umsetzen von Vorhaben (Handlung) zeigt sich das Nebeneinander von Gegensätzen. Jede Umsetzung von Absichten in konkrete Handlungen setzt die Inkaufnahme einer Reihe ungewünschter Auswirkungen voraus. So gibt es gewollte (intendierte) und ungewollte (nicht intendierte) Auswirkungen des Handelns. Sowohl die intendierten als auch die nicht intendierten Auswirkungen sind Folge der gleichen Handlung. Auf diese Weise werden die Gegensätze (Polaritäten), die in jedem Handeln liegen, deutlich.

Der Selbstmanagementprozeß kann als Wechsel zwischen *Kontrolle* und der *Aufgabe von Kontrolle* gesehen werden. Dazu ist ein guter Realitätsbezug unentbehrlich, um den scheinbaren Widerspruch zwischen beiden Aspekten zu tolerieren. Ein Vorgang kann nur dann unbeeinträchtigt ablaufen, wenn wir sowohl positive als auch negative Aspekte der Realität klar sehen und entsprechend berücksichtigen. So findet auch Selbstmanagement nicht im luftleeren Raum („Vakuum") statt, sondern steht mit der Realität in Verbindung, und zwar mit der positiven wie der negativen Seite. Wenn wir beispielsweise eine neue und besser bezahlte Stelle annehmen (positiv), müssen wir damit rechnen, daß wir zeitlich stärker beansprucht werden (negativ). Oder: die neue Herausforderung schmeichelt uns sehr (positiv), doch haben wir auch Angst, ihr möglicherweise nicht gewachsen zu sein (negativ).

Wechselwirkungen zwischen innen und außen: Beim Selbstmanagement geht es immer auch um die Auseinandersetzung mit der inneren und äußeren Realität. Ein unbeeinträchtigter Selbstmanagementprozeß besteht aus mehr als der Suche nach Kompatibilität zwischen Persönlichkeitsfacetten und Erfordernissen, die von der Umwelt oder der Organisation an den einzelnen herangetragen werden. Ein effektiver Selbstmanagementprozeß ist auch durch intensives Zusammenspiel zwischen inneren und äußeren Faktoren gekennzeichnet, bei dem alle Wirkgrößen in ihrer Möglichkeit der Annäherung oder Entfernung voneinander frei und flexibel sein müssen. Darüber hinaus müssen bei einem effektiven Selbstmanagementvorgang unbewußten Vorgängen genügend Ausdrucksmöglichkeiten zugebilligt werden. Dies wird die Selbstentfaltung und die Entwicklung der Beziehung zu anderen Menschen fördern.

In diesem Zusammenhang ist die wichtige Rolle des Humors hervorzuheben. Humor verbindet auf sehr angemessene Art und Weise das Bewußte mit dem Unbewußten. Es gibt Situationen, in denen eine scheinbar festgefahrene Gruppensituation, die schwierig, unlösbar oder sogar explosiv zu werden droht, beispielsweise durch Humor gelöst werden kann. Das Umbenennen oder Neubewerten starrer Denkmuster („Reframing") und die Erweiterung des Kontextes läßt die alten Denkmuster oft in neuem Licht erscheinen, die rückblickend oft lächerlich wirken. Die neue Perspektive erlaubt es, ein Problem mit dem gebührenden Abstand und viel mehr Augenmaß zu betrachten. Um mit Humor reagieren zu können, ist allerdings ein freier Austausch zwischen außen und innen, zwischen Bewußtem und Unbewußtem notwendig. Ohne Phantasie ist ein solches Reframing und damit ein wirklich neuer Denkansatz nur schwer vorstellbar.

Dem Menschen ist es trotz seiner Intelligenz kaum möglich, allein durch bewußtes Denken seinen Weg durchs Leben zu finden (Sulz, 1994a). Dauernd verarbeiten wir Informationen ohne bewußtes Hinzutun, also unbewußt, beispielsweise beim Autofahren, bei der Arbeit am Computer, beim Essen usw. Das Unbewußte ist auch für die fünf Grundvorgänge des Selbstmanagements sehr wichtig. Gerade interpersonelle Kommunikation und zwischenmenschliche Beziehungen sind ohne unbewußte Anteile schwer vorstellbar. Auch bei Planungsvorgängen kommen Ideen oder Vorstellungen häufig „wie aus heiterem Himmel", ohne bewußte Denkanstrengung. Wie oft treffen wir Entscheidungen, nachdem wir „eine Nacht darüber geschlafen haben", also nach Abwarten unbewußter Einflüsse. Auch zahlreiche Handlungen haben unbewußte Motive oder Teilmotive, viele Handlungen sind durch eine unbewußte Bedeutung begleitet.

Die grundsätzliche Bedeutung des Unbewußten für das menschliche Denken kann also kaum in Frage gestellt werden. Die Auseinandersetzung mit dem Unbewußten kann uns helfen, die Grenzen rigoroser und bewußter Kontrollmechanismen zu erkennen (Freud, 1929). Die Integration von Bewußtem und Unbewußtem ermöglicht es uns, der Falle solch einseitiger Betrachtungsweise und Selbstbeschränkung zu entgehen.

Zahlreiche Manager, die intuitiv arbeiten, beziehen Unbewußtes in ihr Handeln mit ein. Börsenmakler berichten beispielsweise von „psychologisch" wichtigen Faktoren, die Entscheidungen zum An- oder Verkauf ganzer Aktienpakete maßgeblich beeinflussen. Bei näherer Betrachtung der Arbeitsweise solcher Personen sehen wir, daß sie „intuitiv" über die Möglichkeiten und Grenzen des „Systems", in dem sie arbeiten, genau Bescheid wissen. Diese Informationen nutzen sie als stabilen Hintergrund, vor dem sie die Handlungen ihrer Kollegen verstehen (einschließlich der unbewußten Hintergründe) und entsprechend reagieren. Solche Personen sind in der Lage, die subtilsten Informationen, die mit ihrer Tätigkeit an der Börse verbunden sind, zu entschlüsseln und effektiv zu nutzen (De Waele et al., 1993).

Synergie: Im Gegensatz zu der Vorstellung, daß Selbstmanagement eine egozentrische und eigennützige Angelegenheit sei, zeichnet sich effektives Selbstmanagement vielmehr dadurch aus, daß es neue Einsichten und Möglichkeiten für sich *und* andere herbeiführt. Dies gilt auch für die fünf Grundvorgänge des Selbstmanagements. So kommen wir zu einer neuen Definition von „Synergie": das Zusammenwirken von Mitgliedern einer Gruppe ist dann synergistisch, wenn die Mitglieder für sich selbst *und* andere die Möglichkeit zur Aneignung, Beziehung, Planung, Entscheidung und Handlung herstellen (De Waele et al., 1993). Beispielsweise kann in einer Gruppe, in der sich die einzelnen Personen ihrer inneren Prozesse bewußt sind, dennoch eine lebendige, nach außen sichtbare Interaktion zwischen den Mitgliedern stattfinden. Die Gruppenmitglieder haben dabei oft eine zuverlässige Intuition oder ein gutes Gespür für die gegebene Gruppensituation. Sie ergänzen sich in ihren Fähigkeiten, Ressourcen und Verhaltensweisen und spüren das auch (Heigl-Evers u. Heigl, 1985).

Synchronisation der Grundvorgänge: Der Selbstmanagementvorgang kann als effektiv bezeichnet werden, sofern eine gewisse Synchronisierung zwischen den fünf Grundvorgängen besteht, d. h. daß jeder Grundvorgang mit den anderen Grundvorgängen abgestimmt ist. Beispielsweise muß jemand, der sich in einer sehr produktiven Phase befindet, sich erhebliche Mengen an Information aneignen. Darüber hinaus muß er bereit sein, laufend Dinge dazuzulernen. Ein produktiver Prozeß erfordert auch ein gewisses Maß an Planung, wenn er erfolgreich sein soll. Andererseits beeinträchtigt ein aktiver Handlungsprozeß die Fähigkeit der betreffenden Person, zwischenmenschliche Beziehungen zu entwickeln und aufrechtzuerhalten. Wir sehen, daß der Vorgang des Selbstmanagements in diesem Fall ein Bewußtsein für die Notwendigkeit der Harmonisierung zwischen den fünf Grundvorgängen voraussetzt. Manchmal erfordert dieser Vorgang eine Änderungen der Pläne und Ziele. Werden die Grundvorgänge nicht synchronisiert und aufeinander abgestimmt, können Behinderungen entstehen, die den Selbstmanagementvorgang als ganzen gefährden und plötzlich zu Enttäuschungen führen.

Gegebenheiten, die den Selbstmanagementprozeß beeinträchtigen

An dieser Stelle wollen wir Umstände erörtern, die den Selbstmanagementprozeß beeinträchtigen können. Beeinträchtigende Umstände sind Begleitumstände, die geeignet sind, jemanden daran zu hindern, sich selbst wahrzunehmen und innere Harmonie anzustreben. Solche Begleitumstände hindern ihn auch bei dem Versuch, die Harmonisierung seiner mitmenschlichen Beziehungen herbeizuführen und positive Interaktion mit der Umgebung aufrechtzuerhalten. Es gibt in dieser Hinsicht mindestens drei Arten von Beeinträchtigung (De Waele et al., 1993):

- Die erste Art der Beeinträchtigung besteht in der Behinderung von einem der fünf Grundprozesse des Selbstmanagements. Der auf diese Weise beeinträchtigte Vorgang wirkt sich auf die anderen Grundvorgänge aus.

- Die zweite Art der Beeinträchtigung besteht in mangelnder Synchronisierung der fünf Grundprozesse. Beispielsweise kann ein Prozeß (z. B. Handlung) in vollem Schwung sein, während ein anderer Vorgang (z. B. Beziehung) nicht vorankommt, etwa wenn jemand handelt, ohne vorher die Konsequenzen bedacht zu haben (z. B. Planung).

- Die dritte Art der Beeinträchtigung besteht in einer mangelhaften Abstimmung der Grundprozesse mit den physischen und sozialen Vorgängen, von denen sie umgeben sind, so daß eine Entfremdung zwischen dem Selbstmanagementprozeß und äußeren Gegebenheiten entsteht.

Beeinträchtigung durch Dominanz eines Grundvorgangs

Diese Beeinträchtigung wird durch Störung eines der fünf Grundvorgänge hervorgerufen. Dadurch, daß ein Vorgang behindert wird, droht auch die Verschlechterung der anderen Vorgänge. Wenn beispielsweise ein Mitarbeiter seinen Horizont nicht erweitert, keine neuen Erfahrungen macht und keine neuen Kenntnisse erwirbt, dann verkümmert sein Aneignungsprozeß. Diese Verkümmerung kann auch andere Prozesse betreffen, beispielsweise den Beziehungsprozeß. Das kann das Miteinander bei der Arbeit erschweren. Das kann dann der Fall sein, wenn die Person sich gegen Veränderungen wehrt, indem sie versucht, den aktuellen Zustand einer zwischenmenschlichen Beziehung beizubehalten, und dadurch den dynamischen Charakter dieser Beziehung übersieht. Ihre Planung wird durch die Veränderungsangst erschwert, ihre Entscheidungen werden unter mangelnder Flexibilität leiden, und ihr Handeln wird wegen fehlender Aneignung neuer Handlungsmöglichkeiten eingeschränkt bleiben. Man kann sich leicht vorstellen, wie sich das Verhalten dieser Person auf stereotype Muster beschränken und jegliche Anpassungsfähigkeit und Innovationsfreudigkeit vermissen lassen wird. Diese Beeinträchtigung des Selbstmanagements durch die negative Wirkung eines Grundvorgangs ist eine wichtige Ursache für das Mißlingen des Selbstmanagements.

Beeinträchtigung durch mangelhafte Synchronisierung der Grundvorgänge

Diese Art der Beeinträchtigung hängt mit der Synchronisierung der fünf Grundvorgänge zusammen. Meistens weisen solche Beeinträchtigungen auf eine zu starke Gewichtung einer der Grundvorgänge bei gleichzeitiger Vernachlässigung anderer Grundvorgänge hin. Beeinträchtigungen dieser Art sind ein Hinweis an den einzelnen, daß eine Harmonisierung der fünf Grundvorgänge notwendig ist, und zeigen auf, bei welchen Grundvorgängen eine Verbesserung erforderlich ist.

An einem Beispiel soll das Phänomen der „Synchronisierung" verdeutlicht werden: Wenn jemand seine Energie und Arbeitskraft in Entscheidungs-, Planungs- und Handlungsvorgänge einfließen läßt, wird er in seiner Organisation als entscheidungsfreudiger Mitarbeiter wahrgenommen, der vernünftige Pläne erarbeitet und zu entschiedenem Handeln fähig ist. Es ist jedoch denkbar, daß er trotz seiner ausgeprägten Fähigkeit, diese drei Grundvorgänge zu gestalten, keine ausreichende soziale Kompetenz im Umgang mit seinen Kollegen hat. Möglicherweise ist er nicht in der Lage, die Kollegen als Individuen wahrzunehmen und zu schätzen, so daß bei den Kollegen kein echtes Bedürfnis besteht, mit ihm zu kooperieren. Das Verhalten des Mitarbeiters führt vielmehr zu einer Konkurrenzsituation: Die Kollegen bekommen den Eindruck, der Mitarbeiter wolle ein für sie unerreichbares Leistungsniveau vorgeben. Die Bereitschaft, dieses Verhalten mitzutragen, wird bei den Kollegen immer geringer. Irgendwann setzt ihre Kooperationsbereitschaft ganz aus, und der Mitarbeiter muß erfahren, daß die Mehrheit der Kollegen ihm jegliche Unterstützung versagt. Darüber hinaus wird er ihre Reaktion mißverstehen, da er wahrscheinlich auch den Aneignungsvorgang vernachlässigt hat und daher außerstande war, sich ein Bild über die Gründe für die Reaktion seiner Kollegen zu machen. Die Gefühle, die seine großen Leistungen bei den Kollegen ausgelöst haben, hat er nicht wahrgenommen (fehlende Aneignung) und konnte daher die Auswirkungen seines Handelns auf sein Umfeld nicht richtig einschätzen. So hat er das gesamte Geschehen mißverstanden. Da er im unklaren darüber ist, was zwischen ihm und den Kollegen abgelaufen ist, wird er in Zukunft frustriert und in seinem Handeln unsicher sein. Diese negativen Gefühle und die dadurch resultierende Einschränkung der Handlungsmöglichkeiten beeinträchtigen den Selbstmanagementprozeß erheblich. Wenn es dem Mitarbeiter nicht gelingt, die Grundvorgänge des Selbstmanagements zu synchronisieren, verunmöglicht er die Harmonisierung seiner persönlichen Entwicklung.

Synchronisierung der fünf Grundvorgänge bedeutet, daß die Vorgänge aufeinander abgestimmt werden und sich gegenseitig ergänzen. Kein Grundvorgang sollte auf Kosten eines anderen dominieren. Der Unterschied zwischen Beeinträchtigung durch nachteilige Auswirkung eines Grundvorgangs und Beeinträchtigung durch mangelhafte Synchronisierung der Grundvorgänge liegt darin, daß bei ersterer die Behinderung oder Blockade *eines* Grundvorgangs vorliegt, während bei letzterer eine *unausgewogene* Entwicklung der Grundvorgänge stattfindet.

Beeinträchtigung durch mangelhafte Abstimmung der Grundvorgänge

Diese Art der Beeinträchtigung hat ihren Ursprung in einer unzureichenden Kompatibilität zwischen dem Selbstmanagementprozeß und anderen in der Umgebung ablaufenden Vorgängen („Mismatch"). So kann der Selbstmanagementprozeß nicht von grundlegenden Vorgängen wie biologischen Rhythmen, Phasen oder Gegensätzen getrennt betrachtet werden. Der Selbstmanagementprozeß ist immer auch von ganz natürlichen menschlichen Vorgängen, wie Nahrungsaufnahme und Verdauung, Wachsein und Schlaf, Arbeit und Erholung, abhängig. Normalerweise teilt sich der eigene Körper bezüglich seiner Bedürfnisse mit. Beeinträchtigungen des Selbstmanagements sind jedoch häufig darauf zurückzuführen, daß der Betreffende innere Signale nicht wahrnimmt oder sich einfach über die Signale hinwegsetzt.

Beeinträchtigungen durch mangelhafte Abstimmung der Grundvorgänge können auch auftreten, wenn die Fähigkeiten eines Mitarbeiters nicht den Entwicklungsmöglichkeiten entsprechen, welche die Organisation oder die Umwelt bieten. Ein Manager, der besondere Führungsqualitäten und Fähigkeiten im zwischenmenschlichen Umgang hat, arbeitet möglicherweise in einer Organisation, die ihm wenig Gelegenheit gibt, seine Fähigkeit auszuleben. Die Folge ist Unzufriedenheit und eine schwere Beeinträchtigung des Beziehungsvorgangs. Ein neuer Mitarbeiter kann von komplexen Arbeitsabläufen so überwältigt sein, daß seine Aneignungsfähigkeiten überlastet werden. Möglicherweise nimmt er die Abläufe als chaotisch wahr und ist nicht in der Lage, wichtige Informationen zu verarbeiten. Dann kann er in bestimmten Situationen nicht sinnvoll reagieren. Das heißt, daß sein Handlungsprozeß blockiert ist. Der große Nachteil dieser Beeinträchtigung ist, daß mögliche Chancen verpaßt oder sogar als Bedrohung verkannt werden und auf diese Weise verlorengehen. Der Betreffende kann in einen destruktiven Teufelskreis geraten, aus dem er nur schwer herauskommt.

Abwehr und Selbstmanagement

Wenn Menschen in ihrem Selbstmanagement überfordert sind, reagieren sie häufig mit stereotypen Handlungsmustern oder anderen ineffektiven Verhaltensweisen. Auch wenn es Menschen eigentlich darum geht, Schwierigkeiten im Selbstmanagement zu überwinden, legen sie häufig Verhaltensweisen an den Tag, die ausgesprochen ungeeignet sind, den mißlungenen Selbstmanagementprozeß in konstruktive Bahnen zu lenken. Versuche, neue und belastende Situationen durch stereotypes oder ineffektives Verhalten zu bewältigen, sind nämlich in der Regel wenig aussichtsreich. Auf diese Weise kommt häufig autoritäres oder antisoziales Verhalten zustande. Aber auch ein Rückzug auf vertraute und ruhige Tätigkeiten, die keine großen Anforderungen an den Betreffenden stellen, kann vorkommen. Solche Verhaltensweisen können mit dem Begriff „Abwehr" bezeichnet werden. Abwehrmechanismen oder Bewältigungsstile („Coping-Stile") sind unbewußt ablaufende psychische Vorgänge, die den Betreffenden vor dem Bewußtwerden innerer oder äußerer Bedrohung bzw. Belastung schützen. Die Angst, die mit dem Bewußtwerden solcher Bedrohung einhergehen würde, wird dabei „abgewehrt" (APA, 1996).

Abwehr kann sowohl für den Betroffenen selbst als auch für seine Umgebung Schwierigkeiten mit sich bringen. Indem nämlich die Angst durch Abwehr vermieden wird, wird auch die Auseinandersetzung mit der Beeinträchtigung des Selbstmanagementvorgangs vermieden. Wenn jemand emotionalen Konflikten oder inneren bzw. äußeren Belastungsfaktoren mit Abwehr begegnet, können verschiedene *Formen der Abwehr* zum Tragen kommen, die sich auf unterschiedliche Art und Weise äußern. Es gibt beispielsweise eine Gruppe von Abwehrmechanismen, die dazu dient, potentiell bedrohliche Gedanken, Gefühle, Erinnerungen, Wünsche oder Ängste aus dem Bewußtsein zu verbannen. Diese Form der Abwehr wird auch „Kompromißbildung" genannt, da eine Art Kompromiß zwischen Wunsch und Wirklichkeit erreicht wird. Sie gehen mit einer *psychischen Hemmung* einher. Zu dieser Art von Abwehr gehören folgende Mechanismen (APA, 1996):

- *Affektisolierung*, d. h. bestimmte Vorstellungen werden von ursprünglich damit verbundenen Gefühlen getrennt.

- *Dissoziation*, d. h. die gewöhnlich integrierende Funktion des Bewußtseins, der Erinnerungen und der Wahrnehmung bricht zusammen.

- *Intellektualisierung*, d. h. übermäßig abstraktes Denken wird eingesetzt, um störende Gefühle zu minimieren oder kontrollieren.

- *Reaktionsbildung*, d. h. Verhalten, Gedanken oder Gefühle, die eigenen unannehmbaren Gedanken oder Gefühlen diametral entgegengesetzt sind, treten ersatzweise auf.

- *Ungeschehenmachen*, d. h. Worte oder Verhaltensweisen werden benutzt, mit denen unangenehme Gedanken, Gefühle oder Handlungen negiert oder wiedergutgemacht werden.

- *Verdrängung*, d. h. störende Wünsche, Gedanken oder Erfahrungen werden vom bewußten Erleben ausgeschlossen.

- *Verschiebung*, d. h. Gefühle oder Reaktionen auf Dinge oder Personen werden ersatzweise auf andere (und weniger bedrohliche) Dinge oder Personen übertragen.

Es gibt andere Formen der Abwehr, die mit *leichter Vorstellungsverzerrung* einhergehen. Der Verlust des Realitätsbezugs kommt durch Verzerrung des Selbstbildes, des Körperbildes oder anderer Vorstellungen, die an der Selbstwertregulierung beteiligt sind, zustande. Beispiele für diese Form der Abwehr sind (APA, 1996):

- *Entwertung*, d. h. übertrieben negative Eigenschaften werden anderen oder sich selbst zugeschrieben.

- *Idealisierung*, d. h. übertrieben positive Eigenschaften werden anderen oder sich selbst zugeschrieben.

- *Omnipotenz*, d. h. bei dem Betreffenden treten Gefühle oder Verhaltensweisen auf, als besäße er besondere Fähigkeiten oder Kräfte und sei dadurch anderen überlegen.

Es gibt auch Abwehrformen, bei denen die *Verleugnung* eine herausragende Rolle spielt. Auf diese Weise werden unangenehme oder unannehmbare Anforderungen, Gedanken, Impulse oder Gefühle aus dem Bewußtsein verbannt. Beispiele dafür sind (APA, 1996):

- *Projektion*, d. h. eigene (unangenehme) Gefühle, Impulse oder Gedanken werden fälschlicherweise jemand anderem zugeschrieben.

- *Rationalisierung*, d. h. tatsächliche Beweggründe für Gedanken, Handlungen oder Gefühle werden durch Ausarbeitung von (scheinbar sachlichen) Erklärungen verborgen, die aber selbstdienliche oder falsche Begründungen sind.

- *Verleugnung* (im engeren Sinne), d. h. der Betreffende weigert sich, schmerzliche Aspekte der äußeren Realität oder subjektiver Erfahrung anzuerkennen.

Einige Formen der Abwehr gehen sogar mit einer *schweren Verzerrung der Vorstellung* einher. Beispiele für diese Art der Abwehr sind (APA, 1996):

- *Autistische Phantasie*, d. h. exzessive Tagträumerei als Ersatz für zwischenmenschliche Beziehungen, konstruktives Problemlösen und effektives Handeln.

- *Projektive Identifizierung*, d. h. eigene unangenehme Gefühle, Impulse oder Gedanken werden fälschlicherweise jemand anderem zugeschrieben. Dadurch können beim anderen Gefühle hervorgerufen werden, die den zuvor zu Unrecht unterstellten Gefühlen tatsächlich entsprechen.

- *Spaltung* des eigenen Selbstbildes und des Bildes von anderen, d. h. positive und negative Eigenschaften können nicht zu einem realistischen und zusammenhängenden Bild integriert werden. Widersprüchliche Gefühle können nicht gleichzeitig erlebt werden, so daß ein Aspekt stets ausgeblendet bleiben muß. So entsteht ein unrealistisches und unausgewogenes Schwarzweißdenken.

Bei einer weiteren Gruppe von Abwehrformen werden innere oder äußere Belastungen entweder durch *Handeln* oder durch *Rückzug* bewältigt. Beispiele für diese Art der Abwehr sind (APA, 1996):

- *Apathischer Rückzug*, d. h. (gekränkter) Abbruch der Beziehungen zu Mitmenschen und Einstellung aller konstruktiven Handlungsweisen und Problemlösungsversuche.

- *Ausagieren*, d. h. Reaktion auf emotionale Konflikte oder innere bzw. äußere Belastungsfaktoren mit konkreten Handlungen statt mit Gedanken oder Gefühlen.

- *Hilfezurückweisendes Klagen*, d. h. klagen oder um Hilfe bitten, um Gefühle der Feindseligkeit oder Vorwürfe anderer gegenüber zu verbergen. Hinweise, Vorschläge oder Hilfestellungen von anderen werden zurückgewiesen.

- *Passive Aggression*, d. h. aggressive Gedanken oder Gefühle gegen andere werden indirekt oder unbewußt ausgedrückt. Hinter einer Fassade aus offener Zustimmung verbirgt sich Widerstand, Feindseligkeit oder Ärger.

Abwehr mag dazu beitragen, Enttäuschungen oder seelischen Schmerz zu vermeiden, doch dadurch wird ein Problem eher verschleiert, als daß seine Ursache angegangen würde. Abwehr schließt häufig die Möglichkeit aus, sich offen und bewußt mit einem Problem oder Konflikt auseinanderzusetzen und daraufhin die Grundvorgänge des Selbstmanagements positiv zu verändern. Da innere Abwehr oder abwehrendes Verhalten nach außen weder auf die Ursache einer Beeinträchtigung noch auf ihre Überwindung abzielt, kann Abwehr den Selbstmanagementprozeß verzerren, verlangsamen, behindern oder vielleicht sogar ganz verunmöglichen.

Jede Form der Abwehr kann sich auf jeden der fünf Grundvorgänge (Beziehung, Aneignung, Planung, Entscheidung, Handlung) auswirken und ihn beeinträchtigen. Beispielsweise kann Abwehr den Aneignungsprozeß behindern: Ein neuer Mitarbeiter muß in seiner neuen Umgebung die organisatorischen Abläufe, persönlichen Aufgabenbereiche und individuellen Empfindlichkeiten kennenlernen. Dieser Aneignungsprozeß kann aber durch einen Überfluß an Information und Angst beeinträchtigt werden. So kann der Betreffende nicht mehr wichtige von unwichtigen Aspekten seines neuen Umfelds unterscheiden. Als Form der Abwehr kann sich der neue Mitarbeiter seine natürliche Neugier und Lernbereitschaft versagen, so daß er darauf verzichtet, aus sich herauszugehen und sich neue Informationen und Erfahrungen anzueignen.

In manchen Situationen (z. B. in außerordentlichen Belastungssituationen) sind sowohl Informationsüberfluß als auch Angst völlig normal und können unmittelbar bewältigt werden. Wenn der Betreffende aber weiter unter Druck gerät, kann es sein, daß er dem Druck nicht standhält und das unangenehme Gefühl, das auf ihm lastet, abwehrt. Psychischer Druck kann von innen oder von außen kommen. Druck von innen entsteht beispielsweise durch Schuldgefühle, Scham, verletzten Stolz oder andere Kränkungen des Selbstwertes. Druck von außen kann durch Kollegen oder Vorgesetzte entstehen, die ihren Mitarbeiter unter einen gewissen Anpassungsdruck setzen oder überhöhte Leistungsforderungen stellen. Psychischer Druck kann aber auch von nahestehenden Personen ausgehen, die bestimmte Anforderungen an den Betreffenden stellen.

Die Abwehr des unangenehmen Gefühls, das durch den Druck entsteht, kann aus einem der oben aufgeführten Mechanismen bestehen oder aus mehreren zusammengesetzt sein. Die Abwehrformen sind jedoch in keinem Fall geeignet, den Selbstmanagementprozeß voranzubringen. Sie können weder Beeinträchtigungen aus dem Weg räumen noch Probleme lösen. Sie führen nicht einmal zur Identifizierung von Faktoren, die den Selbstmanagementprozeß behindern. Abwehr dient lediglich dazu, eine Zeitlang die unangenehmen Gefühle, die mit emotionalen Konflikten oder inneren bzw. äußeren Belastungsfaktoren einhergehen, aus dem bewußten Erleben zu vertreiben. Vielleicht vermitteln die Abwehrvorgänge sogar die Illusion, daß der Selbstmanagementprozeß gut vorankäme oder daß einer der Grundvorgänge zu vernachlässigen sei.

Wenn Beeinträchtigungen von Selbstmanagementvorgängen auftreten, sind andere Bewältigungsmechanismen als die oben genannten Abwehrformen sehr viel effektiver. Beispielsweise kann man beim Auftreten von Informationsüberfluß innehalten, sich einen Überblick über die Lage verschaffen und die zu einer Entscheidung erforderlichen Informationen einholen. Mittels dieses inneren Abstands („Selbstbeobachtung") kommt eine konstruktive Distanz zustande, die dem Problemlöseprozeß dient. Oder wenn Angst einen oder mehrere Grundvorgänge des Selbstmanagements beeinträchtigt, ist es angebracht, sich zunächst mit der Angst auseinanderzusetzen. Das kann beispielsweise dadurch erfolgen, daß durch Hinwendung an andere Hilfe gesucht und Unterstützung eingeholt wird („Affiliation"). Abwehrendes Verhalten führt andernfalls oft zu Mißverständnissen und Verstrickungen, die den Selbstmanagementprozeß behindern.

Meistens erschwert Abwehr die Auseinandersetzung mit Problemstellungen. Aber es gibt auch Abwehrformen, die zu einer optimalen Anpassung im Umgang mit Belastungsfaktoren führen. Aus diesem Grund spricht man davon, daß sich die Abwehr auf *hochadaptivem Niveau* abspielt (APA, 1996). Beispiele für diese Art der Abwehr von emotionalen Konflikten oder inneren bzw. äußeren Belastungsfaktoren sind:

- *Affiliation*, d. h. Hinwendung an andere zwecks Hilfe und Unterstützung. Dadurch werden Konflikte mit anderen geteilt, nicht aber die Verantwortung für die Konflikte auf andere abgewälzt.

- *Altruismus*, d. h. sich der Erfüllung von Bedürfnissen anderer Menschen zu widmen. So erfährt die Person entweder ersatzweise oder durch die Reaktion anderer Befriedigung.

- *Antizipation*, d. h. emotionale Reaktionen werden vorweggenommen, indem mögliche zukünftige Ereignisse gedanklich durchgespielt werden und realistische Handlungsalternativen oder Lösungsmöglichkeiten in Betracht gezogen werden.

- *Humor*, d. h. amüsante oder ironische Aspekte des Belastungsfaktors oder Konflikts werden in den Vordergrund gestellt.

- *Selbstbehauptung*, d. h. Gedanken und Gefühle werden direkt und in nicht manipulativer Weise geäußert.

- *Selbstbeobachtung*, d. h. eigene Gedanken, Gefühle, Beweggründe und Verhaltensweisen werden sorgfältig bedacht, dann wird angemessen reagiert.

- *Sublimation*, d. h. potentiell schlecht angepaßte Gefühle oder Impulse werden auf sozial akzeptable Art geäußert (z. B. Sport treiben, um ärgerliche Impulse zu kanalisieren).

- *Unterdrückung*, d. h. es wird absichtlich vermieden, über störende Probleme, Wünsche, Gefühle oder Erfahrungen nachzudenken.

Diese Abwehrmechanismen erlauben den bewußten Umgang mit Gedanken, Gefühlen und ihren Konsequenzen, so daß ein optimales Gleichgewicht zwischen widerstrebenden Motivationsfaktoren möglich ist. Sie gestatten einen flüssigen Ablauf der Grundvorgänge und beeinträchtigen das Selbstmanagement in keinem nennenswerten Ausmaß. Diese „konstruktiven" Formen der Abwehr könnte man daher auch „Bewältigungsformen" nennen. Sie sind ein Zeichen für die effektive Verarbeitung von emotionalen Konflikten oder inneren bzw. äußeren Belastungsfaktoren und zeichnen effektives Selbstmanagement aus.

Auf dem Weg zu effektivem Selbstmanagement

Optimales Selbstmanagement ist und bleibt eine anspruchsvolle Herausforderung. Auf dem Weg zu einem optimalen Selbstmanagement stellen sich einige zentrale Fragen, die Ausgangspunkt für weitere Fragen sein können:

- Wie kann man Beeinträchtigungen des Selbstmanagements vermeiden, die aus der unzureichenden Abstimmung der Grundvorgänge hervorgehen? Wie kann man schlechte Abstimmung erkennen? Wie kann man einen besseren Austausch zwischen den Grundvorgängen erzielen?

- Wie kann man praktisch und konkret auf die Ausgewogenheit der Grundvorgänge hinarbeiten? Wie erkennt man Unausgewogenheit der Grundvorgänge, und was kann man dagegen tun?

- Wie kann man die eigenen Rhythmen, Phasen, oder Konflikte wahrnehmen, ohne deren Daseinsberechtigung zu leugnen? Wie hält man gute und schlechte Phasen aus? Wie wird man sich der Befindlichkeit anderer bewußt, auch wenn sie sich von dem eigenen Befinden unterscheidet?

- Wie kann man am besten die eigenen Persönlichkeitseigenschaften mit den Vorgängen und Eigenschaften des Arbeitsumfelds in Einklang bringen?

- Was kann man tun, wenn eigene Werte im Widerspruch zu den Zielen des Arbeitsumfelds stehen?

- Gibt es allgemeine Grundregeln, die einem dabei helfen, sich selbst und eigene Angelegenheiten besser zu steuern? Wo finden wir Leitsätze, die uns behilflich sind, unser Potential in vollem Umfang zu entfalten?

Es gibt keine allgemeingültigen Antworten auf diese Fragen, aber sie regen zu Überlegungen an. Wir alle kennen die Schwierigkeit, mit inneren und äußeren Spannungen zurechtzukommen, unklare Situationen sowohl im Privatleben wie auch im Beruf auszuhalten. Effektives Selbstmanagement kann zumindest dazu beitragen, mit diesen Problemen zurechtzukommen und die begrenzten Möglichkeiten optimal zu nutzen. Zunächst aber muß der einzelne seinen Selbstmanagementprozeß optimieren. Dazu soll dieses Buch beitragen.

2. Beziehung und Selbstmanagement

Zwischenmenschliche Beziehungen sind von Anfang an einer der wichtigsten Bestandteile des menschlichen Lebens und spielen eine entscheidende Rolle bei der Persönlichkeitsentwicklung (Rogers, 1957). Auch im Erwachsenenalter befinden wir uns in einem komplizierten Netz verschiedenster zwischenmenschlicher Beziehungen. Sie können gut oder schlecht, angenehm oder unangenehm, eng oder distanziert, notwendig oder überflüssig sein – jedenfalls sind sie vorhanden.

Die Art, wie wir Beziehungen gestalten, ist Ausdruck unserer Persönlichkeit und gewährleistet unser emotionales Überleben als einzelne (Sulz, 1994a). Von Beziehungen erwartet man, daß sie „gut", „normal" oder „gesund" sind. Beziehungen sollten tragfähig und ohne Spannungen sein, dabei aber auch flexibel und entwicklungsfähig. Wenn sie das sind, kann man von guten Beziehungen sprechen. Gute zwischenmenschliche Beziehungen sind Voraussetzung für gutes Befinden. Sind Beziehungen gestört, so ist auch das Befinden beeinträchtigt. Daher ist die positive Gestaltung unserer Beziehungen ein wichtiger Aspekt des Selbstmanagements. Diesen Gestaltungsvorgang wollen wir „Beziehungsprozeß" nennen.

Jede Stufe der Persönlichkeitsentwicklung erfordert „Überlebensregeln" (Sulz, 1994a), die das emotionale Überleben des einzelnen sichern. Die Überlebensregeln entwickeln sich aus der Wechselwirkung zwischen der sich entwickelnden Persönlichkeit und der Umgebung. Sie stellen Leitlinien für das Handeln des einzelnen dar, an denen er sein Verhalten ausrichtet. Im Laufe des Lebens können sich entwicklungs*fördernde*, aber auch entwicklungs*hemmende* Regeln herausbilden. Ziel des Selbstmanagements ist es, die Entwicklung konstruktiver und funktioneller Überlebensregeln zu fördern. Dies gelingt je nach Lebensphase auf unterschiedliche Art und Weise (Kegan, 1986; Piaget u. Inhelder, 1981). In der Lebensphase des Erwachsenenalters ist die persönliche Identität weitgehend entwickelt. Es findet jedoch eine weitere aktive Auseinandersetzung mit gesellschaftlichen und institutionellen Werten und Normen statt. So wird normalerweise ein gewisses Gleichgewicht der persönlichen Identität aufrechterhalten. Beziehungen werden im Normalfall erfolgreich gestaltet, indem es gelingt, eigene Werte und Ziele mit denen anderer Menschen abzustimmen. Dieses Gleichgewicht zu erhalten und eine persönliche Weiterentwicklung zu ermöglichen ist Aufgabe des Selbstmanagements.

Im Laufe der Persönlichkeitsentwicklung werden herkömmliche gesellschaftliche Normen und institutionelle Konventionen als Maßstab individuellen Handelns immer weniger wichtig. Sie werden durch allgemeine ethische Maßstäbe ersetzt. Eine reife Person übernimmt dann eine allgemeine menschliche Ethik. Nach diesen allgemeingültigen Maßstäben fährt seine persönliche Weiterentwicklung fort. Auf dieser Grundlage werden Probleme und Konflikte bewältigt und Beziehungen erfolgreich gestaltet. In der Beziehung mit anderen stellt eine reife Person ihre eigene Individualität immer weniger in den Vordergrund und gesteht den anderen um so mehr Freiraum zum Ausleben ihrer Individualität zu. Aus dieser freien Beweglichkeit der am Beziehungsprozeß beteiligten Personen entstehen ganz neue Möglichkeiten der Beziehungsgestaltung (Sulz, 1994a).

Die Beziehungsaufnahme

Beziehungen haben Prozeßcharakter, d. h. sie laufen über bestimmte Zeiträume ab und haben immer auch ein Entwicklungspotential, sowohl in positiver als auch negativer Hinsicht. Deshalb sprechen wir von einem „Beziehungsprozeß". Der Beziehungsprozeß kann als ständiger Austausch zwischen Menschen verstanden werden. Er kann innerhalb oder außerhalb einer Organisation stattfinden, im öffentlichen Raum sowie im privaten Bereich. Wie bei den anderen Grundvorgängen, die wir kennengelernt haben, interessieren uns hier insbesondere die Beziehungen im Arbeitsumfeld. Das ändert aber nichts an der Tatsache, daß viele der hier dargestellten Mechanismen auch auf andere Lebensbereiche zutreffen, etwa die Familie oder den Freundeskreis.

Beziehungsvorgänge im Arbeitsumfeld sind dadurch gekennzeichnet, daß sich Phasen emotionaler Beteiligung mit Phasen weniger starken emotionalen Engagements ständig abwechseln. Diese Wechsel finden unterschiedlich häufig und mit unterschiedlicher Geschwindigkeit statt. Wenn Beziehungen auf gegenseitigem Austausch und gemeinsamen Interessen beruhen, fördern sie das Zustandekommen einer Gruppe sich gegenseitig unterstützender Personen. So kann ein tragfähiges Netz verständnisvoller Bezugspersonen uns helfen, eigene Möglichkeiten und Fähigkeiten zu entwickeln, statt sie verkümmern zu lassen.

Um ein tragfähiges Netz zwischenmenschlicher Beziehungen zu knüpfen, müssen wir bestimmte Beziehungen aus der Vielzahl unserer sozialen Kontakte herausgreifen und mit einer gewissen Kraft und Einsatzbereitschaft aufrechterhalten und pflegen. So lernen wir, sowohl mit Vertrauen und Nähe als auch mit Distanzierung und Abstand umzugehen. Zwischenmenschliche Beziehungen sind eine dynamische Angelegenheit. Manchmal muß man alte Beziehungen aufgeben, um neue aufnehmen zu können, die vielleicht besser mit dem eigenen Stil oder den eigenen Entwicklungsmöglichkeiten harmonieren. Das hindert uns natürlich nicht daran, enge Freundschaften auch über eine gewisse Entfernung aufrechtzuerhalten, etwa wenn wir in einen anderen

Arbeitsbereich wechseln und den Kontakt zu alten Arbeitskollegen pflegen. Das Gegenteil kann aber auch vorkommen, beispielsweise wenn ein Kollege eine persönliche Beziehung aufs Spiel setzt, um die eigene Karriere voranzutreiben, und so eine Entfremdung in der Beziehung eintritt, obwohl keine räumliche Distanzierung erfolgt ist.

Eine große Bereicherung unserer Beziehungsvorgänge ist die Vielfalt zwischenmenschlicher Kommunikations- und Interaktionsweisen. Menschliche Kommunikation kann sich auf verschiedenen Ebenen abspielen. Sie muß nicht verbal sein, sondern kann auch nonverbal erfolgen, beispielsweise durch Gestik, durch den Gesichtsausdruck, als symbolische Handlung usw. Botschaften können auch auf verschiedenen Ebenen gleichzeitig vermittelt werden: verbal, mimisch, gestisch, usw. Dabei können sich die Botschaften auf verschiedenen Ebenen sogar widersprechen. Dann entstehen „paradoxe" Kommunikationsmuster, die nur schwer aufzulösen sind (Watzlawick et al., 1969; 1974; Watzlawick, 1977).

Menschen, zwischen denen sich ein tragfähiges Netz zwischenmenschlicher Beziehungen entwickelt hat, haben in aller Regel weitgehend übereinstimmende Wertmaßstäbe und Zielvorstellungen. Entsprechend gut funktioniert meistens auch die Kommunikation. Dennoch gibt es in unseren sozialen Beziehungen zahlreiche Gelegenheiten für Mißverständnisse und Konflikte. So muß jeder, der effektives Selbstmanagement betreiben will, verstehen, wie zwischenmenschliche Kommunikation funktioniert, so daß er Kommunikationsstörungen erkennen und nach Möglichkeit beheben kann.

Effektives Management unserer Beziehungsprozesse setzt eine gewisse Offenheit für die Vielzahl der Emotionen voraus, die in der Kommunikation und Interaktion mit anderen eine Rolle spielen. Diese Emotionen entstehen im Laufe der Kommunikation und Interaktion bei allen Beteiligten. Das bedeutet, daß wir unsere eigenen Gefühle wahrnehmen müssen und gleichzeitig sensibel für die Auswirkungen sein sollten, die unser Reden und Handeln auf die Gefühle anderer hat. Aufbau und Aufrechterhaltung von Beziehungen setzt außerdem die Regelung zwischenmenschlicher Nähe und Distanz voraus. Eine Veränderung der Nähe oder Distanz fordert von den Beteiligten eine gewisse Belastbarkeit. Beispielsweise müssen in einen Konflikt verwickelte Personen mit den unangenehmen Emotionen fertig werden, die durch Interesselosigkeit oder Ablehnung des jeweils anderen entstehen können.

Selbstmanagement im allgemeinen hat starke Auswirkungen auf den Beziehungsprozeß im speziellen. Je mehr Kraft jemand in seine eigene Persönlichkeitsentwicklung investiert, desto intensiver sind auch seine Beziehungen zu anderen Menschen. Dieser scheinbar paradoxe Zusammenhang kann durch unbewußte Vorgänge und gruppendynamische Prozesse erklärt werden (Kets de Vries u. Miller, 1984). Jemand, der effektives Selbstmanagement betreibt, ist in seiner Beziehung zu Kollegen unverkrampft und in der Lage, mit Leichtigkeit zu kommunizieren und zu interagieren. Ferner ist er in der Lage, die negativen Auswirkungen auftretender Konflikte einzugrenzen. So kann er in seiner Organisation ein tragfähiges Netz zwischenmenschlicher Beziehungen aufbauen und sowohl als Individuum als auch als Mitarbeiter seine Ziele erreichen.

Die Aufrechterhaltung von Beziehungen

Was ist zur gelungenen Aufnahme und Aufrechterhaltung zwischenmenschlicher Beziehungen erforderlich? Es hat sich gezeigt, daß Beziehungen von den Beteiligten einige Grundvoraussetzungen erfordern, wenn die Beziehungen konstruktiv sein sollen. Dazu zählen einige kommunikative Faktoren, die für die zwischenmenschliche Interaktion von Bedeutung sind und zu tragfähigen Beziehungen beitragen (Finke, 1994; Orlinsky et al., 1994):

- bedingungsfreies *Akzeptieren*, d. h. eine positive Wertschätzung der jeweils anderen Person und gegenseitige Bestätigung;

- einfühlendes *Verstehen*, d. h. Empathie im Umgang mit der anderen Person („empathische Resonanz");

- *Echtheit*, d. h. Offenheit für die andere Person und Ehrlichkeit in der Reaktion auf ihre Mitteilungen.

Während bedingungsfreies Akzeptieren und einfühlendes Verstehen in Beziehungen lediglich die wertfreie Rücksichtnahme auf die Lage des anderen erfordert, stellt Echtheit sehr viel höhere Anforderungen an die Beteiligten, da Echtheit eine weitaus größere Herausforderung an das persönliche Engagement darstellt. Darüber hinaus setzt Echtheit eine Beziehungsklärung voraus, was häufig auch auf Konfrontation (im positiven wie im negativen Sinn) hinausläuft. Echtheit erfordert immer auch Ehrlichkeit gegenüber sich selbst. Wer sich seiner eigenen Wünsche, Erwartungen, Impulse usw. nicht bewußt ist, kann auch keine Echtheit zeigen. Er richtet sich in seinen sozialen Beziehungen vielmehr nach den Wünschen und Erwartungen, die von außen an ihn herangetragen werden.

Unsere Wahrnehmung von Beziehungen hängt von bestimmten Mustern oder „Schemata" ab, die durch Begegnungen und Interaktion mit anderen Menschen aktiviert werden (Grawe, 1995). Wir nehmen die Beziehung je nach aktiviertem Beziehungsschema als eher positiv oder negativ wahr. Die erschlossenen Schemata bestimmen zunächst das emotionale Klima, in dem sich die Beziehung zwischen den Beteiligten abspielt. Wer seine eigenen Beziehungsmuster kennt, ist ihnen weniger stark ausgeliefert. Die Gefahr ist dann nicht so groß, in alte Beziehungsmuster zu verfallen und neue Beziehungen zu gefährden. So kann man vorbehaltlos auf andere zugehen.

Zwischenmenschlicher Austausch

Obwohl wir als Menschen alle zur gleichen Gattung gehören und auf diese Weise miteinander „verwandt" sind, kommunizieren und interagieren wir nicht immer auf dieselbe Art und Weise. Während Tiere genetisch weitgehend festgelegte Kommunikations- und Interaktionsformen haben, sind wir als Menschen nicht mit wirklich verläßlichen Instinkten ausgestattet (Gehlen, 1969). Uns stehen daher keine festen und unzweideutigen Kommunikations- und Interaktionsformen zur Verfügung. Dieser Umstand räumt uns aber auf der anderen Seite große Freiheit in unserer Kommunikation und Interaktion, und damit der Beziehungsgestaltung, ein.

Die Aufnahme und Aufrechterhaltung von Beziehungen („Beziehungsprozeß") lernt der Mensch im Laufe des Lebens. Dieser Lernprozeß beginnt in der frühen Kindheit (Piaget u. Inhelder, 1981; Montada, 1995) und zieht sich durch das gesamte Leben (Kegan, 1986). Beim Durchlaufen der Entwicklungsstufen wird die Umgebung nach den jeweils altersgemäßen Gesichtspunkten wahrgenommen. Entsprechend verändert sich natürlich auch die Reaktion des einzelnen auf die Umwelt, wodurch sich die gesamte Interaktion zwischen Individuum und Umwelt allmählich wandelt. Das wirkt sich auch auf die Art und Weise aus, wie der einzelne seine Beziehungen gestaltet.

Wir wollen nun näher betrachten, wie sich unsere Fähigkeit, Beziehungen einzugehen und zu gestalten, entwickelt und im Laufe der persönlichen Entwicklung verändert (Kegan, 1986):

In der Anfangsphase des Lebens ist die Psyche des Menschen in seine Empfindungen und reflexhaften Handlungen eingebunden. Für den Säugling existiert noch keine Außenwelt. Alle Empfindungen schreibt der Säugling seinem eigenen Körper zu. Die Beziehung des Säuglings zur Außenwelt ist durch Empfindung und Bewegung gekennzeichnet.

In einer zweiten Phase erfolgt eine psychische Differenzierung: Das Kleinkind nimmt seine Außenwelt wahr, kann diese jedoch nicht relativieren, so daß er die Außenwelt als Teil seiner selbst erlebt. Das Kleinkind glaubt folglich, daß die Außenwelt durch seine Wahrnehmung beeinflußbar ist. Die Beziehungen des Kleinkinds sind durch seine Wahrnehmung und Impulse geprägt.

In einer dritten Phase kann das Kind seine Wahrnehmung betrachten und Vergleiche anstellen. Es kann zwischen sich selbst und anderen differenzieren und eigene Bedürfnisse von fremden unterscheiden. Das Kind kann zwischenmenschliche Beziehungen eingehen, wobei sein Selbst mit der Beziehung verschmolzen bleibt, diese also nicht reflektieren kann und daher sehr verletzlich ist. Die Beziehungen sind weitgehend durch Äußerung von Wünschen und Bedürfnissen gekennzeichnet. Andere sind ihm zur Bedürfnisbefriedigung wichtig.

Mit der vierten Phase beginnt eine echte sozial orientierte Entwicklung. Beziehungen zu einer Reihe verschiedener Personen sind möglich. Das Kind unterscheidet zwischen sich und anderen, Konflikte werden verinnerlicht und können reflektiert werden. Es kann in begrenztem Umfang abstrakte Gedanken fassen. Beziehungen haben die Form von Einzelbeziehungen, von denen das Kind abhängig ist.

In einer fünften Phase eignet sich der junge Erwachsene eine Vielfalt sozialer Beziehungen an. Es erlebt sich dabei als verschieden, ist also von anderen weitgehend unabhängig. Gefühle können reflektiert und weitgehend gesteuert werden. Der Erwachsene klärt seine Werte, Normen, Rollen, Selbstkonzepte, soziale Stellung usw. Beziehungen werden nach gesellschaftlichen Normen erfolgreich gestaltet.

In der letzten Phase löst sich der reife Erwachsene von gesellschaftlichen Normen. Die Gesellschaft als ganze und die soziale Bezugsgruppen des einzelnen verliert ihre maßgebliche Bedeutung. Der einzelne kann zwischen verschiedenen Facetten seines Selbst unterscheiden. Er kann angemessenes Lob wie auch berechtigte Kritik annehmen und Konflikte tolerieren. In Beziehungen bewahrt der reife Erwachsene seine Individualität. „Individualität fördert nicht Abgeschlossenheit und Selbstkontrolle, sondern sie ermöglicht, daß wir uns anderen hingeben können." (Kegan, 1986).

Beziehungen funktionieren immer dann am besten, wenn sich die Partner in ihren Wertvorstellungen und Zielsetzungen einig sind, wenn sie also ähnliche Interessen verfolgen. Wenn beispielsweise Unternehmen Verhandlungen führen, spielen gemeinsame Geschäftsinteressen für die Übereinkunft eine wichtige Rolle, auch wenn die Unternehmen sonst auf unterschiedlichen Standpunkten stehen. Zwischenmenschliche Beziehungen leben ebenfalls in erster Linie von Gemeinsamkeiten (persönliche Eigenschaften, Interessen, Ziele, Wertvorstellungen). Aber auch Konflikte können Beziehungen weiterbringen, insbesondere wenn sie nicht als destruktiv angesehen werden, sondern konstruktiv bewältigt werden.

Menschen sind in der Regel sehr empfindlich, wenn es um ihr Selbstwertgefühl geht. Es ist daher für den Beziehungsprozeß wichtig, daß man andere nicht kränkt und deren Selbstwertgefühl nicht unnötigerweise verletzt, da sonst eine Beeinträchtigung auch der Beziehung zu befürchten ist. Wenn beispielsweise ein Gespräch unabsichtlich einen empfindlichen Punkt beim Gesprächspartner berührt, unterscheiden sich auf einmal die Interessenlagen beider Personen: Der eine Gesprächspartner will weiterhin über das Thema sprechen, der andere will genau dieses vermeiden. Ein solcher Interessenskonflikt kann den Beziehungsprozeß dahingehend verändern, daß sich das Gespräch nicht mehr auf Vertrauen gründet, sondern Mißtrauen Einzug in das Gespräch erhält. Dann verliert die Beziehung ihren harmonischen Charakter, und die Wahrnehmung beider Gesprächsteilnehmer richtet sich eher auf trennende Unterschiede als auf konstruktive Gemeinsamkeiten. Auf diese Weise kann aus Nähe plötzlich Distanz entstehen.

Nähe führt man dadurch herbei, daß man offen ist und für die Gefühle, Wahrnehmungen, Bedürfnisse, Ideen, Impulse und Handlungen des anderen zugänglich ist. Ein bloßer Informationsaustausch kann die Entstehung größerer Nähe nach sich ziehen. Nähe kann nach einer Phase vorübergehender Distanzierung wiederhergestellt werden, beispielsweise indem man allgemeine Themen anschneidet oder wenig persönliche Dinge über sich selbst erzählt. Das Maß an Nähe, das in einem Gespräch zustande kommt, hängt meist von der (unausgesprochenen) Bereitschaft beider Gesprächspartner ab, sich auf inhaltliche oder emotionale Gemeinsamkeiten einzulassen. Da verschiedene Personen ganz unterschiedliche Facetten unserer Persönlichkeit ansprechen, sind Beziehungsprozesse in der Regel durch die angesprochenen Seiten gekennzeichnet. Beispielsweise entwickelt sich zwischen Nachbarn meist ein völlig anderer Beziehungsvorgang als zwischen Arbeitskollegen oder Freunden mit gleichen Freizeitinteressen.

Es ist leichter, Nähe herzustellen, wenn die beteiligten Personen sich über ihre eigene Persönlichkeit, ihre Bedürfnisse und ihren bevorzugten Lebensstil im klaren sind. Wichtig ist auch, daß Sie wahrnehmen, in wessen Gesellschaft Sie sich wohl bzw. unwohl fühlen. Ferner sollten Sie wissen, welche Erwartungen Sie an zwischenmenschliche Beziehungen stellen. Das wichtigste Zeichen für den Wert einer Begegnung ist das Gefühl, daß diese Begegnung einem guttut. Wenn man gut gelaunt ist und seine eigene Kraft und Energie spürt, hat man eine positive Wirkung auf andere. Dieser positive Effekt fördert emotionale Nähe, was wiederum die Grundlage für einen effektiven Beziehungsprozeß sein kann.

Wenn eine Beziehung uns jedoch anstrengt, individuelle Spielräume einengt, die Stimmung beeinträchtigt oder ein Gefühl der Leere hervorruft, kann dies ein Hinweis darauf sein, daß dieser Beziehung positive Aspekte fehlen. In einer solchen Atmosphäre kann kein effektiver Beziehungsprozeß entstehen. Derartige Beziehungen haben negative Auswirkungen und blockieren mehr Wege, als sie eröffnen.

Positive Emotionen sind für den Beziehungsprozeß von unschätzbarer Bedeutung. Das trifft natürlich auch auf Beziehungsvorgänge in Organisationen zu. Wo nämlich positive Beziehungsprozesse im Gange sind, wirken sie sich positiv auf andere Vorgänge aus, beispielsweise auf interpersonelle Interaktion, auf Verhandlungen oder auf berufliche Transaktionen. Das ist gemeint, wenn gesagt wird, die „Chemie" zwischen Menschen stimmt.

Arbeitsgruppen sind ein gutes Modell, um Beziehungsvorgänge im beruflichen Bereich zu verstehen. An ihnen wird deutlich, wie sich Beziehungsmuster und Kommunikationsvorgänge entwickeln. Je konkreter und direkter die Gruppenmitglieder miteinander kommunizieren, desto größer ist der Beitrag des einzelnen für die Entwicklung der gesamten Gruppe. Wenn aber das Angstniveau hoch ist, ziehen sich die Gruppenmitglieder auf Allgemeinheiten zurück. Sie kommunizieren und interagieren dann nur noch indirekt, so daß jede Spontaneität und Authentizität verlorengeht. Es entstehen „verkopfte" Diskussionen, ohne daß jemand Position bezieht und sich zu seinen Werten und Zielen bekennt. Das Resultat ist eine gelangweilte, unmotivierte Gruppe, die wenig Zusammenhalt zwischen den einzelnen Gruppenmitgliedern aufweist. Entsprechend gering fallen die Synergieeffekte in der Gruppe aus.

Sowohl offene als auch unausgesprochene Regeln des Informationsaustauschs in Organisationen können ein Hindernis für Austauschprozesse, und damit Beziehungsprozesse, sein. Beispielsweise beeinflussen bestimmte Erwartungen unsere sprachliche Ausdrucksweise sehr stark. Von jedem wird erwartet, daß er sich verbal im Zaum hält, nicht ausfällig oder unverschämt wird, nicht lügt und niemanden beleidigt. Unsere nonverbalen Aussagen (z. B. der Gesichtsausdruck oder die Körpersprache) unterliegen hingegen anderen Regeln. Diese sind uns häufig gar nicht bewußt, spielen aber eine wichtige Rolle bei zwischenmenschlichen Kommunikationsprozessen.

Nichtverbale Äußerungen haben die Besonderheit, daß sie sich häufig bemerkbar machen, wenn wir es am wenigsten gebrauchen können (Freud, 1904). Wir alle wissen, daß der Körper selten lügt. Auf starke Emotionen reagiert der Körper immer mit: Erröten bei Peinlichkeit, rote Flecken am Hals bei Aufregung oder kalter Schweiß bei Angst. Ähnlich ist es mit dem Gesichtsausdruck oder mit Körperbewegungen. Sie erlauben häufig Aussagen über das emotionale Befinden oder sogar über unbewußte Gefühle.

Diese nonverbalen Aussagen können verbalen Mitteilungen völlig widersprechen. Wenn beispielsweise jemand sagt, er sei hoch erfreut, einen anderen zu treffen, gleichzeitig aber durch Mimik oder Gestik deutlich macht, daß die Begegnung ihm in Wirklichkeit unangenehm ist, macht er eine doppeldeutige Aussage. Wohl jeder wird zustimmen, daß Handlungen eine zuverlässigere Aussage über die wirklichen Wünsche und Ziele eines Menschen aussagen als bloße Worte. Wenn man eine Ungereimtheit oder sogar einen Widerspruch zwischen Worten und Taten entdeckt, ist man in der Regel geneigt, eher den Taten Glauben zu schenken.

Häufig sind wir uns der doppelten Natur unserer Mitteilungen nicht bewußt. Wenn man sich aber diese Tatsache bewußtmacht, kommt häufig ein Gefühl der Befangenheit auf, da wir befürchten, eine nonverbale Mitteilung zu machen, die wir gar nicht machen wollen. Wir befürchten, daß die Mitteilung nach den Wertmaßstäben der Gruppe unangemessen sein könnte oder von anderen Gruppenmitgliedern nicht gutgeheißen wird, was zur Folge haben könnte, daß sie uns ihre Anerkennung und Unterstützung entziehen. Diese Angst vergrößert natürlich die Bedenken, sich offen mitzuteilen. Ein gezwungener Kommunikationsstil ist leider die Folge, der den verkrampften Versuch, jede unbewußte Mitteilung zu unterdrücken, nur notdürftig kaschiert.

Unsere Gesprächspartner spüren widersprüchliche Botschaften auf unterschiedlichen Kommunikationsebenen (verbal, mimisch, gestisch) sehr genau. Da sie im Zweifelsfall eher der Körpersprache als der verbalen Sprache glauben, werden sie sich auf eine negative nonverbale Botschaft hin von uns zurückziehen. Wir selbst wundern uns dann möglicherweise über die negative Reaktion des anderen, gerade wenn wir meinen, daß wir uns verbal besonders klar und deutlich ausgedrückt haben. Wenn es aber den Mitgliedern einer Gruppe gelingt, offen über ihr nonverbales Verhalten zu sprechen, erfahren sie sehr viel mehr über sich und andere, indem sie die Bedeutung einer Vielzahl verdeckter Botschaften erschließen. Auf diese Weise können sie nämlich die vielen falschen Annahmen, die sie über andere Menschen machen, durch einfaches Nachfragen überprüfen. Dieser Erfahrungs- und Informationsgewinn ist jedoch nur durch Kommunikation *über* Kommunikation (d. h. „Metakommunikation") möglich.

Gruppenarbeit in Organisationen dient dazu, Arbeitsbeziehungen aus der Abstrahierung zu führen und in Richtung größerer Realitätsnähe zu lenken. Wenn Menschen sich bei ihrem Handeln nach den Anregungen richten, die aus einem konstruktiven Beziehungsprozeß hervorgehen, leisten sie ein gutes Stück Auseinandersetzung mit der Realität. Dann sind auch die daraus folgenden Konsequenzen konstruktiv, auch wenn sie zunächst den Erwartungen nicht unbedingt entsprechen mögen.

Zwischenmenschliche Beziehungen muß man erfahren und bedenken, um sie zu verstehen. Natürlich können Beziehungen rätselhaft sein oder Fragen aufwerfen, aber das macht auch ihren Reiz aus. Sogar Konflikte können auf lange Sicht gegenseitiges Verständnis fördern und zu dauerhafter Freundschaft und Verbundenheit führen.

Der Beziehungsprozeß ist keinesfalls Selbstzweck. Ein effektiver Beziehungsprozeß fördert nämlich auch die positive Entwicklung der anderen Grundvorgänge (Aneignung, Planung, Entscheidung, Handlung), da sich der Beziehungsprozeß auf alle anderen Vorgänge unmittelbar auswirkt. So spielt er eine zentrale Rolle beim Selbstmanagement.

Die Organisation als Beziehungsnetz

In Organisationen spielen die verschiedensten Beziehungen eine Rolle. Sie können auf unterschiedliche Weise beschaffen sein (positiv, negativ, gleichgültig) und sich zwischen den unterschiedlichsten Personen abspielen: zwischen Vorgesetzten und Untergebenen, zwischen Leitungsebene und Belegschaft, zwischen gleichgestellten Kollegen oder zwischen Familienmitgliedern (insbesondere in Familienunternehmen). Die Gesamtheit dieser Beziehungen stellt ein komplexes soziales System dar. Dieses soziale System wollen wir näher betrachten und seine Bedeutung für das Selbstmanagement beleuchten. Dazu wollen wir zwei Arten sozialer Systeme voneinander unterscheiden:

- die *Organisation* als soziales System und

- das unterstützende soziale Netz des *einzelnen*.

Welche Gesichtspunkte ergeben sich aus diesem Verständnis der Organisation als sozialem System? In vielen Organisationen beklagen sich Mitarbeiter über das schlechte Arbeitsklima oder die unzufriedenstellenden zwischenmenschlichen Beziehungen bei der Arbeit. Sowohl im Arbeitsumfeld als auch im Privatleben sind Diskussionen zu diesem Thema häufig. Auch wenn solche Diskussionen eine gewisse emotionale Entlastung bieten (z. B. „sich etwas von der Seele reden"), so verbessern sie jedoch die innerbetrieblichen Abläufe nicht wesentlich. Doch die Häufigkeit, mit der Mitarbeiter über ihre Unzufriedenheiten sprechen, und die Wichtigkeit, die „vertrauliche" Äußerungen unter Kollegen haben, weisen auf die große Bedeutung zwischenmenschlicher Beziehungen in Organisationen hin.

Dies hat mehrere Gründe. Natürlich häufen sich Äußerungen der Unzufriedenheit besonders in Zeiten ökonomischer Probleme. Doch auch unter weniger schwierigen äußeren Bedingungen sind abfällige Bemerkungen, etwa über die Firmenleitung oder über Kollegen, häufig. Viele Äußerungen weisen auf Neid, Mißtrauen oder andere negative Gefühle hin. Die „Gerüchteküche" in den meisten Organisationen befaßt sich viel mehr mit Kritik und Abwertung als mit Lob und Anerkennung. Dies ist nicht erstaunlich, wenn man bedenkt, daß die Mehrzahl der in einer Organisation tätigen Mitarbeiter nicht aufgrund ihrer gemeinsamen Interessen aufeinandertreffen, sondern weil sie einer Arbeit nachgehen müssen, um ihren Lebensunterhalt zu verdienen, und sich eher zufällig in ihren Fähigkeiten ergänzen. Natürlich gibt es hierbei auch Ausnahmen, wie beispielsweise manche Unternehmen in der Forschung und Hochtechnologie, gemeinnützige Vereine oder Organisationen, die auf die Durchsetzung bestimmter Interessen ausgerichtet sind (z. B. politische Parteien). Bei diesen Organisationen sind die persönlichen Ziele der Mitarbeiter häufig weitgehend mit denen der Organisation identisch. So leisten Institutionen auch einen wesentlichen Beitrag zur äußeren und inneren Stabilität des Menschen (Gehlen, 1956).

Doch in der Regel sind nur wenige Menschen mit den sozialen Bezügen in ihrer Organisation völlig zufrieden, denn häufig erleben Mitarbeiter nicht das Maß an Unterstützung, das sie sich wünschen. Viele Menschen sind nicht einmal imstande, sich selbst als Person mit eigenen (z. T. widersprüchlichen) Bedürfnissen zu akzeptieren und mit sich zurechtzukommen. Genausowenig sind sie in der Lage, die Fähigkeiten anderer zu fördern und ihre Entwicklungsmöglichkeiten zu unterstützen.

Diese Schwierigkeit im Management des Beziehungsvorgangs ist meistens auf die Unfähigkeit der Menschen zurückzuführen, ein tragfähiges Netz zwischenmenschlicher Beziehungen aufzubauen und aufrechtzuerhalten. Das kann verschiedene Gründe haben, die bei dem Betreffenden selbst, aber auch bei der Gruppe, zu der er gehört, liegen können:

● Unkenntnis eigener Zielvorstellungen;

● Unzufriedenheit mit sich selbst;

● Mangel an eigener Initiative;

● ausgeprägte Abhängigkeit von anderen in der Gruppe;

● fehlende gemeinsame Interessen mit Gruppenmitgliedern;

● nur scheinbare Unterstützung durch die Gruppe;

● konflikthafte Gruppensituation;

● Beeinträchtigung der Autonomie des einzelnen durch die Gruppe.

Was aber ist ein tragfähiges Netz zwischenmenschlicher Beziehungen? Die Antwort auf diese Frage fällt natürlich von Person zu Person unterschiedlich aus, da sie von der individuellen Lebenssituation, dem jeweiligen intellektuellen und emotionalen Funktionsniveau sowie den spezifischen Problembewältigungsmechanismen der betreffenden Person abhängt. Zu den typischen Antworten auf die Frage, wann man sich unterstützt fühlt, gehören folgende Beispiele:

- *„Ich empfinde jemanden als hilfreich, der mir konkrete Hilfestellungen bei der Bewältigung von Aufgaben oder Problemen gibt. "*

- *„Ich fühle mich unterstützt, wenn jemand in der Nähe ist, in dessen Kompetenz, Persönlichkeit und Umgangsstil ich Vertrauen haben kann. "*

- *„Ich empfinde jemanden als hilfreich, der keine überhöhten Anforderungen an mich, meine Fähigkeiten oder meinen Kommunikationsstil stellt. "*

- *„Ich fühle mich unterstützt, wenn jemand meine Ängste durch seinen Umgangsstil abbaut und nicht verstärkt. "*

- *„Ich empfinde jemanden als hilfreich, der mir vermittelt, daß er Vertrauen in mich und meine Fähigkeiten hat."*

- *„Ich fühle mich unterstützt, wenn sich niemand übermäßig in meine Angelegenheiten einmischt, ich aber jemanden im Hintergrund habe, zu dem ich gehen kann, wenn ich nicht mehr weiterweiß. "*

An diesen Antworten wird deutlich, daß die Vorstellung, die der einzelne davon hat, wie Unterstützung aussehen soll, viel wichtiger ist als die tatsächlich oder „objektiv" geleistete Hilfe. Die Erwartung, die jemand an eine tragfähige Beziehung stellt, ist nämlich ausschlaggebend dafür, was er schließlich als Unterstützung wahrnimmt. Meistens nehmen wir solche Menschen als hilfreich wahr, die durch ihr Verhalten zeigen, daß sie uns als Personen ernst nehmen und unsere Einstellung respektieren. Damit bestätigen sie unser eigenes Selbstbild und beugen Verunsicherung vor. Das kann auch in einer Konfliktsituation der Fall sein: wenn beispielsweise jemand auf uns wütend ist, können wir Wut auch als hilfreichen Hinweis auffassen, insbesondere wenn sie authentisch ist. Wir können andererseits auch jemanden, der freundlich auf uns zugeht, als unehrlich empfinden, wenn wir uns mißverstanden und nicht genügend ernst genommen fühlen. Freundlichkeit wirkt sich also nicht zwangsläufig hilfreich aus. Nicht das Verhalten der anderen allein bestimmt die Qualität unserer Beziehungen, sondern auch die Einstellung, die hinter dem Verhalten steht.

Abhängigkeit und Unterstützung

Unsere eigenen Bedürfnisse beeinflussen die Art und Weise, wie wir zwischenmenschliche Beziehungen gestalten. Unsere Beziehungen richten wir nach unserer Lebensweise und unseren Verhaltensmustern aus, ohne daß wir uns dieser Tatsache immer bewußt sind. Die zwischenmenschlichen Beziehungen, an denen wir interessiert sind und um deren Aufrechterhaltung wir uns bemühen, fügen sich in der Regel harmonisch in unsere aktuellen Lebensumstände ein.

Wenn wir uns aber einmal von anderen distanzieren oder Beziehungen abbrechen, liegt dies häufig daran, daß die Beziehungen nicht mehr zu unseren aktuellen Lebensumständen passen. Solche Beziehungen sind häufig Teil von Lebensweisen und Verhaltensmustern, von denen wir uns gerade freimachen, um uns weiterentwickeln zu können. Wenn es uns nicht gelingt, überholte Verhaltensmuster zu überwinden und uns von ihnen zu lösen, verändern sich unsere zwischenmenschlichen Beziehungen. Sie verwandeln sich dann von hilfreichen und stützenden Beziehungen in belastende Beziehungen, die unsere Entwicklung hemmen und uns in Abhängigkeiten führen.

Wir sehen, daß ein Spannungsfeld zwischen dem Bedürfnis nach Unterstützung und der Angst vor Abhängigkeit besteht. In diesem Zusammenhang stellen sich immer wieder einige Fragen:

- Sind Annahme von Unterstützung und Abhängigkeit dasselbe?

- Führt übertriebene Unterstützung schließlich zu Abhängigkeit?

- Riskiert ein Mitarbeiter in einer Organisation zu starke Abhängigkeit, wenn er sich zu sehr unterstützen läßt?

- Führt zu große Abhängigkeit dazu, daß anderen keine Unterstützung mehr gewährt werden kann?

- Wie wirken sich Rollenverteilungen in Organisationen auf die Tragfähigkeit von Beziehungen aus?

- Wie wirkt sich das Spannungsfeld von Nähe und Distanz auf Beziehungen in Organisationen aus?

Häufig werden Abhängigkeit und die Annahme von Hilfe miteinander verwechselt. Die Unterscheidung ist jedoch wichtig, da sie erhebliche Auswirkungen auf unsere Sicht von Beziehungen hat. Abhängigkeit kann in mancherlei Beziehung vorliegen. Beispielsweise sind wir bei Schwierigkeiten mit dem Auto von Mechanikern abhängig, bei einem Rechtsstreit von Anwälten, bei Krankheit von Ärzten, beim Auftreten von psychischen Problemen von Psychotherapeuten oder Psychiatern usw. Wenn wir von jemand anderem abhängig sind, sind wir der hilflose Partner in der Beziehung. Diese Abhängigkeit können wir jedoch in unterstützende Beziehungen verwandeln, wenn wir Mitverantwortung übernehmen und uns aktiv an der Aufgabenbewältigung beteiligen. Das kann beispielsweise dadurch geschehen, daß wir unser Auto instandhalten, uns um unsere rechtlichen Belange kümmern und etwas für die Erhaltung unserer körperlichen und psychischen Gesundheit tun.

Auch in Organisationen werden Abhängigkeit und die Annahme von Unterstützung häufig durcheinandergebracht und die Annahme von Hilfe mit Abhängigkeit verwechselt. Leider vermeiden es Mitarbeiter oft, berechtigte und angemessene Unterstützung einzufordern, aus Angst in Abhängigkeit zu geraten. Wir wollen an dieser Stelle genauer betrachten, was unter Abhängigkeit zu verstehen ist. Abhängigkeit kann man als Inkompetenz oder Unreife in einem bestimmten Bereich verstehen. In diesem Bereich erkennen wir unsere Hilfsbedürftigkeit nicht an oder wollen sie uns nicht eingestehen. Statt fremde Hilfe einzufordern, weisen wir die Verantwortung für unsere Inkompetenz weit von uns und schieben sie auf andere. Wenn wir unsere Hilfsbedürftigkeit ständig auf diese Weise ausdrücken, sind wir wahrscheinlich unwillig oder unfähig, dazuzulernen. Das kann am Beispiel eines Säuglings verdeutlicht werden, der hungrig, aber außerstande ist, sich selber Nahrung zu beschaffen. Er schreit in seiner Hilflosigkeit so lange, bis ihm jemand etwas zu essen gibt. Dieser Säugling ist in der Tat auf fremde Hilfe angewiesen. Wenn aber das Kind im Laufe seiner weiteren Entwicklung das Schreien als Methode beibehält, um jederzeit Hilfe herbeirufen zu können, ist das Kind von dieser „erlernten Hilflosigkeit" (Seligman, 1983) abhängig. Es lernt nicht dazu, kann seine Kompetenzen nicht ausbauen und bleibt auf fremde Hilfe angewiesen.

In Organisationen äußert sich Abhängigkeit meistens nicht dadurch, daß jemand Hilfe einfordert, sondern daß er *nicht* in der Lage ist, die erforderliche Unterstützung für die Lösung eines Problems oder die Erfüllung einer Aufgabe einzufordern. So zeigt sich die Unfähigkeit des Mitarbeiters, dazuzulernen. Abhängigkeit kann sich beispielsweise auch dadurch äußern, daß ein Vorgesetzter einem Mitarbeiter sagt, was er zu tun hat, ihm aber verschweigt, daß der Vorgesetzte zur Bewältigung seiner eigenen Aufgaben auf die Kooperation des Mitarbeiters angewiesen ist.

Abhängigkeit kann sich auch als übertriebene Erwartungshaltung gegenüber Kollegen, Vorgesetzten oder Untergebenen äußern. Wenn beispielsweise ein Vorgesetzter sehr hohe Erwartungen an einen neuen Mitarbeiter stellt, ihm aber nicht den notwendigen Rückhalt gewährt, macht er sich vom Erfolg des neuen Mitarbeiters abhängig und wird möglicherweise durch ihn enttäuscht. Das Abhängigkeitsverhältnis kann sich auch umkehren. Wenn ein neuer Mitarbeiter hohe Erwartungen an den Arbeitgeber stellt (z. B. räumliche Bedingungen, Arbeitsmittel, Aufstiegschancen), ist er von der Erfüllung seiner hohen Ansprüche abhängig. Der Mitarbeiter ist möglicherweise enttäuscht, wenn der Arbeitgeber seine Erwartungen nicht automatisch erfüllt. Manche Führungskräfte fördern die Abhängigkeit ihrer Mitarbeiter dadurch, daß sie alles für die Mitarbeiter machen, aber sie nicht das lernen lassen, was sie zur Erfüllung ihrer Aufgaben wissen oder können müßten. Dadurch verhindern sie die

Verselbständigung der Mitarbeiter und machen sie von ihren Vorgesetzten abhängig.

Abhängigkeit und die Annahme von Unterstützung sind Gegensätze. Es ist schwierig, jemanden, der ganz und gar von einem abhängig ist, wirklich zu unterstützen. Wenn die abhängige Person keinerlei Lernbereitschaft zeigt, läuft die ständige Unterstützung schließlich ins Uferlose und führt zu Erschöpfung desjenigen, der die Unterstützung gewährt. Der Abhängige läßt sich nicht wirklich unterstützen, sondern fordert ständig Hilfe ein. Auf diese Weise sorgt er dafür, daß andere seine Aufgaben erledigen. Im Gegensatz dazu setzt die Annahme von Unterstützung die ständige Bereitschaft voraus, dazuzulernen. Dadurch läuft die Hilfe nicht ins Leere, sondern stellt eine Grundlage dar, auf die der Hilfsbedürftige aufbauen kann ("Hilfe zur Selbsthilfe"). Wenn also jemand Unterstützung benötigt, sollte man seine Aufmerksamkeit mehr auf dessen Lernprozeß als auf die von ihm zu bewältigende Aufgabenstellung richten. So berücksichtigt man die individuellen Eigenschaften des Hilfsbedürftigen.

Eigene Abhängigkeit macht die Unterstützung einer anderen Person zunächst unmöglich, da einem selbst die Ressourcen dazu fehlen. Eigene Lernbereitschaft macht es einem jedoch möglich, die Hilfe anderer anzunehmen. So begibt man sich aus der Abhängigkeit in eine Situation, in der man Unterstützung annehmen kann. Durch die Unterstützung kann man mit der Zeit eigene Kompetenzen erwerben, um schließlich anderen mit den erworbenen Ressourcen zu helfen. Auf diese Weise kann man sich durch die Annahme von Unterstützung aus der Abhängigkeit befreien, um dann selbst Unterstützung anbieten zu können.

Die meisten Menschen kennen die schwierige Phase der Eingewöhnung nach Antritt einer neuen Arbeitsstelle. Zunächst sind wir auf die Hilfe von Vorgesetzten, Kollegen, Untergebenen usw. angewiesen, um uns einführen und anleiten zu lassen. Wir sind als neue Mitarbeiter zunächst auf Unterstützung angewiesen. Mit der Zeit lernen wir dazu und können schließlich auch andere Mitarbeiter unterstützen. Daher ist es kontraproduktiv, wenn eine Führungskraft von einem neuen Mitarbeiter erwartet, daß er auf sich allein gestellt ist und ohne jegliche Unterstützung seine Arbeit beginnt. Er macht dem neuen Mitarbeiter die Annahme von Unterstützung unmöglich und treibt ihn in eine Situation der Hilflosigkeit und Abhängigkeit.

Es ist leider ein weitverbreitetes Vorurteil, daß die Annahme von Unterstützung Abhängigkeit fördert. Vielmehr ist das Gegenteil der Fall. Die Vorenthaltung notwendiger Unterstützung verursacht Abhängigkeit dadurch, daß solches Verhalten gefördert wird, welches dauernd Hilfe einfordert und so erst recht Abhängigkeit schafft. Abhängigkeit kann sich auf mehrere Bereiche auswirken, so auch auf den finanziellen, kommunikativen und emotionalen Bereich. Durch Lernbereitschaft kann sich Abhängigkeit des einzelnen in allen diesen Bereichen in Richtung Annahme von Unterstützung verändern.

Gegenseitige Unterstützung bei der Arbeit wird durch bessere Kommunikation erleichtert. Das kann beispielsweise durch direkte Ansprache derjenigen Person erfolgen, von der wir uns Unterstützung erhoffen:

- *„Ich würde gerne etwas mit Ihnen klären ... "*

- *„Würden Sie mir bitte zeigen, wie ich vorgehen kann ... "*

- *„Ich möchte ein Problem mit Ihnen besprechen ... „*

- *„Bitte unterstützen Sie mich bei folgender Sache ... "*

- *„Ich benötige Hilfe bei einer Angelegenheit ... "*

Auf diese Weise können wir Unterstützung einfordern, ohne negative Konsequenzen befürchten zu müssen.

Persönliches Vertrauen und Rollenverhalten

Wie beeinflußt unser Rollenverhalten die Art und Weise, wie wir in unserer Organisation ein Netz von Beziehungen aufbauen? Wenn wir von einem tragfähigen Netz zwischenmenschlicher Beziehungen sprechen, meinen wir freundschaftlichen Umgang und menschliche Nähe. Idealerweise besteht ein solches Netz aus mehreren Personen, die eine Reihe wichtiger Eigenschaften haben:

- sie stehen uns nahe,

- wir können uns ihre Meinung einholen,

- sie hören sich unsere Zweifel und Probleme an,

- wir können gut mit ihnen zusammenarbeiten,

- wir teilen auch unsere guten Zeiten mit ihnen.

Wir mögen solche Menschen ganz einfach für das, was sie sind, und werden von ihnen aus ähnlichen Gründen gemocht. Am häufigsten erfahren wir diese Art unterstützender Beziehung von Familienmitgliedern und engen Freunden. Doch die vielfältigen Beziehungen und die komplexen Aufgabenstellungen, die wir bei der Arbeit bewältigen müssen, erfordern auch dort wirksame Unterstützung.

Es ist eine wichtige Aufgabe des Selbstmanagements, auch in unserem Arbeitsumfeld zum Aufbau eines tragfähigen Netzes zwischenmenschlicher Beziehungen beizutragen. Die Kooperation mit anderen bei der Teamarbeit setzt voraus, daß der einzelne zu einem gewissen Maß an Selbstmanagement in der Lage ist und das für ihn notwendige Maß an Unterstützung von anderen einfordert. Sowohl Einforderung als auch Gewährung von Hilfe setzte ein Mindestmaß an Vertrautheit und Nähe voraus. Normalerweise suchen wir uns unsere Kollegen nicht selbst aus. Wir lernen sie bei der Arbeit kennen und bestimmen nicht das Tempo, mit dem wir uns ihnen nähern. Manche Menschen können unter diesen Voraussetzungen leichter Kontakt aufnehmen und zwischenmenschliche Nähe herbeiführen als andere. Entsprechend leichter fällt es ihnen, ein tragfähiges Netz von Beziehungen herzustellen.

Die Rolle, die wir im täglichen Leben spielen, ist wie eine Art Maske, hinter der sich unser wirkliches Selbst verbirgt. Diese Rolle kann auch als „Persona" (Jung, 1928) bezeichnet werden, was in der griechischen Antike der Begriff für die Maske war, mit der Schauspieler im Theater ihre Gefühlslage nach außen hin ausgedrückt haben. Hinter der „Maske" verbirgt sich das eigentliche Selbst. Dieses Selbst ist gemeint, wenn wir von Selbstbestimmung, Selbstverwirklichung, Selbsterfahrung oder Selbstmanagement sprechen. Dieses Selbst ist im Spiel, wenn sich Menschen füreinander interessieren, sich näherkommen und etwas von sich selbst mitteilen. Letztendlich kann nur auf dieser Ebene echte Nähe zwischen Menschen zustande kommen.

Nähe setzt Offenheit und Aufrichtigkeit voraus. Um Nähe herzustellen, müssen wir uns mitteilen und unser Selbst dem anderen zugänglich machen. Gleiches erwarten wir natürlich auch vom anderen. Leider ist es schwierig, wirklich offen zu sein, wenn wir das Gefühl haben, daß es keinen gemeinsamen Anknüpfungspunkt zwischen uns und einer anderen Person gibt. So bleiben Kontakte und Beziehungen häufig auf oberflächliche Dinge beschränkt. Auch unsere Rollen in Organisationen sind häufig durch Äußerlichkeiten wie Titel, Funktionsbezeichnungen, Dienstränge bestimmt. Dementsprechend schwer ist es, im täglichen Umgang mit Kollegen, Führungskräften oder Nachgeordneten authentisch und wirklich offen zu sein. Das hindert uns daran, unsere gesamte Persönlichkeit, also auch unser Selbst, voll und ganz in Beziehungen einzubringen.

Ähnlich verhält es sich bei der Erfüllung unserer beruflichen Aufgaben. Vielen Menschen fällt es schwer, in ihrem Arbeitsumfeld offen und authentisch zu sein. Das liegt häufig an dem Spannungsfeld zwischen ihren Aufgaben und den Erwartungen, die sie an sich selbst stellen. Gerade wenn wir meinen, wir müßten einem besonderen Vorbild nacheifern und eine Idealrolle ausfüllen, sind Authentizität und Offenheit geradezu unmöglich. Das trifft insbesondere dann zu, wenn wir uns die Erwartungen zu eigen machen, die an die ideale Rolle gestellt werden. Rollenspiele führen aber nicht zum Erfolg, denn solange wir unser wahres Selbst nicht voll und ganz einbringen, können wir auch nicht ganze Arbeit leisten.

Rollen und Erwartungen

Rollenverhalten trägt selten dazu bei, einen wirklich offenen Umgangsstil mit anderen (z. B. Kollegen, Vorgesetzten, Untergebenen) herzustellen und aufrechtzuerhalten. Wenn wir mittels unserer Rolle Kontakt zu anderen aufnehmen müssen, statt aus uns selbst heraus, stellen wir von vornherein die Entstehung von zwischenmenschlicher Nähe in Frage. Das hat zur Folge, daß wir nicht das Netz von Beziehungen aufbauen können, das wir zur Förderung der Zusammenarbeit am Arbeitsplatz benötigen. Am Ende fühlen wir uns von unserer eigenen Tätigkeit und allem, was um uns herum abläuft, entfremdet. Ein Verlust des Selbstwertgefühls ist die Folge. Leider führt ein niedriges Selbstwertgefühl dazu, daß man auf Bestätigung durch Kollegen und Vorgesetzte angewiesen ist, was wiederum die Tendenz verstärkt, in bestimmtes Rollenverhalten zurückzufallen. Doch die Unterstützung, die durch stereotype Rollenverteilungen zustande kommt, kann nur kurz währen und ist daher auf lange Sicht wenig hilfreich. Leider haben zahlreiche Menschen diese Erfahrung machen müssen. Sie haben ihr Verhalten darauf ausgerichtet, andere zu beeindrucken, oder haben andere dazu gebracht, sie beeindrucken zu wollen. Dadurch haben sie ihr Verhalten an bestimmten Rollenerwartungen ausgerichtet bzw. anderen bestimmte Rollenerwartungen vorgegeben. Damit ist aber jegliche Offenheit und Aufrichtigkeit unmöglich, und Nähe und Authentizität sind zunichte gemacht.

Trotz dieser negativen Auswirkungen ist Rollenverhalten in Organisationen weit verbreitet – oder sollte man sagen, gerade deshalb? Wenn Menschen nicht mit zwischenmenschlicher Nähe umgehen können, bieten definierte Rollen und damit verbundene stereotype Verhaltensmuster eine gewisse Sicherheit. Wir suchen uns aber unsere Rollen nicht immer selbst. Häufig werden sie von außen vorgegeben, etwa durch die Stellenbeschreibung, den Arbeitsauftrag, den Druck konventioneller Formen oder den Zwang gesellschaftlicher Regeln (z. B. die herkömmliche Geschlechterrollenverteilung). Rollenbestimmte Abläufe zwischen Menschen sind nicht nur innerhalb vieler Organisationen die Regel. Sie kennzeichnen auch zahlreiche Geschäftsbeziehungen und bestimmen oft den Verlauf von Verhandlungen. Häufig führen feste Vorstellungen bezüglich der jeweiligen Rolle eher zu Bedenken und Verzögerungen als zu sachlichen Entscheidungsprozessen und gegenseitiger Unterstützung. In einem solchen Fall kann das Rollenverständnis der Verhandlungspartner weitreichende Auswirkungen auf die Gesprächsergebnisse haben.

Starres Rollenverhalten führt nicht automatisch zu optimaler Gestaltung der Beziehungsaufnahme und kann sogar die Entstehung zwischenmenschlicher Nähe und guter Beziehungen verhindern. Das liegt daran, daß Rollen meistens mit bestimmten Erwartungen einhergehen. Diese Erwartungen können einerseits dem Rollenträger von außen (z. B. äußere Umstände oder Personen) nahegelegt werden, oder sie können andererseits beim Rollenträger selbst liegen (z. B. seine Persönlichkeitsstruktur oder situationsbezogene Unsicherheit). Die Rollenerwartungen können die unterschiedlichsten Formen annehmen und sich in Form unterschiedlicher Verhaltensmuster äußern, beispielsweise als Gewissenhaftigkeit, Pünktlichkeit, Zurückhaltung, Kommunikationsfreudigkeit, Durchsetzungsvermögen oder Machtbewußtsein.

Die meisten Menschen fühlen sich unwohl, wenn sie von anderen gedrängt werden, sich nach vorgegebenen Verhaltensmustern zu richten, d. h. bestimmte Erwartungen zu erfüllen. Was die Sache für sie noch erschwert, ist die Tatsache, daß solche Erwartungen häufig nicht offen ausgesprochen werden. Vielmehr setzt derjenige, der die Erwartungen hegt, diese als selbstverständlich voraus. Dadurch fühlt sich derjenige, an den die Erwartung gestellt wird, übergangen und als Person nicht ernst genommen. Auf diese Weise können Erwartungen und Rollenverhalten wirkliche Offenheit und Nähe verhindern.

Wenn wir uns genötigt fühlen, Erwartungen nachzukommen und Rollenverhalten an den Tag zu legen, ist es wichtig, zwischen *aufgabenbezogenen* Erwartungen (z. B. ein Arbeitsauftrag oder Projektziel) und *persönlichen* Erwartungen (z. B. die Arbeitsweise oder den persönlichen Stil) zu unterscheiden. Leider werden diese beiden Arten von Erwartung häufig verwechselt. Wenn aufgabenbezogene und persönliche Erwartungen durcheinandergebracht werden, entsteht ein unzusammenhängender Kommunikationsvorgang, der auf verschiedenen Ebenen abläuft und zu Mißverständnissen führen muß. Diese Mißverständnisse wirken sich zum einen negativ auf den weiteren Kommunikationsvorgang und damit auf die zwischenmenschliche Beziehung aus, zum anderen führen sie zu einer Beeinträchtigung der Zusammenarbeit im Hinblick auf ein Arbeitsziel. Wir sehen, daß aufgrund von Erwartungen schwere Komplikationen entstehen können, die sich unmittelbar auf das Arbeitsergebnis auswirken und dieses beeinträchtigen.

Offene und aufrichtige Kommunikation ist der einzige Weg, Klarheit in zwischenmenschliche Beziehungsvorgänge zu bringen. Auf diese Weise können Unklarheiten beseitigt und falsche Erwartungen ausgeräumt werden. Initiative in diese Richtung zu ergreifen führt jedoch nicht immer zum Erfolg. Eine Führungskraft kann beispielsweise in die Versuchung geraten, seine rollenbedingte Machtposition auszunutzen, um auf persönlicher Ebene Nähe herzustellen. Dies mag eine Zeitlang funktionieren, doch mit der Zeit wird die angesprochene Person dieses Verhalten ablehnen und sich von der Führungskraft distanzieren. Wenn nämlich die aus seiner Machtposition erteilten Botschaften tiefer liegende Ebenen des Adressaten berühren (d. h. sein Selbst), kann dies kränkend oder verletzend sein. Eine plötzliche Schutzreaktion (z. B. Rückzug) kann die verständliche Folge sein.

Im umgekehrten Fall geschieht etwas Ähnliches. Wenn beispielsweise eine Führungskraft *nicht* an Kontaktaufnahme auf persönlicher Ebene interessiert ist, vielleicht aus Angst, seine Führungsrolle einzubüßen, vermittelt diese Führungskraft seine distanzierte Haltung und erschwert so den Kontakt. Wir bekommen im Gespräch schnell den Eindruck, gegen eine „Wand" zu sprechen. Daraus können sich rasch Spannungen in der Beziehung zu dieser Führungskraft ergeben. Wenn die Umstände es gestatten, können wir die Spannungen (oder die gestörte Beziehung) direkt ansprechen. Wenn aber klar ist, daß wir dadurch nicht viel ausrichten können, müssen wir uns mit den (unbewußten) Ängsten der Führungskraft, die sich als kontrolliertes und distanziertes Verhalten äußern, abfinden. Wenn wir nämlich die distanzierte und ablehnende Haltung der Führungskraft auf uns beziehen, d. h. Fehler sofort bei uns selbst suchen, können schnell Schuldgefühle und ein Verlust des Selbstwertgefühls auftreten. Daher sollten wir die Widerstände der Führungskraft dadurch angehen, daß wir uns nach unseren eigenen, gesunden Gefühlen und Impulsen richten. Wir können dann beispielsweise humorvoll mit Problemen umgehen, Enttäuschungen offen besprechen, Änderungen einfordern, oder – als Ultima ratio – den Arbeitgeber wechseln.

Natürlich können nicht nur Führungskräfte Schutz in ihrer Rolle suchen. Auch ein nachgeordneter Mitarbeiter kann sich weigern, aus seiner Rolle herauszutreten, um Ängste, Feindseligkeit oder sogar beides zu verbergen. Dann kann ebenfalls keine Offenheit und Aufrichtigkeit zustande kommen, so daß zwischenmenschliche Nähe zu diesem Mitarbeiter unmöglich ist.

Rollen und Projektion

Rollen ziehen nicht nur Erwartungen nach sich, die zum eigenen Vorteil genutzt werden können. Erwartungen können vielmehr auch durch *Projektion* unterstützt oder beeinflußt werden. Projektion ist einer von zahlreichen Abwehrmechanismen, die einem dazu dienen, mit inneren Konflikten zurechtzukommen.

Wir projizieren sehr häufig Eigenschaften auf andere Menschen, beispielsweise auf Vorgesetzte oder Untergebene, aber auch auf gleichrangige Mitarbeiter oder Verhandlungspartner. Im Gegenzug projizieren andere Menschen bestimmte Eigenschaften auf uns. Dies trifft insbesondere dann zu, wenn wir eine Position mit gewisser Autorität innehaben, beispielsweise eine Führungsposition.

Alle Menschen beziehen Projektionen in ihre Kommunikationsweise und zwischenmenschlichen Beziehungen ein. Diese Projektionen können je nach individueller Voraussetzung und persönlicher Lebensgeschichte (oder auch „Lerngeschichte") positiv (konstruktiv) oder negativ (destruktiv) sein. Zwei häufig auftretende Formen der Projektion haben mit Wissensvorsprung und Autorität zu tun. Wissen und Autorität sind zwei Eigenschaften, die in der Kindheit eines jeden Menschen eine Rolle gespielt haben. In der Auseinandersetzung mit Eltern oder anderen Erziehungspersonen hat jeder auf seine Art und Weise auf Autorität und Wissensvorsprung dieser erwachsenen Bezugspersonen reagiert. Beispielsweise kann „Autorität" im Laufe des Lebens auf hilfreiche und unterstützende Art oder auf strafende und versagende Art erfahren worden sein, während „Wissen" auf informative und hilfreiche Art oder auf fordernde und vereinnahmende Art erfahren worden sein kann.

Wenn man bestimmte Eigenschaften auf andere projiziert, sagt man sich selbst von genau diesen Eigenschaften los. Dies kann Abhängigkeit bei der anderen Person hervorrufen, dadurch, daß er die Erwartungen erfüllt, die wir mittels Projektion an ihn herantragen. Wenn beispielsweise ein Arbeiter die Eigenschaften „bevormundend" und „strafend" auf seinen Vorgesetzten projiziert, kann er sich leicht auf verlorenem Posten fühlen und eine lustlose Einstellung gegenüber seiner Arbeit bzw. seiner Aufgaben entwickeln. Die Person, auf die projiziert wird, läuft Gefahr, die Rolle anzunehmen, die ihr mittels Projektion zugeschrieben wird, und entsprechend zu handeln. Dadurch droht beiden ein Realitätsverlust mit dem Risiko, die Übersicht über ihren Beziehungsprozeß zu verlieren.

Je mehr Rollen wir innehaben (Vorgesetzter, Kollege, Untergebener, Privatperson usw.), desto wahrscheinlicher ist es, daß andere bestimmte Eigenschaften auf uns projizieren. Um so wichtiger ist es, daß man in seiner eigenen Person gefestigt ist und zu seinen individuellen Eigenschaften steht. Vielen fällt es schwer, beispielsweise einen Geschäftspartner jenseits aller Rollenvorstellungen in seiner Persönlichkeit wahrzunehmen. Wenn dieser an seiner (projizierten) Rolle festhält, mag er sich in seiner Rolle zunächst wohl fühlen und eine gewisse Sicherheit im Umgang mit anderen haben. Häufig ist dies nur bei der Arbeit der Fall. In einem anderen Umfeld, beispielsweise im Privatleben, kann sich schnell ein Gefühl der Leere oder Entfremdung einstellen.

Die Herausforderung an denjenigen, der Selbstmanagement betreibt und an Nähe und gegenseitiger Unterstützung interessiert ist, besteht darin, durch die Rollen hindurchzusehen und die Persönlichkeit des Gegenübers zu würdigen. Wenn wir nicht aus unserer Rolle heraus, sondern als ganze Person auf andere

Menschen zugehen, können wir vermeiden, nur auf deren Projektionen zu reagieren. So vermeiden wir Verhaltensweisen, die für den Aufbau tragfähiger zwischenmenschlicher Beziehungen unergiebig sind. Vielleicht belastet es uns, daß ein Kollege, Vorgesetzter oder Untergebener nicht als ganze Person auf uns reagiert, doch das hindert uns nicht daran, im Einklang mit uns selbst auf andere zuzugehen. Auf diese Weise können wir das Verhalten anderer besser einordnen und behalten einen Überblick über das Beziehungsgeschehen unserer Umgebung.

Rollen und Vorbilder

Wenn wir bei der Arbeit mit fremden Menschen zu tun haben, sind wir oft mit der Frage konfrontiert, inwieweit wir ihnen gegenüber die Fassade aufrechterhalten sollen, die mit der von uns durchgeführten Tätigkeit übereinstimmt. Beispielsweise wird von einer Telefonistin erwartet, daß sie stets freundlich und zuvorkommend ist, von einem Schalterbeamten erwartet man Schnelligkeit und Zuverlässigkeit, während ein Manager belastbar und entscheidungsfreudig sein soll usw. Aber ist es wirklich wichtig, stets solches Rollenverhalten an den Tag zu legen?

Die Ideale, nach denen wir glauben uns richten zu müssen, sind nicht immer erreichbar. Ihnen nachzueifern kostet uns möglicherweise so viel Anstrengung und Kraft, daß wir außerstande sind, Kollegen oder Geschäftspartnern die notwendige Aufmerksamkeit zu schenken. Vielleicht sind manche Kunden durch vordergründige Freundlichkeit zu einem schnellen Kauf zu überreden, oder es kommt durch besonderen Witz des Verkäufers ein Vertrag zustande. Doch durch bloßes Ausfüllen einer Rolle lassen sich keine langfristigen Geschäftsverbindungen aufbauen und aufrechterhalten. Solche Verbindungen sind nur für beide Seiten zufriedenstellend, wenn ein gewisses Maß an Aufrichtigkeit, Realitätsnähe und Ehrlichkeit auf beiden Seiten besteht. Rollen werden dann immer weniger wichtig, und das Rollenverhalten der Verhandlungspartner verliert zusehends seine Bedeutung. Ein erfolgreicher Verkäufer ist beispielsweise in der Lage, die Rolle des Verkäufers auszufüllen und gleichzeitig offen und ehrlich mit dem Kunden umzugehen. Im Gegenzug fühlt sich ein Kunde bei dem Verkäufer am wohlsten, der Verständnis für seine Bedürfnisse zeigt und Empathie in die Geschäftsbeziehung mit einbringt.

Das Beziehungsgeflecht in Organisationen

Ein Ziel des Selbstmanagements ist es, tragfähige Beziehungen nicht nur im privaten Bereich, sondern auch im Arbeitsumfeld herzustellen. Beziehungen sind dann besonders verläßlich, wenn sie auf der Grundlage besonderer Offenheit und Aufrichtigkeit zustande gekommen sind. Dementsprechend ist die Interaktion im Arbeitsumfeld oft besonders konstruktiv, wenn die Beteiligten aller Hierarchieebenen ihre eigene Persönlichkeit in ausreichendem Maße in den Beziehungsprozeß einfließen lassen. Zwischenmenschliche Beziehungen in Organisationen lassen sich folgendermaßen charakterisieren (von Rosenstiel, 1995):

- Wo Menschen gemeinsam arbeiten, entstehen über die Sachbeziehungen hinaus Sozialbeziehungen anderer Art, die gestaltbar und in gewissen Grenzen vorherzusehen sind.

- Die Bildung von Gruppen in Organisationen ist vor allem dort wahrscheinlich, wo eine geringere Zahl von Personen, die sich als einander ähnlich erleben, über längere Zeit die Chance zum direkten Kontakt haben und sich von der Mitgliedschaft in der Gruppe Vorteile versprechen.

- Gruppenleistungen sind keineswegs immer besser als Einzelleistungen. Kriterien dafür, wann Gruppen besser, gleich oder schlechter als einzelne arbeiten, sind auffindbar und z. T. benennbar.

- Wenn in Gruppen gearbeitet werden soll, müssen die Personen durch Entwicklung ihrer kommunikativen Kompetenz dafür qualifiziert sowie Regeln für die Gruppenarbeit ausgearbeitet werden.

- Für die Führung in Gruppen gibt es weder generell die eine optimale Person noch das optimale Führungsverhalten. Die jeweilige Führungssituation relativiert die Anforderungen.

- Führung läßt sich nicht ausschließlich im Sinne eines rationalen zielbezogenen Einflußnehmens interpretieren; sie hat darüber hinaus eine Vielzahl irrationaler Komponenten. Diese sind bislang auf wissenschaftlicher Basis kaum feststellbar oder gestaltbar.

Große Übereinstimmung in der gegenseitigen Erwartungshaltung aller Beteiligten erhöht die Wahrscheinlichkeit, daß gegenseitige Unterstützung zustande kommt. Eine Atmosphäre vertrauter Nähe und Unterstützung wirkt sich in der Regel positiv auf das gesamte Arbeitsklima und auf die Arbeitsergebnisse aus. Manchmal können auch offen gezeigte Emotionen wie z. B. Ärger oder Enttäuschung diesen Prozeß fördern, zumal wenn es sich dabei um spontan ausgedrückte und damit authentische Gefühle handelt.

In der Regel haben die Mitarbeiter einer Organisation weitgehende Freiheit in der Gestaltung ihrer jeweiligen Rolle. Wenn sich der Mitarbeiter in seiner Rolle wohl fühlt, wirkt sich dies positiv auf den Beziehungsprozeß aus. Damit arbeiten sie auch konstruktiv im Hinblick auf die Ziele der Organisation. Eine starre

Rollenverteilung kann aber auch den Beziehungsprozeß behindern, und zwar dann, wenn die Rolle den einzelnen so stark prägt, daß jede Fähigkeit zur Mitmenschlichkeit und Empathie verlorengeht. In diesem Fall ist es wichtig, daß der einzelne das destruktive Beziehungsmuster erkennt und den Versuch unternimmt, die Beziehung zu seinen Mitmenschen zu harmonisieren.

Zeichen der Beeinträchtigung

Mit Beeinträchtigungen des Beziehungsvorgangs sind jene Einstellungen und Verhaltensmuster gemeint, die geeignet sind, die Aufnahme und Aufrechterhaltung tragfähiger zwischenmenschlicher Beziehungen zu behindern. Gemeint sind insbesondere solche Verhaltensmuster, die den einzelnen daran hindern, effektiv mit seinen Mitmenschen zu kommunizieren, so daß er schließlich keine hilfreichen und unterstützenden Beziehungen zu anderen Menschen mehr hat.

Es gibt eine Reihe von Zeichen, die auf eine Beeinträchtigung des Beziehungsvorgangs hinweisen:

- die Unfähigkeit zu erkennen, welche Rolle man in einer Organisation spielt;

- die Unfähigkeit, zwischen seiner Person und seiner Rolle zu unterscheiden;

- übertriebene Identifikation mit einer Rolle;

- die Unfähigkeit, bestimmte Projektionen wahrzunehmen und deren Bedeutung zu erkennen;

- übermäßige persönliche oder emotionale Abhängigkeit von der Unterstützung durch andere;

- ein allgemeines und undifferenziertes Bedürfnis nach Hilfe und Unterstützung;

- die Unfähigkeit zu kommunizieren;

- die Unfähigkeit, ein angemessenes Maß an Nähe bzw. Distanz herzustellen;

- die Unfähigkeit, situationsgerecht zwischen sozialer Beteiligung und Zurückhaltung zu wechseln;

- die Unfähigkeit, zeitgerecht und effektiv zu handeln.

Eine Beeinträchtigung des Beziehungsvorgangs kann entstehen, wenn jemand zwischen der *Rolle*, die er in der Organisation spielt, und seinem eigentlichen *Selbst* nicht mehr unterscheidet oder wenn er sich übermäßig mit seiner Rolle identifiziert. Eine Rolle auszufüllen ist für die Bewältigung bestimmter Aufgaben sehr wichtig. Doch dieser Umstand darf einem nicht den Blick dafür verstellen, daß die übertriebene Identifikation mit einer Rolle (z. B. „Der Staat bin ich") den Beziehungsprozeß beeinträchtigt, insbesondere dann, wenn die Rolle des Betreffenden ihn davon abhält, sich über seine wahren Bedürfnisse und Gefühle klarzuwerden.

Weitere Beeinträchtigungen können durch übermäßige persönliche oder emotionale *Abhängigkeit* von fremder Unterstützung entstehen. Den meisten Menschen fällt es schwer, die Bedürfnisse anderer ständig und in ganzem Umfang zu befriedigen, insbesondere wenn der Hilfsbedürftige keinerlei Anstalten macht, dazuzulernen und Selbsthilfekompetenzen zu entwickeln. Gerade wenn jemand *nicht* sagen kann, welche Art von Hilfestellung er eigentlich erwartet, ist es mühsam, ihm gegenüber eine hilfsbereite Haltung einzunehmen. Viele Menschen ziehen hingegen große Genugtuung aus ihrer Hilfeleistung, wenn derjenige, dem geholfen wird, Fortschritte macht und seine Kompetenzen ausbaut. Um aus einer Situation ständiger Abhängigkeit herauszukommen, muß man seine Hilfsbedürftigkeit frühzeitig und klar äußern. Darüber hinaus sollte man signalisieren, daß man bereit ist, zu lernen und seine neu erworbenen Fähigkeiten anzuwenden.

Die Unfähigkeit, ein ausreichendes Gleichgewicht zwischen *Nähe* und *Distanz* aufrechtzuerhalten, kann ebenfalls zu einer schweren Beeinträchtigung des Beziehungsvorgangs führen. Beziehungen können negativ beeinflußt werden, wenn eine Person nicht in der Lage ist, gegenüber anderen Personen eine angemessene Distanz zu wahren oder sich auf ihren Lebensrhythmus oder Arbeitsstil einzustellen. Wenn jemand zu schnell oder zur falschen Zeit zu große Nähe herstellen will, erreicht er oft das Gegenteil. Das kann eine Beziehung ebenso stark beeinträchtigen wie der Wunsch, zu lange oder zur falschen Zeit auf Distanz zu gehen. Wenn solche Verhaltensweisen überwiegen, kompromittieren sie unnötigerweise die Entwicklungsmöglichkeit zwischenmenschlicher Beziehungen.

Ein Zeichen der Beeinträchtigung ist die Unfähigkeit, von einer *Beteiligung* am Geschehen zu angemessener *Zurückhaltung* übergehen zu können und umgekehrt. Mitarbeiter, die nicht wissen, wann sie sich aktiv beteiligen und wann sie sich lieber zurückhalten sollen, laufen Gefahr, sich selbst aus dem sozialen Gefüge einer Organisation auszuschließen. Da ihre sozialen Beziehungen undifferenziert bleiben, werden sie mit ihrer Situation irgendwann unzufrieden. Dann investieren sie entweder zuwenig oder zuviel Energie in ihren Beziehungsprozeß. Das kann im einen Extremfall zu sozialem Rückzug führen, im anderen Extremfall kann es zum übertriebenen Versuch der Kontaktaufnahme bei Kollegen kommen, zu denen eine emotionale Bindung besteht. So kann es zu Distanzlosigkeit kommen, was wiederum Ablehnung bei den Kollegen hervorruft. Aus der Selbstmanagementperspektive muß man hervorheben, wie wichtig Zurückhaltung für die Förderung sozialer Beziehungen sein kann. Wir kennen Situationen, in denen jemand uns gegenüber eine abhängige Haltung einnimmt und uns stark vereinnahmt. In solchen Situationen sind wir häufig gezwungen, uns von dieser Person zu distanzieren, bevor wir in einer kommunikativen „Einbahnbeziehung" verstrickt werden. Wenn es einer solchen Person nicht gelingt, sich in derartigen Situationen angemessen zu verhalten und sich gegebenenfalls zurückzunehmen, kann sie nicht das tragfähige Netz zwischenmenschlicher Beziehungen aufbauen, das sie sich eigentlich wünscht.

Ein weiteres wichtiges Zeichen der Beeinträchtigung des Beziehungsvorgangs ist die dauerhafte Unfähigkeit einer Person, mit anderen zu *kommunizieren* und angemessen zu *handeln*. Jede kommunizierte Botschaft teilt über die reine Aussage hinaus auch etwas über den Mitteilenden mit: seine Meinungen, Einstellungen, Ideen, Gefühle, Impulse usw. So kann Kommunikation andere Menschen auf verschiedene Weise massiv beeinflussen und zumindest ihre Reaktionen wesentlich bestimmen. Beispielsweise kann jemand, dem etwas mitgeteilt wird, wütend reagieren, erleichtert sein, interessiert zuhören oder einfach nur gelangweilt sein.

So bekommt die Frage, *was, wem, wann* und *wie* mitgeteilt wird, eine besondere Bedeutung. Manche Menschen reagieren erstaunt auf die Feststellung, daß ihre Mitteilung bestimmte Gefühle beim Adressaten hervorgerufen hat. Durch die Verbesserung unserer kommunikativen Fähigkeiten und durch Schärfung unserer Wahrnehmung für interaktive Prozesse können wir allerdings unseren Umgang mit anderen Menschen wesentlich verbessern.

Zur Verbesserung unserer kommunikativen Fähigkeiten müssen wir eine Reihe von Punkten berücksichtigen:

- *Zuhören und Wahrnehmen:* Diese Fähigkeiten müssen vorhanden sein, um zu merken, welche Auswirkungen die eigene Kommunikation auf andere hat. Dann können wir mögliche Fehler korrigieren.

- *Den Kommunikationsstil anderer erkennen:* Dies ist wichtig, um mißverständlichen Mitteilungen vorzubeugen oder unangemessene Handlungen zur falschen Zeit zu vermeiden.

- *Projektionen verstehen, die andere auf uns ausrichten:* Auf diese Weise können Mißverständnisse vermieden werden. Wenn jemand am Ausbau seiner Machtposition gelegen ist und dies auch mitteilt, die Botschaft aber mißverstanden wird, kann ein unnötiger Machtkampf entstehen.

- *Ein Gefühl für angemessene Aktions- und Reaktionsweisen bewahren:* So kann man übermäßige oder unangebrachte Mitteilungen oder Handlungen umgehen. Dazu ist es wichtig, den eigenen Kommunikationsstil zu kennen.

- *Andere nicht bedrängen:* Wenn man andere zur Einnahme einer Abwehrhaltung zwingt, stößt man häufig auf Widerstand, so daß weitere Kommunikation wenig aussichtsreich ist.

- *Rückmeldung erteilen:* Man sollte ein Gespür dafür entwickeln, wann und auf welche Weise man auf die Kommunikationsversuche anderer reagieren soll. Eine unangemessene Art der Rückmeldung ist selten erfolgreich.

In Situationen, in denen mehrere Menschen miteinander kommunizieren (d. h. Gruppenkommunikation), werden weitere kommunikative Anforderungen an den einzelnen gestellt:

- *Interesse aufrechterhalten:* Es ist wichtig, darauf zu achten, daß eigene Mitteilungen für die Gruppe von Interesse sind und nicht an den meisten Gruppenmitgliedern vorbeigehen. Sonst können sich Desinteresse und Langeweile breitmachen.

- *Stimmung der Gruppe wahrnehmen:* Wer den Kontakt zur Gruppe verliert und nicht auf dem laufenden ist, sagt möglicherweise das Falsche zur falschen Zeit. Dadurch bringt er sich auf unangemessene Weise in das Gruppengeschehen ein.

- *Selektiv kommunizieren:* Unüberlegte und wahllose Kommunikation (Redseligkeit) kann am Thema und dadurch auch am Gruppengeschehen vorbeiführen. Das kostet unnötige Anstrengung.

- *Zwischen Einzelinteresse und Gruppeninteresse unterscheiden:* Der Gruppenprozeß kommt nur dann voran, wenn er von allen gleichermaßen gefördert wird. Bringt sich jemand dauernd in eigener Sache ein und achtet zuwenig auf Interessen der Gruppe, kann er das Gruppengeschehen empfindlich stören.

- *Starke und schwache Gruppenmitglieder berücksichtigen:* So kann man rasch sehen, wer eine führende Rolle in der Gruppe anstrebt und wer sich eher zurücknimmt, möglicherweise aus Angst, Scham, Frustration, Überlastung usw.

Fehlt einer oder mehrere dieser Aspekte effektiver Kommunikation, kann leicht eine Störung des Beziehungsvorgangs entstehen. Dies ist beispielsweise der Fall, wenn jemand nicht in der Lage ist zu sehen und zuzuhören, ständig andere in eine defensive Haltung hineindrängt oder den Versuch unternimmt, mit allen in der Gruppe gleichzeitig zu kommunizieren, und dabei alle möglichen Themen anspricht, statt selektiv in seiner Kommunikation zu sein. Ein gestörter Beziehungsvorgang hat zur Folge, daß auch die Unterstützung und Hilfe, die aus sozialen Beziehungen entsteht, ausbleibt.

Ursachen der Beeinträchtigung

Der Beziehungsvorgang kann durch dauerhafte Beeinträchtigungen, wie etwa kommunikative oder interaktionelle Schwierigkeiten, in seinem Fortgang behindert werden. Der eigene Beziehungsvorgang kann aber auch systematisch durch Bedingungen beeinträchtigt werden, die in der Organisation liegen. Dazu tragen insbesondere die Förderung von Abhängigkeiten in der Organisation, die Überbetonung betriebsinterner Konkurrenz, die übertriebene Trennung zwischen Arbeitsleben und Privatsphäre sowie ein häufiger Personalwechsel auf allen betrieblichen Ebenen bei. Diese Punkte wollen wir nun näher betrachten.

- *Systematische Förderung von Abhängigkeiten.* Leider fördern zahlreiche Organisationen mehr die Abhängigkeit, als daß sie Lernprozesse unterstützen. Organisationen können die Abhängigkeit ihrer Mitarbeiter auf zweierlei Weise herbeiführen: entweder ausdrücklich („explizit") durch Kontrolle und Bewertung von Leistung oder unausgesprochen („implizit"), indem sie offene Loyalitätsbekundungen einfordern. Ein Zeichen der Abhängigkeit ist es, auf die unterstützende Person oder Organisation angewiesen zu sein. Häufig werden Loyalitätsbekundungen als Gegenleistung erwartet. Eine solche Abhängigkeit macht die Betroffenen allerdings verwundbar. Die Ziele der Organisation oder deren wirtschaftlichen Rahmenbedingungen können sich schnell ändern, während sich die abhängige Person immer noch im sicheren „Schoß" der Organisation wähnt und weiterhin auf Unterstützung baut. Wenn eine Organisation solche Illusionen aufrechterhält und im Gegenzug von den Mitarbeitern Loyalitätsbekundungen erwartet, fördert sie deren Abhängigkeit. Sie sind dann nicht in der Lage, ihren innerbetrieblichen Beziehungen vollen Ausdruck zu verleihen. Noch viel weniger haben sie die Möglichkeit, ihre Sichtweise der Beziehung zur Organisation mitzuteilen, da mögliche Kritik an der eigenen Organisation den geforderten Loyalitätsbekundungen widerspricht.

Kritik an der übermächtigen Organisation, repräsentiert durch die Führungsebene, läßt an Kritik an mächtige Instanzen, wie beispielsweise der eigene Vater oder mächtige Vorfahren, denken (Freud, 1912). Daher ist es häufig „tabu", Unzufriedenheiten in Organisationen offen zu äußern. Wenn aber Organisationen durch den herrschenden Führungsstil ihre Mitarbeiter in der freien Gestaltung ihrer Beziehungsvorgänge einschränken, können sich manche Mitarbeiter gezwungen sehen, die Organisation zu verlassen.

- *Überbetonung innerbetrieblicher Konkurrenz.* Die Konkurrenz zwischen einzelnen Personen oder Abteilungen kann innerhalb einer Organisation gefördert werden, indem beispielsweise Beförderungen oder Gehaltserhöhungen in Aussicht gestellt werden. Während Konkurrenz grundsätzlich eine gute Rahmenbedingung für effektives Arbeiten darstellt, kann sie manchmal eine destruktive Wirkung auf Beziehungen in Organisationen ausüben. Konkurrenzdenken kann beispielsweise zur Entwicklung intriganter Strategien führen, statt zu einer Atmosphäre des Vertrauens und gegenseitiger Unterstützung beizutragen. Effektives Arbeiten in einer Gruppe setzt ein Mindestmaß an Kooperation und gegenseitiger Unterstützung voraus, selbst wenn eine gewisse Konkurrenz besteht. Wenn solche Zusammenarbeit durch Überbetonung innerbetrieblicher Konkurrenz behindert wird, sind die Möglichkeiten des einzelnen, den Beziehungsvorgang weiterzubringen, begrenzt. Gleiches trifft auch auf Zusammenarbeit und Konkurrenz zwischen verschiedenen Abteilungen zu.

- *Starke Trennung zwischen Arbeitsleben und Privatsphäre.* Wenn eine Organisation die Mitarbeiter nur als Erbringer von Arbeitsleistung betrachtet und die Unternehmenskultur eine ausgeprägte Trennung zwischen Arbeit und privatem Bereich fordert, ist der Beziehungsvorgang des einzelnen auch innerhalb der Organisation weitgehend blockiert. Mitarbeiter werden dazu neigen, auf oberflächlicher Ebene im Betrieb mitzuspielen, ohne tiefer gehendes Engagement und echte Verantwortung. Wenn eine Organisation ihren Blickwinkel derart einschränkt und ihre Mitarbeiter auf diese eingeengte Weise betrachtet, werden sich die Mitarbeiter mit der Zeit ausgenutzt fühlen. Sie können dann eine unbeteiligte Einstellung entwickeln, entfremden sich möglicherweise von ihren Wertvorstellungen und werden schließlich korrumpierbar. Wenn sich keiner um positive Beziehungen innerhalb der Organisation bemüht und gegenseitige Unterstützung als Zeichen guter Beziehungen ausbleibt, bekommt die Organisation allmählich einen schlechten Ruf, was zur Folge haben kann, daß sich Menschen von ihr abwenden (z. B. Mitarbeiter, Geschäftspartner, Kunden usw.).

- *Ausgeprägter innerbetrieblicher Personalwechsel.* Meistens dauert es eine gewisse Zeit, bis sich ein neuer Mitarbeiter in eine Organisation eingearbeitet hat und in einer Gruppe voll integriert ist. Wenn aber zahlreiche Mitarbeiter neu sind oder die ganze Führungsspitze wechselt, kann sich das gesamte innerbetriebliche Klima verändern (z. B. „Es weht ein neuer Wind"). Wenn solche Wechsel in kurzen Abständen stattfinden, beeinträchtigen sie die Anpassungsfähigkeit und das Vertrauen der Mitarbeiter und führen zu Überlastungserscheinungen. Spannungen können entstehen, wenn neue Mitarbeiter Persönlichkeitszüge oder Arbeitsweisen mitbringen, die sich mit den bestehenden Verhältnissen nicht vertragen. Ferner können Spannungen entstehen, wenn ein neuer Vorgesetzter besonders guten oder engen Kontakt zur Leitungsebene hat. Bei starkem Personalwechsel werden häufig die Kapazitäten der Mitarbeiter für ständige Annäherung und Distanzierung ausgeschöpft und ihre soziale Beziehungsbereitschaft belastet.

Förderung des Beziehungsvorgangs

Welche Bedingungen unterstützen hingegen den Beziehungsvorgang? Es ist hilfreich, wenn Organisationen ihren Mitarbeitern Gelegenheit zum gegenseitigen Kennenlernen geben und darüber hinaus gewährleisten, daß Mitarbeiter sich selbst, ihre Fähigkeiten und eigenen Bestrebungen besser kennenlernen. So kann die Verfolgung persönlicher Wünsche und Ziele zur Entstehung harmonischer zwischenmenschlicher Beziehungen führen. Positive Beziehungen ermöglichen den beteiligten Personen, ein Netz tragfähiger zwischenmenschlicher Beziehungen aufzubauen. Dabei werden sie solche Beziehungen bevorzugen, die individuelle Freiräume ermöglichen und dadurch die Weiterentwicklung der anderen Grundvorgänge (Aneignung, Planung, Entscheidung, Handlung) gestatten. Folgende Bedingungen haben sich zur Unterstützung des Beziehungsvorgangs bewährt:

- Ein Umfeld, das die *Einzigartigkeit jeder Person* würdigt und schätzt sowie deren individuelle Entwicklungsmöglichkeiten gezielt fördert. Wenn die Einzigartigkeit von Menschen nicht anerkannt wird und Führungskräfte oder Kollegen Druck ausüben, um den Betreffenden zur Übernahme bestimmter Werte und Ziele zu bewegen, kann derjenige mit Abwehr reagieren. Die defensive Haltung führt eher zu Abhängigkeit als zu Unterstützung des Betreffenden. Wenn aber die einzigartige Persönlichkeit und die individuellen Fähigkeiten einer Person anerkannt werden, kann sie sich gewöhnlich auch einen Platz im sozialen Gefüge der Organisation erobern. Die Kraft, die sonst für die Einnahme einer defensiven Haltung beansprucht würde, kann so viel effektiver in Arbeit umgesetzt werden. Aus- und Fortbildungsmaßnahmen können auf die Bedürfnisse der Teilnehmer zugeschnitten werden. Zahlreiche Menschen, die einheitliche Aus- oder Fortbildungsmaßnahmen haben über sich ergehen lassen, sind danach enttäuscht und erbringen keineswegs die Leistungsverbesserung, die sich die Führungsebene vielleicht erhofft hat. Anerkennung eigener Kompetenzen, Werte und Ziele durch andere, insbesondere durch Arbeitskollegen, führt zur Aufnahme und Aufrechterhaltung sozialer Beziehungen, die als hilfreich und tragfähig erlebt werden.

- Die Gelegenheit zu *persönlichem Austausch,* der sich auch auf die Arbeitsbeziehungen positiv auswirkt. Viele Menschen machen die Erfahrung, daß Privatkontakte mit Arbeitskollegen auch die Beziehungen bei der Arbeit verbessern. Das setzt voraus, daß die Begegnungen in der Freizeit solche Vorgänge fördern, die auch den Arbeitszielen dienen (z. B. Gespräche, sportliche Betätigung, Beschäftigung mit neuer Technologie usw.). Die Förderung solcher Kontakte durch die Führungsebene kann ein deutliches Signal dafür sein, daß die Pflege zwischenmenschlicher Beziehungen geschätzt wird. Wenn zwischenmenschliche Kontakte gefördert und Gelegenheiten dazu von höherer Ebene geschaffen werden, könnte sie zu einer Verbesserung des Arbeitsklimas beitragen, indem Vorurteile abgebaut und kompromißlose Standpunkte relativiert werden können.

- Einstellungsmodalitäten, die eine gewisse *Übereinstimmung der Werte und Ziele* von Organisation und Mitarbeitern sicherstellt. Probleme können vermieden werden, wenn es grundsätzliche Übereinstimmung bezüglich bestimmter Interessen und Ziele unter Mitarbeitern einer Organisation gibt. Langwierige Auseinandersetzungen und Konflikte kosten viel Kraft. Ein solcher Kraftaufwand lohnt sich nur, wenn er auf die Lösung eines genau definierten Konfliktes ausgerichtet ist, beispielsweise um Meinungsverschiedenheiten zwischen Kollegen zu klären. In der Regel ziehen Konflikte in Organisationen jedoch Kraft aus Gruppenprozessen ab, so daß sie bei der Bewältigung von Aufgaben nicht zur Verfügung steht. Wenn es aber einen grundlegenden Konsens über Werte und Ziele einer Arbeitsgruppe gibt, dann ergänzen sich die Kräfte der Gruppenmitglieder, so daß eine zielorientierte Zusammenarbeit möglich ist.

- Eine *entspannte Anleitung und Führung,* die ohne Rechtfertigungsdruck auskommt und keine manipulative Macht ausüben muß. Wenn nämlich Führungskräfte in die Situation geraten, sich rechtfertigen zu müssen, verlieren sie Vertrauen in ihre Kollegen und Untergebenen. Wenn sie ihre Macht manipulativ einsetzen, beispielsweise um ihre Position oder ihre Privilegien zu sichern, leisten sie einer Atmosphäre Vorschub, die durch Geheimnistuerei und Vorenthaltung von Informationen gekennzeichnet ist. Dadurch kann das Selbstwertgefühl der Untergebenen in Mitleidenschaft gezogen werden, was Demotivation zur Folge haben kann. Wenn jeder nur darauf bedacht ist, seine eigene Position zu sichern, kann der Beziehungsprozeß nicht normal funktionieren. Daher ist ein Mindestmaß an Offenheit und Vertrauen eine Grundvoraussetzung für die konstruktive Gestaltung von Beziehungen.

Schritte zur Verbesserung des Beziehungsvorgangs

Die Verbesserung des Beziehungsvorgangs erfordert die Änderung von Sichtweisen und Einstellungen. Sie können uns dabei helfen, den Beziehungsvorgang wahrzunehmen und ihn zu verstehen, so daß wir harmonische zwischenmenschliche Beziehungen in Organisationen aufbauen und aufrechterhalten oder gegebenenfalls auch wiederherstellen können. Folgende Vorgehensweisen können dabei helfen, den Beziehungsvorgang zu optimieren:

• Machen Sie sich die Beeinträchtigungen bewußt, die den Beziehungsprozeß systematisch behindern können. Effektives Selbstmanagement erfordert, daß man diesen Beeinträchtigungen Aufmerksamkeit schenkt und versteht, auf welche Weise sie den Wechsel zwischen erforderlicher Beteiligung am Geschehen (d. h. Nähe) und angemessener Zurückhaltung (d. h. Distanz) beeinflussen.

• Führen Sie sich die Gegebenheiten in Ihrer Organisation vor Augen, die Schwierigkeiten bei der Gestaltung des Beziehungsprozesses nach sich ziehen. Lernen Sie, solche Schwierigkeiten von denen zu unterscheiden, die eher persönlichkeitsbedingt sind. Häufig kann man Beeinträchtigungen bei der Aufnahme und Aufrechterhaltung tragfähiger Beziehungen auf Ursachen zurückführen, die in der Organisation liegen (z. B. das Arbeitsklima oder das Verhalten von Führungskräften). Sobald die Ursache für die Störung klar ist, kann man entsprechende Maßnahmen ergreifen, um die Beziehung zu verbessern. Wenn beispielsweise Geheimnistuerei das Arbeitsklima prägt, kann man sich schnell unsicher und hilflos fühlen. Wenn man meint, das Problem liegt an einem selber, fällt es besonders schwer, sich offen zu verhalten und auf andere zuzugehen. Wenn man aber das Gefühl der Unsicherheit und Hilflosigkeit als Folge des Arbeitsklimas versteht, kann man sich viel leichter überwinden und den ersten Annäherungsschritt tun.

• Machen Sie sich Ihre persönlichen Bedürfnisse nach Beziehung bewußt, und achten Sie auf Verhaltensmuster, die Ihren bisherigen sozialen Beziehungen genützt oder geschadet haben. Das kann bedeuten, daß Sie Themen entdecken, bei denen Sie zu (positiven oder negativen) Vorurteilen neigen. Ein Bewußtsein für diese mit Vorurteilen belasteten Themen gestatten einem, objektiver und ausgewogener zu denken und entsprechend zu handeln. Es gestattet einem auch, seine Interaktionen auf positive statt auf negative Eigenschaften des Gesprächspartners zu gründen. Unangemessene Verhaltensweisen drohen insbesondere dann, wenn sich unser Kontaktbedürfnis nur auf einige Aspekte der anderen Person bezieht und wir andere Aspekte ausblenden. Damit wir als Person mit dem Gesprächspartner als Person kommunizieren können, müssen wir unsere eigenen Bedürfnisse in vollem Umfang erkennen und die Bedürfnisse des anderen genau wahrnehmen. Auch wenn sehr große Vertrautheit und Nähe zu manchen Menschen entsteht, bleiben wir dennoch eigenständige Wesen mit eigenen Wünschen und Zielen. Ein unzureichend entwickeltes Gespür für Nähe, aber auch für Distanz kann zu unbeabsichtigten Grenzüberschreitungen führen, was den weiteren Beziehungsprozeß möglicherweise schwer beeinträchtigt. Die Auseinandersetzung mit eigenen Verhaltensmustern kann einem helfen, das schwierige Gleichgewicht zwischen Nähe und Distanz aufrechtzuerhalten.

- Machen Sie sich die Bedeutung zwischenmenschlicher Kommunikation klar; sehen Sie insbesondere die Notwendigkeit, auch persönliche Meinungen und Gefühle mitzuteilen. Die Mitteilungen anderer Menschen haben Auswirkungen auf uns, indem sie unser Denken beeinflussen und unsere Gefühle ansprechen. Umgekehrt haben auch unsere Mitteilungen ähnliche Auswirkungen, indem wir das Denken anderer beeinflussen und deren Gefühle ansprechen. Um sich dieser emotionalen Wechselwirkung bewußt zu werden, ist es hilfreich, nicht nur die eigenen Beziehungsmuster zu kennen, sondern Beziehungen im allgemeinen zu verstehen. Manch ein Fehler in Beziehungen („Fauxpas") könnte vermieden werden, wenn Menschen größeres Verständnis für die Auswirkungen ihrer Kommunikation hätten und lernen würden, positive Impulse zur Aufrechterhaltung sozialer Beziehungen einzubringen.

- Wählen Sie sorgfältig solche Personen aus, die aller Wahrscheinlichkeit nach zu einer positiven Beziehung beitragen können; investieren Sie genügend Kraft in diese Beziehung. Aufbau und die Aufrechterhaltung tragfähiger Beziehungen ist ein Prozeß, der eine gewisse Zeit in Anspruch nimmt. Doch auch in tragfähigen Beziehungen kann es notwendig sein, sich zu distanzieren, beispielsweise wenn wir völlig vereinnahmt werden oder aber den Eindruck haben, daß unser Bemühen um jemanden ins Leere läuft. Je selektiver wir in der Beziehungsaufnahme sind, desto effektiver und befriedigender werden die Beziehungen sein, die wir eingehen. Damit sinkt die Wahrscheinlichkeit, daß wir unsere Kraft in fruchtlosen Auseinandersetzungen und Konflikten verbrauchen. Indem wir unsere Kraft gezielt auf bestimmte Beziehungen konzentrieren, vermeiden wir, daß andere Menschen überhöhte Beziehungserwartungen an uns stellen. Im Gegenzug sollten wir keine überhöhten Anforderungen an das Verhalten anderer Personen stellen. Wenn wir das wissen und akzeptieren, kehrt ein gewisser Realismus in unseren zwischenmenschlichen Beziehungen ein.

- Bewahren Sie in ihren sozialen Beziehungen ein Gleichgewicht zwischen Annäherung an andere und Distanzierung von ihnen; achten Sie auf angemessene Nähe und Distanz. Um die Harmonie in Beziehungen zu bewahren, kann es notwendig sein, bisweilen besonderes Engagement zu zeigen. Doch auch der umgekehrte Fall kommt vor, nämlich daß man sich zur Wahrung der Harmonie gelegentlich auch distanzieren muß. Das trifft insbesondere dann zu, wenn sich der andere aus einem gegenwärtigen Bedürfnis heraus distanziert und verstärkt anderen Personen zuwendet. Zu Beginn einer Beziehung hat man häufig das Gefühl, daß ein bestimmtes Maß an Engagement notwendig ist, nicht nur um den anderen kennenzulernen, sondern auch um die Möglichkeit größerer Nähe in Zukunft auszuloten. In Organisationen hat man oft das Gefühl, daß ein erhebliches Engagement erforderlich ist, um in die Gruppe oder den Kollegenkreis aufgenommen zu werden. Bleibt das Engagement aus, riskiert man den Ausschluß von der Gruppe. Der gegenteilige Extremfall wäre gegeben, wenn jemand sich zu sehr einbringt, sich im Geflecht der sozialen Beziehungen verliert und schließlich Gefahr läuft, seine Eigenständigkeit und Individualität aufzugeben. Die laufende Wahrung einer angemessenen Balance zwischen den Extremen ist Voraussetzung für einen angemessenen Umgang mit Kollegen, Vorgesetzten, Untergebenen, Freunden, Familienmitgliedern usw. Es ist eine wichtige Aufgabe des Selbstmanagements, abzuwägen, welches Maß von Nähe oder Distanz in einer gegebenen Situation angebracht ist und auf welche Art und Weise sie herzustellen ist. Dabei gilt es, die Unternehmenskultur, das Arbeitsklima, das Maß an gegenseitiger Unterstützung in der Gruppe und die Hierarchiestufe der beteiligten Personen zu berücksichtigen.

- Kümmern Sie sich in ausreichendem Maße um die positive Weiterentwicklung Ihres eigenen Beziehungsvorgangs. Wenn andere Menschen uns an der Verwirklichung unserer Ziele hindern oder uns auf andere Weise aus dem emotionalen Gleichgewicht bringen, bedeutet dies eine Beeinträchtigung unseres Beziehungsvorgangs. Manchmal ist der Grat zwischen wirklich tragfähigen Beziehungen und ausbeuterischer Abhängigkeit schmal. Lassen Sie sich daher von anderen nicht ausnutzen.

3. Aneignung und Selbstmanagement

Der Aneignungsprozeß

Um in der Welt zu überleben, muß sich der Mensch ein Bild von sich und seiner Umwelt machen. Über die fünf Sinne (Sehen, Hören, Riechen, Schmekken, Fühlen) nimmt der einzelne Information aus seiner Umgebung auf. Anhand dieser Information orientiert er sich in der Umwelt. Auf diese Weise macht er sich seine Umgebung zu eigen oder *eignet* sie sich *an*.

Was ist Aneignung?

Aneignung ist ein komplexer Prozeß, der Wahrnehmungsvorgänge, Informationsverarbeitung und zwischenmenschliche Beziehungen (oder soziale Mechanismen) samt ihrer Wechselwirkung einschließt. Daher ist der Aneignungsprozeß mehr als bloß ein Lernvorgang oder das Sammeln von Informationen. Das einfache „Input-output"-Modell der elektronischen Datenverarbeitung wird dem Aneignungsprozeß des Menschen nicht gerecht, denn der Mensch nimmt äußere Reize nicht nur auf, sondern wirkt im Gegenzug auch auf seine äußere Umgebung ein. Die Interpretation und Verarbeitung dieser äußeren Reize führt (unter Einbeziehung individueller Gegebenheiten) zu einer Reaktion, die sich wiederum auf die Außenwelt auswirkt. Damit schließt sich der Kreis: die Außenwelt wirkt auf das Individuum und das Individuum wirkt auf die Außenwelt (von Uexküll, 1936; von Weizsäcker, 1973).

Assimilation und Akkomodation

Wenn sich jemand Aspekte der Außenwelt „verinnerlicht", wird dieser Vorgang *Assimilation* genannt. Paßt sich jedoch sein Inneres an äußere Gegebenheiten an, heißt dieser Vorgang *Akkomodation* (Piaget, 1975). Wenn beispielsweise ein Säugling nach einem Gegenstand greift, wird dieser Gegenstand in das sogenannte Greifschema „assimiliert". Wenn hingegen die Assimilation *nicht* gelingt, etwa weil ein Gegenstand außer Reichweite ist, stellt sich der Säugling darauf ein, d. h. er „akkomodiert" die zu weite Distanz in sein Greifschema (Montada, 1995) und findet sich gewissermaßen damit ab.

Assimilation und Akkomodation sind überaus wichtig für die Entwicklung der individuellen psychischen Struktur (oder des „Selbst") des einzelnen Menschen. Nicht nur im Kindesalter, sondern während des gesamten Lebens bestimmen Assimilation und Akkomodation die Wechselwirkung zwischen

Individuum und der Außenwelt. Sie beeinflussen ständig unser Erleben und Verhalten. Die beiden Mechanismen bestimmen damit unsere innere und äußere Realität in erheblichem Maße mit.

Was sind Schemata?

Schemata sind grundlegende Organisationseinheiten psychischer Prozesse (Grawe, 1995), also die „Bausteine" aller psychischen Vorgänge. Man kann sie sich vielleicht auch als „Programme" vorstellen, die bestimmen, welche mentalen „Speicher" abgerufen und welche „Verbindungen" hergestellt werden.

Hinter dem Begriff „Schema" verbirgt sich ein Komplex verschiedenster Gedanken, Emotionen, Personen, Gegenstände oder Handlungen, die im Gedächtnis repräsentiert sind (Montada, 1995; Kanfer et al., 2000) und unser Denken, Fühlen und Handeln bestimmen. Dazu gehören:

- Personen oder Objekte (z. B. Eltern, Häuser, Tiere);

- konkrete Handlungsweisen (z. B. Sprechen, Greifen, Werfen, Laufen);

- Emotionen (z. B. Zuneigung, Trauer, Ärger);

- Vorstellungen oder Begriffe, die Menschen zur Kommunikation und Interaktion miteinander benötigen (z. B. Gedanken, Worte, Pläne, Taten).

Die resultierenden Schemata sind dementsprechend komplexe kognitive Strukturen. Doch wie kommen sie zustande? Sie entstehen durch die ständige Wechselwirkung zwischen Außenwelt und Innenwelt in der Psyche des einzelnen (Neisser, 1976; Piaget, 1981). Demnach kann man Schemata als Rückkoppelungskreise verstehen, die sich aus der realen Interaktion des Individuums mit seiner Umgebung bilden (Powers, 1973). So sind Schemata gleichzeitig Ergebnis *und* Produzent der Interaktion zwischen Individuum und Umgebung (Grawe, 1995).

Die Bedeutung von Selbstschemata

Zu den Personen, Objekten, Handlungen, Emotionen, Gedanken oder Begriffen, die unsere Schemata ausmachen, gehört auch die Vorstellung, die jeder Mensch von sich selbst hat. Diese Vorstellung von sich selbst, das „Selbstbild", ist ebenfalls ein Schema, nämlich das *Selbstschema*. Wie kommt eine derartig komplexe Struktur wie das Selbstschema zustande? Eine Antwort liefert die Entwicklungspsychologie.

Mit der Herausbildung des „Selbst" kommt das in der Entwicklung befindliche Kind allmählich zu der Einsicht, daß es eine eigenständige Existenz hat und eine selbständige Person darstellt. Es erkennt, daß ein Unterschied zwischen „selbst" und „nicht-selbst" besteht. So entsteht ein Spannungsfeld zwischen äußerer („objektiver") Realität und innerer („subjektiver") Gewißheit. Damit ist die Voraussetzung für das Entstehen der Introspektionsfähigkeit gegeben: die äußere Realität wird über die Sinne wahrgenommen, bildet sich im Inneren ab und kann dann durch den Vorgang der Introspektion näher betrachtet werden. Entsprechend der Erfahrung, die der einzelne in seiner Auseinandersetzung mit diesen inneren und äußeren Realitäten macht, bilden sich einzelne Erlebnis- und Verhaltensmuster („subjektive Bedingungsmodelle") oder Schemata heraus (Grawe et al., 1995; Caspar, 1996; Kanfer et al., 2000).

Man kann grundsätzlich zweierlei Arten von Schemata voneinander unterscheiden (Grawe et al., 1995):

- positive Selbstschemata und

- negative emotionale Schemata.

Beide beeinflussen sich gegenseitig und bestimmen die jeweiligen Erlebnis- und Verhaltensweisen des einzelnen, mal in positiver, mal in negativer Hinsicht. Beide Arten von Schemata sind der *Introspektion*, d. h. der reflektierten Betrachtung, zugänglich. Auf diese Weise können wir uns mit der eigenen inneren Realität und unseren individuellen Wahrnehmungsweisen der äußeren Realität nähern und uns mit ihr vertraut machen.

Wechselwirkung der Schemata

Die Informationen, die der einzelne durch Aneignung erhält, betreffen sowohl das *Individuum* selbst als auch seine *Umwelt*. So dient der Aneignungsprozeß nicht nur dazu, Information über die Umgebung einzuholen (Umwelt), sondern hilft einem dabei, sich mit seinem eigenen inneren Zustand bzw. seiner Befindlichkeit auseinanderzusetzen (Individuum). Durch die Integration dieser Information entstehen Wahrnehmungs- und Handlungsmuster, anhand derer sich der einzelne in der Welt orientiert. Die so entstehenden Schemata dienen ihm als Orientierungspunkte für das Verstehen seiner Außen- und Innenwelt. Damit sind die Schemata Leitlinien für sein Handeln gegenüber anderen und für den Umgang mit sich selbst. Zu diesen Wahrnehmungs- und Handlungsmustern gehören:

- Selbstschemata,

- negative emotionale Schemata,

- Selbstprozesse,

- Beziehungsschemata,

- interaktionelle Lösungsversuche,
- Lebensstilszenarien,
- Problemstellungen und Aufgaben,
- psychische Faktoren,
- soziale oder zwischenmenschliche Faktoren,
- biologische Faktoren.

Jeder Mensch hat eine Vielzahl solcher emotionaler und handlungsbezogener Muster, die jeweils ihre spezifische Funktion haben. In diesem Zusammenhang spricht man auch von „Lebensmustern" (Jung, 1968). Unsere Lebens- oder Verhaltensmuster können angenehm, aber auch unangenehm sein, ihre Funktionen können bewußt oder unbewußt sein – sie sind jedenfalls vorhanden. Darüber hinaus stehen sie in ständiger Wechselwirkung miteinander (s. Abbildung 2). An der Vernetzung der Schemata sehen wir, welche wichtige Rolle jeder einzelne Faktor für unsere psychische Realität und unser seelisches Gleichgewicht spielt.

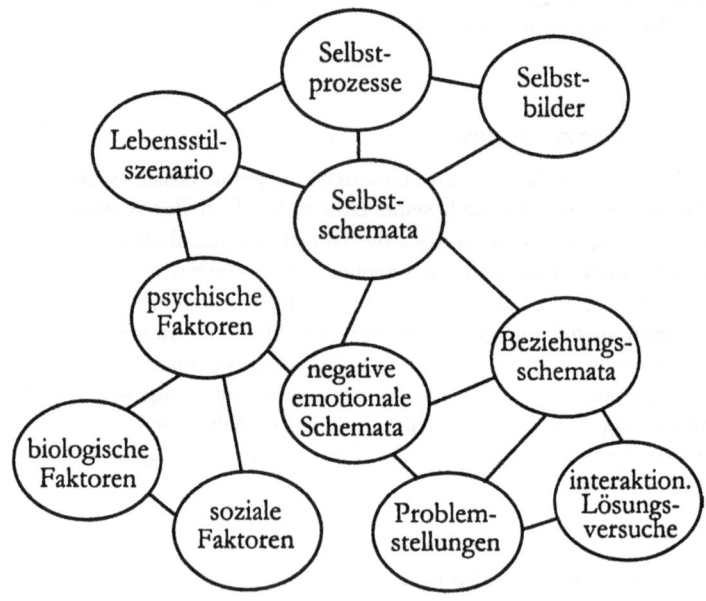

Abbildung 2: Selbstschemata im Kontext verschiedener Einflußfaktoren

Aneignung der inneren und äußeren Realität

Obwohl wir als Menschen normalerweise freie und unabhängige Individuen sind, leben wir natürlich in einem bestimmten Kontext und müssen uns auch mit den äußeren Bedingungen auseinandersetzen. Indem wir die äußere Realität über unsere Sinne wahrnehmen und das Wahrgenommene kognitiv verarbeiten, eignen wir uns diese Realität an. Zur inneren Realität kommt nun also die äußere Realität hinzu, die wir durch unser Handeln beeinflussen können. Bei dieser Auseinandersetzung mit unserer inneren und äußeren Realität, dem Wechselspiel zwischen Wahrnehmen und Handeln, entstehen naturgemäß immer wieder Unklarheiten, Irritationen, Konflikte und Probleme. Um diese Probleme besser zu verstehen, eignen wir sie uns an. Erst dann können wir sie vollends begreifen und im Laufe des weiteren Selbstmanagementvorgangs verändern.

Im weitesten Sinne können wir Aneignung als „problembezogene Informationssammlung" (Kanfer et al., 2000) verstehen. Dazu müssen wir uns die aktuell bestehenden Bedingungen vergegenwärtigen, d. h. wir müssen uns die „Ist-Situation" aneignen. Bei der Vergegenwärtigung oder Aneignung unserer inneren Gegebenheiten gewinnen wir Klarheit über unsere

- *Einstellung* (d. h. Denken),
- *Befindlichkeit* (d. h. Fühlen),
- *Verhaltensweisen* (d. h. Handeln).

Diese Punkte tragen wesentlich zu unserer Vorstellung von uns selbst, d. h. unserem *Selbstkonzept*, bei. Bei der Bewußtmachung oder „Aneignung" des Selbstkonzepts können wir unsere eigenen Gefühls- und Handlungsmuster (Schemata) näher unter die Lupe nehmen. Dabei geht es darum, sich mit einigen Eigenschaften der eigenen Person eingehend auseinanderzusetzen. Bei dieser Auseinandersetzung geht es darum, einige Facetten der eigenen Person näher zu betrachten. Man kann dabei

- sein *Selbstbild* klären;
- verdrängte *Erinnerungen* mobilisieren;
- verdrängte *Emotionen* mobilisieren;
- sich eigener *Ängste* bewußt werden;
- sich eigener *Kränkbarkeit* bewußt werden;
- eigene *Störbarkeit* anerkennen;
- eigene *Bedürftigkeit* anerkennen;

- sich über ungelebte *Bedürfnisse* klarwerden;

- sich eigene *Idealvorstellungen* bewußtmachen.

Zur Wahrnehmung dieser inneren Realität ist ein gewisses Maß an Reflexions-
oder Introspektionsfähigkeit nötig. Ziel der Introspektion ist es, sich einige
Aspekte des Selbst bewußtzumachen und sich mit ihnen auseinanderzusetzen.
Das erfordert Aufrichtigkeit und Ehrlichkeit mit sich selbst, gerade wenn es
darum geht, die Schattenseiten der eigenen Person näher zu beleuchten. Doch
der Aufwand lohnt sich. Wer diesen Schritt unternimmt, eignet sich dadurch
Selbsterkenntnis an: Er erfährt etwas über seine Lebensmuster und Selbstkonzepte.

Was ist ein System?

Menschliches Leben ist sehr komplex. Es hat zahlreiche Facetten, und die
Wechselwirkungen, die zwischen Menschen bestehen, sind vielfältig. Wenn wir
dieser Komplexität gerecht werden wollen, müssen wir eine *systemische Sichtweise*
der Zusammenhänge entwickeln, in denen der Mensch steht, d. h. den Menschen in seiner Welt als System betrachten.

Ein System ist ein Netz zusammenhängender und voneinander abhängiger
Wirkfaktoren (Dörner, 1989). Es ist nicht als gegenständliche Struktur aufzufassen, sondern stellt ein kognitives Modell oder eine Vorstellung dar, die vom
einzelnen benutzt wird, seine eigene Wirklichkeit zu ordnen. Ein System stellt
also ein Hilfsmittel für das Erkennen von Mustern, Zusammenhängen und
Strukturen dar, aus denen eine komplexe und dynamische Umgebung besteht
(Kanfer et al., 2000). So können Einzelpersonen, Gruppen oder sogar die
gesamte Menschheit als System betrachtet werden.

Neben der strukturellen Komplexität existiert in Systemen auch eine rege
Dynamik. Das bedeutet, daß laufend kleinere und größere Veränderungen
stattfinden (Kanfer et al., 2000), die kaum zu überblicken sind. Diese Veränderungen können so ablaufen, daß sich die Interaktionsweise der Systemkompo-
nenten (oder der „Subsysteme") allmählich wandelt. So ändern sich Abläufe
bzw. Wechselwirkungen innerhalb des Systems laufend. Entsprechendes trifft
für menschliche Systeme zu. Der einzelne muß sich in diesem dynamischen,
sich laufend verändernden System orientieren und zurechtfinden.

Als Menschen müssen und wollen wir in unserer Welt handlungsfähig sein und
bleiben. Daher geht es bei unserem Versuch, Zusammenhänge zu verstehen, in
erster Linie darum, *nützliche* Systemmodelle zu finden. Es geht weniger um die
Suche nach „Wahrheit" um ihrer selbst willen (Kanfer et al., 2000. Dazu ist es
wichtig, sich systemische Konzepte und Sichtweisen anzueignen, die *handlungs-*

relevant sind. Bei der systemischen Sichtweise kommt es darauf an, einerseits einen Sachverhalt herauszugreifen und im einzelnen zu betrachten, andererseits darf aber der Überblick über den Gesamtkontext nicht verlorengehen. Wie mit einem Zoom-Objektiv müssen wir zwischen „Tele-" und „Weitwinkelfunktion" hin- und herpendeln (Kanfer et al., 2000), um das Ganze im Blick zu behalten.

Wir können Systeme oder Subsysteme auf *unterschiedlichen Ebenen* betrachten: Einmal greifen wir ein Teilproblem heraus, dann nehmen wir einen Standpunkt ein, von dem wir das Gesamtproblem überblicken können. Auf diese Weise können wir sehen, daß jede Veränderung des Systems, und sei sie noch so klein, Auswirkungen auf das Gesamtsystem hat (Peirce, 1884; Bateson, 1981). Beispielsweise kann eine minimale Veränderung im Betriebssystem eines Computers verheerende Auswirkungen auf die Funktionsfähigkeit des gesamten Computersystems inklusive aller Programme haben. Gleiches trifft auf zwischenmenschliche Systeme zu: minimale Störungen im Bereich zwischenmenschlicher Kommunikation können erhebliche Auswirkungen auf verschiedenen Beziehungsebenen haben (Bateson, 1982; Watzlawick et al., 1969).

Mit der Veränderung von Erlebnis- und Verhaltensweisen verändern sich auch unsere Werte und Ziele. Beim Versuch, diese Veränderungen zu erkennen und zu verstehen, benötigen wir Orientierungspunkte, da wir sonst den Überblick verlieren und Verwirrung überhandnimmt. Bei der Betrachtung komplexer Systeme haben Systemmodelle oder Theorien eine orientierende Wirkung. Sie dienen als Filter und führen so eine Komplexitätsreduktion herbei. Das hat die positive Auswirkung, daß wir als Menschen bei unserem Versuch, Zusammenhänge zu verstehen, in unserer Informationsverarbeitungskapazität nicht überfordert werden. So eignen wir uns Systeme durch systemische Sichtweisen an und machen sie auf diese Weise zum Teil unserer Realität.

Systemische Modelle der Aneignung

Beim Selbstmanagement werden Erkenntnisse und Hypothesen unterschiedlicher Disziplinen (Psychologie, Systemtheorie, Wirtschaft usw.) kombiniert und zu einer übergreifenden „Metastrategie" (Caspar, 1996) verbunden. Wir benötigen eine solche Metastrategie, um komplexe Aneignungsvorgänge zu verstehen und den Überblick zu behalten. Insbesondere Systemmodelle stellen ein geeignetes Hilfsmittel dar. Sie werden unter anderem dazu genutzt, Zusammenhänge zwischen Lebenspraxis und individuellen oder interaktionellen Problemen zu klären.

Dadurch, daß man die eigene Lebenspraxis aus der Distanz betrachtet, kann man bestimmte Zusammenhänge besser erkennen und zu einer neuen Sicht der Dinge kommen. Die Systemmodelle, an die man sich dabei hält, haben die Funktion einer „reflektierenden Abstraktion" (Ambühl u. Grawe, 1989), also einer Theorie, die dazu da ist, das Gesehene zu strukturieren und zu verstehen. Schemata dienen dabei als Selektionsmechanismen für bestimmte Lebensthemen, die man gut systemisch verstehen kann. Folgende Wahrnehmungs- und Handlungsmuster eignen sich zur Betrachtung aus einer systemischen Perspektive (Caspar, 1996):

- Kommunikationsstile;

- Formen der Selbstdarstellung;

- Beziehungen;

- Umgang mit Interaktionspartnern;

- Bewältigungsstrategien;

- „ökologische" Nischen;

- individuelle Daseinsformen;

- körperliche (biologische) Gegebenheiten.

Die Berücksichtigung dieser Gegebenheiten erleichtert die *geistige Vorwegnahme* von Lösungsstrategien, d. h. Planung von Lösungen. Wir folgen damit einer Philosophie des „als ob" (Schiepek u. Kaimer, 1996), mit der wir uns im Gedankenspiel Wechselwirkungen bewußtmachen und Entwicklungsmöglichkeiten ausmalen.

Systemisches Denken stellt eine Form der Aneignung dar. Die Information, die mittels systemischer Verstehensweisen gewonnen wird, ist vollständiger und realistischer als solche Information, die mittels anderer Verstehensweisen gewonnen wird. Indem systemisches Denken komplexe Wechselwirkungen einbezieht, wird es den wahren Gegebenheiten eher gerecht als einfache („monokausale") Denkmodelle. So können viel realitätsnähere Wege der Problemanalyse aufgezeigt, Ressourcen mobilisiert und Lösungen herbeigeführt werden (Watzlawick et al., 1974). Da systemische Sichtweisen der Entwicklung angemessener Bewältigungsstrategien dienen, sind sie integraler Bestandteil effektiven Selbstmanagements.

Den Aneignungsprozeß verstehen

Ziel eines jeden Aneignungsvorgangs ist es, einen guten Überblick über eine gegebene Situation zu bekommen, einschließlich aller Teilaspekte. Ohne diesen

Überblick können wir in komplexen Situationen nur schlecht handeln, da uns wichtige Informationen möglicherweise fehlen (Kaimer, 1986; Dörner, 1989; Schiepek, 1991). Es ist jedoch nicht leicht, einen solchen Überblick zu bekommen. Um sich Sachverhalte anzueignen, muß man zuverlässige Informationsquellen ausfindig machen und ein Gespür für Prioritäten haben, um zwischen wichtigen und unwichtigen Informationen unterscheiden zu können.

Wir haben gesehen, wie sich der Mensch Erlebens- und Verhaltensmuster im Zuge der Wechselwirkung von Akkomodation und Assimilation aneignet. Wichtig ist dabei die Wahrnehmung sowohl der äußeren als auch der inneren Realität. Der Aneignungsprozeß erfordert also zwei Arten der Wahrnehmung: auf der einen Seite einen Blick für Dinge, die sich in der Außenwelt abspielen (Außenwahrnehmung), und auf der anderen Seite ein Gespür für innere Prozesse, die sich in der Person selbst abspielen (Introspektion). Wird einer dieser Aspekte außer acht gelassen, besteht die Gefahr, daß man sich nur ein unvollständiges Bild der Realität aneignet. Die Folge ist, daß Entscheidungen aufgrund unzulänglicher „Information" oder „Daten" getroffen werden.

Eine hilfreiche Methode, sich die erforderlichen Informationen einzuholen und einen Ablauf zu verstehen, d. h. sich ihn anzueignen, ist das sogenannte „Funktionsbedingungsmodell" (Kanfer et al., 2000). Dieses Modell geht davon aus, daß bestimmte Gegebenheiten das menschliche Verhalten maßgeblich beeinflussen. Diese Gegebenheiten sind erstens die *situativen Bedingungen*, die gerade vorhanden sind, zweitens die *Person*, die den jeweiligen Bedingungen ausgesetzt ist, einschließlich ihrer körperlichen und psychischen Verfassung, drittens die für diese Person typischen *Reaktionsmuster*, und viertens die *Konsequenzen*, die aus den Reaktionsmustern entstehen. Will man sich auf diese Weise einen Ablauf vor Augen führen, ist es wichtig, daß eine „problembezogene Informationssammlung" (Kanfer et al., 2000) vorausgeht, mittels der man sich über alle Punkte des Funktionsbedingungsmodells Klarheit verschafft:

- die situativen Gegebenheiten müssen einem klar sein („Situation"),

- man muß wissen, welche körperlichen und psychischen Voraussetzungen man zur Bewältigung von Anforderungen mitbringt („Organismus"),

- man muß sich klar darüber sein, zu welchen Reaktionsweisen oder Verhaltensmustern man tendiert („Reaktion") und wie stabil diese Reaktionsweisen sind.

- Man muß sich darüber hinaus vorstellen, welche Folgen das eigene Handeln haben wird bzw. mit welchen Reaktionen man rechnen muß („Konsequenz").

Anhand dieses Modells kann man sich die Zusammenhänge vergegenwärtigen bzw. aneignen, die zwischen den äußeren Umständen, der eigenen inneren Realität samt typischen Reaktionsweisen und den (erwarteten) Reaktionen von außen bestehen (Kanfer et al., 2000). So gesehen, gleicht der Aneignungsvorgang einem ununterbrochenem Erkenntnisprozeß, der durch laufende Bewußtmachung und ständiges Lernen sowohl Selbsterkenntnis als auch Verständnis für die Außenwelt verbessert. Durch diesen Erkenntnisprozeß hilft der Aneignungsvorgang dabei, sich in einer hermetischen „Welt", etwa einer Organisation, besser zurechtzufinden.

Das Konzept der Aneignung ist sehr viel weiter gefaßt als der herkömmliche Begriff des Lernens (De Waele et al., 1993). Durch den Aneignungsprozeß wird sowohl die Selbsterkenntnis unterstützt als auch die Wahrnehmung von Vorgängen in der Umgebung. Auch das Verständnis für Zusammenhänge, die im Arbeitsumfeld bestehen, wird durch den Aneignungsprozeß gefördert. So ist derjenige im Vorteil, der Aneignungsvorgänge nutzt, eine realistische Vorstellung von sich und seiner Umwelt hat, samt Werten, Zielen, Meinungen, Interessen, Wünschen, Entscheidungsprozessen, kulturellen und subkulturellen Faktoren usw.

Häufig drängen sich plausible, aber falsche Sichtweisen auf, die wir unreflektiert übernehmen. Da man sich nie alle Informationen gleichzeitig ins Bewußtsein rufen kann, wechselt der Erkenntnisprozeß zwischen Bewußtmachung von Information und Unterdrückung anderer Information. Manchmal verdrängen wir unliebsame Tatsachen einfach. Verdrängte Tatsachen bleiben jedoch im Unbewußten erhalten, nur um zu späterem Zeitpunkt plötzlich wieder aufzutauchen und unsere Kommunikation oder unser Handeln (ungünstig) zu beeinflussen (Freud, 1904).

Auch müssen wir uns mit der Tatsache auseinandersetzen, daß jeder Mensch Fehler macht. Fehler sind uns meistens unangenehm, so daß wir sie am liebsten schnell vergessen möchten. Aber effektive Aneignung bedeutet, daß wir uns mit unseren Fehlern auseinandersetzen, um aus ihnen zu lernen. Das ist nämlich auch eine Form der Aneignung bzw. Gewinnung nützlicher Information. Daher sollten wir bereit sein, Fehler zu akzeptieren, und aus ihnen lernen.

Aneignung in Organisationen

Aneignung ist ein fortlaufender Vorgang, gerade weil die Information, die aufgenommen und verarbeitet werden muß, ständig im Fluß ist (*panta rei* [gr.]: „alles fließt"). Das trifft auf alle Arten von Information zu: Tatsachen, Werte, Normen, Emotionen, Mythen usw. Es ist eine große Herausforderung für jeden, seinen individuellen Informationsbedürfnissen nachzugehen, neue Fähigkeiten und Kenntnisse zu erwerben, Wertvorstellungen zu überprüfen und gegebenenfalls anzupassen, neue Sichtweisen einzunehmen und eventuell seine Einstellung zu verändern. Nur so kann man auf Dauer ein aktives und nicht entfremdetes Mitglied seines Arbeitsumfelds sein. Durch den Aneignungsvorgang kann man sich eigene Wünsche und Bedürfnisse bewußtmachen und sich eigene Fähigkeiten (d. h. Stärken) und Grenzen (d. h. Schwächen) vor Augen führen.

Aneignung in Organisationen heißt, sowohl die Realitäten der Organisation kennenzulernen als auch unsere Reaktionen auf diese Realitäten zu spüren. Das schließt unsere Interaktion in dem komplizierten Geflecht sozialer Beziehungen in der Organisation ein. Das ist ein Lernprozeß, der verschiedene Ebenen des Bewußtseins berührt. Er kann sich bewußt oder unbewußt abspielen, angenehm oder unangenehm sein, eher gedanklich oder emotional ins Gewicht fallen usw.

Wenn man sich eine Organisation aneignet, „zähmt" man sie in gewisser Weise, so daß man sich in ihr wohl fühlen kann. Dies mag ein irrationaler und intuitiver Vorgang sein, doch sein Gelingen weist auf einen effektiven Aneignungsprozeß hin. Man hat sich seine Organisation dann erfolgreich angeeignet, wenn man sich wohl fühlt und ganz ungezwungen geben kann, keinen Anlaß für Unehrlichkeit oder Schauspielerei hat und sich sowohl der Realität als auch der „Mystifizierung" (Laing, 1969), die in der Organisation besteht, voll bewußt ist. Auf diese Weise wird deutlich, daß Aneignung eine Voraussetzung für das Gelingen der anderen Grundvorgänge des Selbstmanagements ist.

Mehrdimensionalität der Aneignung

Mehrdimensionalität ist ein wichtiger Aspekt von Aneignungsvorgängen: Manchmal fassen wir die Gegebenheiten, die sich in unserer Umgebung abspielen, verstandesmäßig auf, d. h. *kognitiv*. Manchmal spüren wir jedoch auch die „Atmosphäre", die in unserer Umgebung herrscht, etwa wenn wir das Arbeitsklima in einer Organisation wahrnehmen. In solchen Situationen fassen wir Gegebenheiten mit sozialem Gespür und gewisser zwischenmenschlicher Feinfühligkeit auf, d. h. wir reagieren *emotional*. Auf manche Realitäten werden wir plötzlich und unsanft gestoßen, beispielsweise wenn ein Vorgesetzter uns unerwartet kritisiert oder ein bisher vertrauenswürdig erscheinender Kollege uns hintergeht. Aber auch das, was wir nicht offen erfahren, sondern „zwischen den Zeilen lesen", kann uns verdeutlichen, wie gewisse Sachverhalte zusammenhängen. Schließlich gibt es Realitäten, die wir zunächst nur unbewußt aufnehmen und deren Bedeutung wir erst später bemerken.

Ähnlich mehrdimensional sind auch die Denkmuster oder Schemata, die wir in bezug auf unsere Organisation haben. Wie die Organisation verschiedene Dimensionen hat (organisatorisch, wirtschaftlich, zwischenmenschlich usw.) haben auch unsere Denkmuster mehrere Dimensionen. Die Vorstellung, die wir von unserer Organisation haben, besteht aus solchen Denkmustern, die wiederum wesentlich von äußeren Gegebenheiten, unseren kognitiven Konzepten, eigenen Gefühlskonnotationen und unbewußten Voraussetzungen bestimmt sind (Schein, 1986).

Da Menschen Informationen auf unterschiedliche Weise bewerten und verarbeiten, ist es verständlich, daß auch deren Denkmuster unterschiedlich sind. In Organisationen wird jedoch leider nicht immer berücksichtigt, daß Menschen auf unterschiedliche Weise und mit unterschiedlichem Tempo lernen und ihre Denkmuster anpassen. Einige Beeinträchtigungen des Aneignungsvorgangs können auf diesen Umstand zurückgeführt werden. Beispielsweise sind Aus- oder Weiterbildungskurse häufig unflexibel und einförmig. Sie sind nicht auf die Anforderungen und Voraussetzungen derjenigen, die sie absolvieren sollen, ausgerichtet und werden dadurch ihren Bedürfnissen nicht gerecht.

In der Regel setzt die gezielte Aneignung von Wissen oder Informationen („Lernen") gewisse Bemühungen voraus. Natürlich erfordern Lernprozesse auch Anstrengung und Disziplin, doch die meisten Menschen machen die Erfahrung, daß Lernen ihnen sehr viel leichter fällt, wenn sie

• die *Arbeitsweise* wählen, die ihnen am besten liegt,

• ihr eigenes *Lerntempo* zugrunde legen,

• sich nach ihrem gewohnten *Arbeitsrhythmus* richten und

• die *Selbstdisziplin* entwickeln, die ihren Aneignungsvorgang am besten voranbringt.

Wenn wir einen Aneignungsvorgang verfolgen und uns beispielsweise ein Bild von unserer Organisation machen, tragen wir häufig alle möglichen Bruchstücke an Information zusammen, um unser Bild möglichst zu vervollständigen. Dabei unterläuft uns oft der Fehler, daß das Bild, das wir uns machen, verzerrt oder unvollständig ist. Das hat zur Folge, daß wir irgendwann das Gefühl bekommen, „nicht im Bilde" zu sein oder den „Überblick verloren" zu haben. Unsere eigene Persönlichkeit, unsere Vorlieben und Gefühle können maßgeblich zu solchen Zerrbildern beitragen, indem wir die Information, die wir aufnehmen, unbewußt selektieren und ihr eine Bedeutung erteilen („Attribution"), die zu unseren vorgefertigten Wünschen und Konzepten paßt. Diese Bedeutungserteilung mag meistens zutreffen, aber uns können dabei auch Fehler unterlaufen („Fehlattribution"). Es ist in diesem Zusammenhang einerlei, ob wir ausschließlich bestätigende oder verneinende Informationen herausgreifen. Unsere Vorstellungen von den Gegebenheiten in der jeweiligen Organisation sind dann unvollständig und verzerrt, so daß sie nicht ganz zutreffen.

Ähnliches trifft auch auf die Vorstellungen zu, die wir uns von uns selbst machen. Durch Fehlattribution kann es zur groben Fehleinschätzung unserer eigenen Person kommen, mit allen Folgen für unser Selbstbild. Daran wird deutlich, wie wichtig es ist, daß Aneignungsvorgänge uns ein *vollständiges* Bild der (inneren und äußeren) Realität liefern, also zu einer umfassenden Sichtweise führen. Doch woran können wir erkennen, daß unsere Sichtweise umfassend ist? Und wie können wir unsere Sichtweise vervollständigen, wenn wir erkennen, daß sie noch nicht umfassend ist?

Es gibt einige Kriterien, anhand derer wir erkennen können, ob unsere Sichtweise umfassend ist und ob wir die richtigen Schlüsse aus der Information ziehen, die wir uns aneignen:

- *Zufriedenheit* mit uns selbst,

- *Wohlbefinden* in unserem Arbeitsumfeld,

- *Sicherheit* in unserer Kommunikation mit anderen und

- ein Gefühl der *Harmonie*, das sich einstellt, wenn wir unser Handeln an unseren Denkmustern ausrichten.

Wir können unsere Sichtweise dann als umfassend bezeichnen, wenn wir Informationen (z. B. auch Ansichten oder Emotionen) in den Beziehungsprozeß einbringen, mit anderen Menschen darüber sprechen, die Informationen in unsere Planungs- und Entscheidungsprozesse einbeziehen (d. h. unsere eigenen Werte und Ziele und die der anderen berücksichtigen) und die Informationen in unsere Handlungsprozesse integrieren.

Andererseits müssen wir davon ausgehen, daß unsere Sichtweise *nicht* umfassend ist, wenn bestimmte Umstände gegeben sind, nämlich wenn:

- Kommunikation schnell zu *Streit* führt,

- *Uneinigkeit* in der Organisation herrscht,

- wir innere *Konflikte* mit uns herumtragen,

- unser Handeln zu massiven *Widerständen* durch andere führt.

In einem solchen Fall sind wir nicht ganz „auf dem laufenden". Wenn beispielsweise ein Mitarbeiter seit langem in einer Organisation arbeitet und sich die Organisation in aller Ausführlichkeit angeeignet hat, müßte er in der Lage sein, aufgrund seiner Kenntnis der organisatorischen und zwischenmenschlichen Feinheiten eine gewisse Harmonie in der Zusammenarbeit mit Kollegen herzustellen. Ist er dazu nicht in der Lage, muß man davon ausgehen, daß seine Denkmuster zwar hinreichend sind, um die Organisation zu erfassen, aber nicht vollständig genug sind, seine eigene Person mit einzubeziehen. Bei fehlender Berücksichtigung seiner eigenen Persönlichkeitseigenschaften kann er auch keine Harmonie in der Zusammenarbeit mit seinen Kollegen herstellen.

Viele Menschen haben in der Auseinandersetzung mit ihrer Umgebung diese Erfahrung machen müssen: unvollständige Information führt zu Fehlattributionen, Mißverständnissen und Konflikten. Handlungen, die nicht auf der Berücksichtigung der gesamten Realität beruhen, sondern auf der Wahrnehmung von Ausschnitten der Realität basieren, haben häufig negative Folgen. Doch aus „unharmonischen" oder konflikthaften Situationen können wir oft eine Menge lernen, indem wir unsere Denkmuster überprüfen und sie gegebenenfalls anpassen bzw. korrigieren. Auf diese Weise enthalten die Denkmuster mehr Information als bisher und sind dadurch umfassender.

Aneignung durch Informationssammlung

Wenn wir davon ausgehen, daß unsere Denkmuster häufig lückenhaft sind, stellt sich sogleich die Frage, was wir tun können, um ein möglichst vollständiges Bild von uns und unserem Arbeitsumfeld zu bekommen. Es wäre realitätsfern, unsere Augen vor den organisatorischen Tatsachen zu verschließen, uns eine vollkommene Scheinwelt vorzustellen und unser Handeln nach unbestätigten Annahmen über diese Scheinwelt auszurichten. Um sicherzustellen, daß sich unser Aneignungsvorgang hinsichtlich Vollständigkeit und Übersichtlichkeit entwickelt, müssen wir Interesse und Aufnahmebereitschaft für die Dinge zeigen, die sich in unserer realen Umgebung abspielen. Dabei ist es wichtig, daß wir auch bereit sind, Rückmeldungen („Feedback") anzuhören, die unser eigenes Denken und Handeln betreffen, ohne daß wir die Rückmeldung vorschnell als „berechtigt" oder „unberechtigt" bewerten.

Aufmerksamkeit und Aufnahmebereitschaft schließen die Bereitschaft ein, sich einzugestehen, daß die Information, auf die wir unsere Einschätzung von uns selbst und unserer Organisation gründen, unzulänglich und bruchstückhaft ist. Das heißt auch, eigene Unzulänglichkeiten wahrzunehmen. Wir können uns dadurch einen besseren Überblick oder eine vollständige Sicht der Dinge verschaffen, daß wir unserer Neugier freien Lauf lassen und uns immer wieder darum bemühen, neue „Puzzleteilchen" (d. h. Informationen) zu finden, die dazu beitragen, unser Bild der Realität zu vervollständigen.

Aufmerksamkeit kann man nicht ohne eine gewisse Neugier über längere Zeit aufrechterhalten. Umgekehrt trifft zu, daß Neugier zu einer Verschärfung der

Aufmerksamkeit führt. Wird die Neugier jedoch nicht befriedigt, sinkt automatisch das Aufmerksamkeitsniveau. Ein Beispiel für Interesse oder Neugier ist die Art und Weise, wie sich Kinder ihre Umgebung zu eigen machen. Um die Welt zu verstehen, macht das Kind einen Aneignungsprozeß durch, in dem es Beobachtungen macht und Fragen stellt, wenn es Informationen zur Ergänzung oder Vervollständigung seiner inneren Vorstellungswelt (d. h. Denkmuster) benötigt. In der Kindheit ist keine Frage falsch oder sinnlos, jede folgt der natürlichen kindlichen Neugier und schließt sich nahtlos an vorangegangene Fragen an. Werden wichtige Fragen nicht beantwortet, etwa weil die Bezugsperson die Antwort nicht weiß oder sich durch ein bestimmtes Thema verunsichert fühlt, kann die Neugier des Kindes abnehmen. Das hat zur Folge, daß den Denkmustern oder Schemata des Kindes wichtige Informationen fehlen. Diese Informationslücken können verschiedene Bereiche betreffen, beispielsweise die äußere Realität, bestimmte Personen, Emotionen usw.

Die gleichen Faktoren, die kindliche Neugier abschwächen und zu unvollständigen Denkmustern führen, können auch beim Selbstmanagement von Erwachsenen eine Rolle spielen und den Erwerb vollständiger und realitätsnaher Denkmuster beeinträchtigen. Die Mehrzahl der Mitarbeiter in Organisationen erwartet beispielsweise, daß Fragenstellen ein selbstverständliches Mittel der Kommunikation und Informationsgewinnung ist und daß ihre Fragen an Kollegen oder Vorgesetzte befriedigend beantwortet werden. Geschieht dies nicht, so entstehen Schwierigkeiten in der Kommunikation. Es folgen Beeinträchtigungen bei allen Grundvorgängen des Selbstmanagements, insbesondere aber beim Aneignungsvorgang.

Aneignung durch Intuition

Wie auch Neugier und bewußte Aufnahme neuer Informationen, spielt Intuition eine wichige Rolle beim Aneignungsvorgang (Volkamer et al., 1996). Sie hilft, das Bild, das wir uns aufgrund „harter" Daten oder Fakten machen, zu verfeinern und um bestimmte Details zu ergänzen. Die Vorstellung von uns selbst und unserer Organisation wird durch intuitive Muster vervollständigt. Diese intuitiven Muster bestimmen unsere Vorstellung von emotionalen Gegebenheiten, Beziehungsqualitäten, Kommunikationsstilen, unausgesprochenen Abhängigkeiten, „atmosphärischen" Bedingungen, ästhetischen Trends usw. Solche Faktoren sind als „weiche" Daten genauso wichtig wie alle anderen Informationen, die wir uns aneignen.

Viele Personen können sich in ihrer Umgebung dadurch zuverlässig bewegen, daß sie allein ihrer Intuition vertrauen und ihr folgen. In der Mehrzahl der Situationen wird Intuition aber nicht ausreichen, um den situativen Anforderungen zu genügen. Trotzdem spielt Intuition immer wieder eine nicht zu unterschätzende Rolle. Wir sollten uns also im klaren darüber sein, wie wichtig unsere Intuitionen für unser Denken sind und wie sie unser Denken beeinflussen. Wenn wir uns unserer intuitiven Denkmuster bewußt sind, können wir uns mit ihnen auseinandersetzen. Wenn wir ihren Wert erkennen, können wir sie zu handlungsleitenden Hinweisen machen. Auf diese Weise können sie eine wichtige Hilfestellung in unklaren oder unübersichtlichen Situationen sein.

Aneignung der Organisationskultur

In jeder Organisation herrscht ein eigener Umgangsstil bzw. eine eigene Kultur. Sie erleichtert die Identifizierung der Mitarbeiter mit der Organisation und fördert den Zusammenhalt zwischen ihnen. Die Abläufe in einer Organisation sind in erheblichem Maße von der bestehenden Organisationskultur abhängig (Schein, 1986; Scholl, 1995). Der Begriff „Kultur" bezieht sich normalerweise auf Gesellschaften oder gesellschaftliche Gruppen, er kann sich aber natürlich auch auf eine Organisation oder ein Unternehmen beziehen. Mit „Organisationskultur" oder „Unternehmenskultur" ist die Gesamtheit der Normen, Werte, Grundannahmen und Verhaltensregeln samt allen Auswirkungen gemeint, die in einer Organisation in Erscheinung treten (z. B. Aufbau der Hierarchie, Unternehmensziele, Führungs- oder Kommunikationsstile usw.). Die jeweilige Organisationskultur wirkt sich aufgrund ihrer zahlreichen Facetten auf viele Bereiche der Organisation aus. Diese Einflüsse können offensichtlich (z. B. erteilte Anordnung oder Ausstattung von Räumlichkeiten) oder schwieriger aufzuspüren sein, weil sie auf verdecktem Wege zum Ausdruck kommen (z. B. unausgesprochene Annahmen über die Ziele der Organisation).

Auch verborgene Eigenschaften einer Organisation sind Teil der Organisationskultur. So können beispielsweise folgende unausgesprochene Gegebenheiten eine wichtige Rolle in der Organisationskultur spielen:

- *ungeschriebene Gesetze* oder Regeln, die es zu befolgen gilt;

- *Vorgaben* bezüglich gerngesehener Verhaltensweisen oder Meinungen;

- *Annahmen* bezüglich Ziele und Vorgehensweisen der Organisation;

- *Gerüchte* über die Bestrebungen einzelner Mitarbeiter innerhalb der Organisation;

- *Geheimnisse* oder sogenanntes „Insiderwissen";

- *Mythen* aus der Vergangenheit der Organisation;

- *Tabus*, die unter keinen Umständen verletzt werden dürfen.

Diese verborgenen Merkmale der Organisationskultur können sich beispielsweise in Besprechungen, auf Fortbildungsveranstaltungen oder in Jahresberichten niederschlagen. Sie können ferner in zweideutigen Äußerungen, Gerüchten, Anspielungen, Witzen oder Bemerkungen deutlich werden. Manche Aspekte der Organisationskultur werden hingegen niemals geäußert.

Der Aneignungsvorgang ermöglicht es dem einzelnen, sich in der bestehenden Organisationskultur zu orientieren. Indem er sich die Chancen und Möglichkeiten, die sich in seiner Umgebung anbieten, klarmacht (d. h. aneignet) und nach sorgfältiger Überlegung handelt, nutzt er die Freiräume, innerhalb derer er sich weiterentwickeln und einen Beitrag zur Organisationskultur leisten kann. Im Zuge des Aneignungsvorgangs werden Aspekte, die sich als unwichtig herausstellen, vernachlässigt. Wichtige Informationen werden dagegen in bestehende Denkmuster integriert, so daß der einzelne seine Muster oder Schemata an neue Informationen anpaßt („Akkomodation').

Eine Organisationskultur kann man als weithin akzeptiertes Netz kollektiver Denkmuster auffassen, das von der Mehrheit der in einer Organisation tätigen Menschen übernommen wurde. Die Denkmuster können manche Annahmen und Regeln einschließen, während sie andere ausschließen. Diese Denkmuster wandeln sich jedoch im Lauf der Zeit. So wie sich die Einstellung der Individuen, die in einer Organisation mitarbeiten, modifizieren, verändert sich auch eine Organisationskultur. Um ein realistisches Bild der sich wandelnden Organisationskultur zu bekommen, müssen wir die Vielzahl der Veränderungsvorgänge, die sich in der Organisation abspielen, entmystifizieren. Erst dann können wir klar sehen, welche Auswirkungen die Organisationskultur auf formale und zwischenmenschliche Abläufe hat.

Für den Aneignungsvorgang des einzelnen ist es wichtig, die Organisationskultur zu entschlüsseln und zu verstehen. Nur so kann man die tückischen Seiten der Organisationskultur (Geheimnisse, Mythen, Tabus usw.) erkennen bzw. umgehen und sich eine Position in der Organisation erobern, ohne seine eigene Identität aufzugeben. Sonst besteht die Gefahr, daß man sich von ungeschriebenen Gesetzen abhängig macht.

Es ist kaum möglich, die bestehende Organisationskultur zu ignorieren. Wer dies tut, riskiert, den Kontakt zum aktuellen Geschehen zu verlieren und dadurch in Anpassungsschwierigkeiten zu geraten. Wer sich einen guten und vollständigen Überblick über die Organisationskultur verschaffen will, muß sich über seinen eigenen Standpunkt im klaren sein. So kann er die erforderliche Distanz zwischen der eigenen Einstellung und der Organisationskultur herstellen, um die eigenen Interessen, Fähigkeiten und Entwicklungsmöglichkeiten nicht mit Eigenschaften der Organisationskultur zu verwechseln.

Anzeichen der Beeinträchtigung

Woran kann man erkennen, daß der Aneignungsprozeß nicht optimal abläuft? Anzeichen der Beeinträchtigung können verschiedene Formen annehmen. Die Anzeichen weisen fast immer darauf hin, daß Denkmuster nicht umfassend genug oder zu unflexibel sind. Das liegt häufig daran, daß Unwissenheit oder Angst den Aneignungsvorgang beeinträchtigen oder andere Verfälschungen des Aneignungsvorgangs auftreten.

Folgende Anzeichen oder „Symptome" weisen auf eine Beeinträchtigung des Aneignungsvorgangs hin (De Waele et al., 1993):

- *Es wird an irrelevanten Informationen und überholten Sichtweisen festgehalten.* Oft können Menschen überholte Informationen, die nicht mehr relevant sind, nicht aufgeben, da sie nach wie vor emotional an ihnen hängen. Das hat zur Folge, daß sie an irrelevanten Informationen und überholten Sichtweisen festhalten. Wenn jemand seinen Aneignungsvorgang durch Reste alter emotionaler Bindungen überfrachtet und nicht in der Lage ist, diese Reste aus dem Weg zu räumen, kann er auch nicht die Neugier und Offenheit entwickeln, die er braucht, um neue Informationen und Sichtweisen anzunehmen.

- *Neue Informationen werden entweder nicht wahrgenommen oder geleugnet.* Neue Informationen können alte Denkmuster bereichern, relativieren oder auf andere Weise verändern. Wenn aber jemand neue Informationen überhaupt nicht wahrnimmt oder diese nicht wahrhaben will, kann er diese Informationen nicht in seine Denkmuster integrieren. Die Weigerung, neue Informationen anzunehmen, führt zu hoffnungslos veralteten Denkmustern. So bleibt seine Perspektive eingeschränkt. Solche Denkmuster verzerren und begrenzen eine realistische Wahrnehmung des Betriebs. Sie können höchstens dann eine Zeitlang nützlich sein, wenn sich jemand vor komplizierten Sachverhalten verschließt oder er sich in einem Arbeitsumfeld bewegt, in dem es wenig Austausch gibt. Wenn derjenige aber mit der Notwendigkeit konfrontiert wird, seine Denkmuster zu erweitern, beispielsweise wenn unerwartete Probleme auftreten, dann droht die Gefahr, daß er gravierende Fehler macht, für die schließlich er oder andere geradestehen müssen. So eine Person kann aber auch auf andere Art und Weise seine Mitarbeiter, Vorgesetzten oder Untergebenen negativ beeinflussen; beharrt er nämlich auf seinen alten Denkmustern, wird er auch andere Menschen von der Richtigkeit seiner Sichtweise überzeugen wollen und wird möglicherweise den Versuch unternehmen, andere dahingehend zu beeinflussen, daß sie seine starren Denkmuster übernehmen.

- *Es besteht eine ständige Überforderung bzw. Überlastung des Aneignungsvorgangs, so daß dieser nicht ungehindert ablaufen kann.* Bei diesem Anzeichen der Beeinträchtigung werden stets mehr Informationen aufgenommen und berücksichtigt, als erforderlich wäre. Auf diese Weise ist der Aneignungsvorgang überlastet und kann nicht mehr ohne Schwierigkeiten ablaufen. In diesem Fall werden die anderen Grundvorgänge (Beziehung, Planung, Entscheidung, Handlung) vernachlässigt oder ebenfalls mit nutzloser Information („Datenmüll") überlastet. Der Lernvorgang der betreffenden Person droht ins Stocken zu geraten, da es nicht nur schwerfällt, überflüssige Information zu vernachlässigen, sondern durch die Verarbeitung nutzloser Information auch Zeit verlorengeht. Solche Überlastung kann höchstens dann von Vorteil sein, wenn sich derjenige über seine eigenen Ziele im unklaren ist. Dann liefert der Informationsüberfluß vielleicht auch etwas, auf das er hinarbeiten könnte. Doch auch dann kann der Informationsüberfluß schnell kontraproduktiv werden, es sei denn, der Betreffende kann den Überfluß eindämmen.

- *Wichtige Informationen werden gezielt und systematisch ausgeblendet („Skotomisierung").* In diesem Fall ist der Betreffende sehr selektiv, was die Aufnahme neuer Informationen anbelangt. Seine Denkmuster fallen entsprechend einfach aus. Meistens ist der Betreffende sich überhaupt nicht bewußt, daß er seine Denkmuster auf diese Weise einschränkt. Es gibt verschiedene Gründe für eine derartige Begrenzung der Informationsaufnahme:

- die Aufrechterhaltung des Selbstbilds angesichts einer Bedrohung oder einer sonstigen Verunsicherung;

- die fälschliche Überzeugung, das Selbstwertgefühl unter allen Umständen bewahren zu müssen;

- die Vermeidung jeglicher zwischenmenschlicher Auseinandersetzung oder emotionaler Belastung, wie etwa Streit;

- die Weigerung, eigene Grenzen anzuerkennen, bzw. die Leugnung der Notwendigkeit, Neues lernen zu müssen;

- der Wunsch, sich stets aller Dinge sicher zu sein und Unsicherheiten um jeden Preis zu vermeiden.

Jemand, der die Organisation, in der er arbeitet, beispielsweise nur unter dem Aspekt des Einkommens betrachtet, muß eine eingeschränkte Sicht dieser Organisation entwickeln. Er nimmt dann nur einen Aspekt der Organisation wahr und blendet andere Aspekte völlig aus. Derjenige wird laufend Informationen sammeln, die seine Sichtweise stützen, und solche ausblenden, die seine Sichtweise relativieren und damit stören könnten. Das liegt daran, daß es anstrengend und unbequem ist, bisherige Denkmuster zu verändern. Die einge-engte Sichtweise ist jedoch auf lange Sicht ungeeignet, formale Abläufe, das soziale Gefüge oder die Unternehmenskultur als ganze wahrzunehmen.

Ähnlich kann es einer Führungskraft ergehen, die gelernt hat, sich in hohem Maße auf Anordnungen und Regeln zu verlassen. Eine solche Person ist dar-auf ausgerichtet, andere Menschen nach ihrer Regeltreue zu beurteilen und auf diese Weise zwischen „guten" und „schlechten" Mitarbeitern zu unterschei-den. Diese Unterscheidungsmöglichkeit bzw. dieses Denkmuster erleichtert ihr zunächst die Beurteilung von Personen und Situationen. Dabei gehen aber die „Zwischentöne" verloren, so daß die Führungskraft in einem „Schwarzweiß-denken" verharrt. So erhält sie ein sehr undifferenziertes Bild von den Perso-nen und Abläufen in ihrem Umfeld, was auf die Dauer zu Unzufriedenheit führen kann, wenn die Führungskraft mit der Zeit merkt, daß ihr Bild von der Organisation nicht ganz der Realität entspricht.

Eine Person, die beispielsweise so sehr mit dem Vertrieb bestimmter Produkte beschäftigt ist, daß sie andere Interessen oder Lebensinhalte vernachlässigt, richtet ihre Denkmuster nur nach solchen Schemata aus, die für ihre Vertriebs-tätigkeit nützlich sind. Diese Person stößt bald an ihre Grenzen, nämlich dann, wenn sie versucht, Denkmuster von einem Bereich (z. B. Vertrieb von Pro-dukten) auf einen anderen Bereich (z. B. zwischenmenschliche Kommu-nikation) zu übertragen. Wenn die Grenzen der eigenen Denkmuster nicht erkannt werden, droht eine Beeinträchtigung des Aneignungsvorgangs. Die Fehlwahrnehmung von Gegebenheiten im eigenen Umfeld ist wahrscheinlich.

Die systematische Ausblendung bestimmter Informationen stellt eine perma-nente Gefahr für Mitarbeiter in Organisationen dar. Häufig wird die Beibehal-tung starrer Denkmuster mit der Wahrung eigener Interessen verwechselt. Tatsächlich kann man eigene Interessen jedoch besser wahren, indem man sich mit dem eigenen „blinden Fleck" auseinandersetzt und sich klarmacht, wo dieser liegt. Diese Erkenntnis kann ein wichtiger Schritt in Richtung weiterer Lernvorgänge und entsprechender Verhaltensmodifikation sein.

- *Es besteht die Unfähigkeit, zwischen wichtigen und unwichtigen Informationen zu unterscheiden.* Dieses Anzeichen der Beeinträchtigung des Aneignungsvor-gangs weist darauf hin, daß der einzelne die Realität möglicherweise nicht ausreichend überprüft und Informationen aus „zweiter Hand" akzeptiert, ohne sie an der Realität zu messen. Die betreffende Person kennt entweder den Wert der Realitätsprüfung nicht oder hat nie gelernt, neue Informatio-nen einer Realitätsprüfung zu unterziehen.

- *Das Umfeld wird vor lauter Beschäftigung mit Details nicht mehr als Ganzes gesehen, so daß die Denkmuster unvollständig sind.* Der Aneignungsvorgang kann auch dadurch beeinträchtigt werden, daß man das Umfeld, in dem man sich bewegt, nicht mehr als Ganzes sieht und sich nur noch mit Details beschäftigt. Unter solchen Umständen entstehen keine vollständigen Denkmuster. Der einzelne geht dann ganz in der Unternehmenskultur auf und verliert sich in der Vielzahl der Abläufe, die sich abspielen. Aufgrund des hohen sozialen Anpassungsdrucks bildet sich derjenige keine eigene Meinung aus und richtet sich bloß nach den Trends und Modeströmungen, die bestimmte Leitfiguren in der Organisation vorgeben. Er verwechselt die Unternehmenskultur mit seinen eigenen Werten und Zielen und übernimmt sie kritiklos, ohne nach dem Nutzen zu fragen.

Auf zwischenmenschlicher Ebene kann derjenige sich so stark mit den persönlichen Eigenschaften anderer Personen beschäftigen, daß er seine eigenen Eigenschaften vernachlässigt und beginnt, andere Personen auf „platte" Art nachzuahmen. Dabei durchschaut er nicht die Denkmuster, die bei anderen Menschen zu deren charakteristischen Verhaltensweisen führen. Indem er die Denkmuster anderer Menschen verzerrt wahrnimmt oder ignoriert, wird auch sein Verhalten unangemessen. Solche Verhaltensweisen treten leider häufig auf, wenn jemand besonders ehrgeizig ist. Die Beeinträchtigung des Aneignungsvorgangs verhindert in einem solchen Fall, daß derjenige neue Informationen einer Realitätsprüfung unterzieht, eigene Lernschritte unternimmt, die neuen Informationen in seine Denkmuster integriert und auf diese Weise seine Denk- und Handlungsschemata vervollständigt.

Beeinträchtigungen durch Inkongruenz

Unbefriedigendes Selbstmanagement, insbesondere mißlungene Aneignung, kann dazu führen, daß unsere subjektiven Sichtweisen und Wünsche nicht mit der objektiven Realität übereinstimmen. Wenn innere Werte und Ziele mit den äußeren Gegebenheiten nicht harmonieren, entsteht eine Differenz oder Spannung zwischen innen und außen, die zu Fehlanpassung und Verfälschung unserer Erlebnis- und Reaktionsweisen führen kann. So kommen problematische Erlebnis- oder Verhaltensmuster zustande, die sich negativ auf uns selbst und unsere Interaktion mit anderen auswirken.

In einer solchen Situation sind wir innerlich unausgewogen. Es bestehen widersprüchliche und unvereinbare Tendenzen: Auf der einen Seite existiert das, was wir als Realität von außen erleben und erfahren, auf der anderen Seite haben wir unser Selbstkonzept, d. h. unsere innere Realität. Diese Diskrepanz, Erfahrung einerseits und Selbstkonzept andererseits, nennt man „Inkongruenz" (Rogers, 1987). Inkongruenz kann den Aneignungsvorgang erheblich beeinträchtigen, da Inkongruenz zu Frustration, Unzufriedenheit, fehlender

Effektivität und Demotivation führt (Zeier, 1992; Finke, 1994). Aber auch Emotionen können diesen Prozeß beeinflussen. Dies trifft insbesondere dann zu, wenn Emotionen die Bewußtwerdung bestimmter Zusammenhänge beeinträchtigen und so komplexe Lernprozesse verhindern. Es gibt in diesem Zusammenhang zwei wichtige Störfaktoren: Unwissenheit und Angst. Beide wollen wir im Folgenden näher betrachten.

Beeinträchtigung durch Unwissenheit

Unwissenheit kann eine Ursache für die Beeinträchtigung des Aneignungsvorgangs sein, da sie den einzelnen daran hindert, bestehende Zusammenhänge zu sehen und daraus erforderliche Schlüsse zu ziehen. Wenn jemand über sich und seine Umgebung schlecht informiert ist, sind seine Vorstellungen und Denkmuster konturlos und starr. Jemand mit undifferenzierten Denkmustern oder einfachen Schemata kann nur schlecht neue Informationen integrieren. Er kann wenig mit den Informationen anfangen und faßt sie als wertlos auf, da er sie nicht mit etwas in Verbindung bringen kann, was ihm bekannt ist und etwas bedeutet.

Jemand, der schlecht informiert ist, kann auch leichter manipuliert werden als jemand, der auf dem laufenden ist. Er verliert schnell den Überblick und gerät auf diese Weise leicht in problematische Situationen. Je schlechter jemand über bestimmte Gegebenheiten oder Abläufe Bescheid weiß, desto eher wird er auf alte und bekannte Denkmuster zurückgreifen und entsprechende Strategien des Problemlösens entwickeln. Wer sich aber auf alte Denkmuster und Bewältigungsmechanismen verläßt, wird komplexe Situationen verkennen und inadäquates Verhalten an den Tag legen (Dörner, 1995).

Unwissenheit führt zur Entstehung von Unsicherheit, indem sie die Informationsaufnahme bereits auf niedriger Ebene lähmt und so den gesamten Aneignungsvorgang zu recht frühem Zeitpunkt stört. Der Aneignungsvorgang kann sich nur dann entwickeln und differenzieren, wenn neue Information auf bestehende Denkmuster oder Schemata der betreffenden Person trifft. Im Extremfall fehlen die entsprechenden Anknüpfungspunkte, so daß die Person keine neuen Informationen nutzen kann und in starren Denkmustern verharrt. Dann ist Dazulernen kaum möglich.

Beeinträchtigung durch Angst

Angst ist eine *natürliche* menschliche Reaktion, die normalerweise dann auftritt, wenn der einzelne mit neuen oder unerwarteten Situationen konfrontiert wird, für die er keine Lösungskonzepte hat. Angst kann insbesondere dann aus

Unwissenheit entstehen, wenn neue Situationen oder Anforderungen aufgrund der Unwissenheit unüberwindbar erscheinen oder nicht zu bewältigen sind. Je besser der Aneignungsvorgang in der Vergangenheit funktioniert hat, d. h. je mehr Informationen sich der einzelne angeeignet hat, desto weniger wird er dazu neigen, auf neue Situationen mit Angst zu reagieren. Wenn der Aneignungsvorgang hingegen nicht gut funktioniert hat, wird sich der Betreffende wenig Information angeeignet haben. Als Folge wird er in neuen Situationen oder angesichts neuer Anforderungen eher mit Unsicherheit und Angst reagieren.

Es gibt einen engen Zusammenhang zwischen Angst und den fünf Grundvorgängen (Beziehung, Aneignung, Planung, Entscheidung, Handlung). Je zahlreicher die stabilen und tragfähigen Beziehungen sind, die jemand aufgebaut hat, desto weniger wird er auf neue Informationen mit Unsicherheit und Angst reagieren. Wenn derjenige aber nur wenige tragfähige Beziehungspersonen hat oder auf diese Bezugspersonen kein hinreichender Verlaß ist, so ist derjenige anfälliger für das Gefühl der Unsicherheit und Angst.

Angst kann die Informationsaufnahmekapazität und Anpassungsfähigkeit des einzelnen überstrapazieren. Neue Informationen können in einer Situation der Angst nicht nach ihrer Relevanz überprüft werden, so daß die Reichweite von Entscheidungen und Handlungsweisen nicht gesehen wird. Alte Denkmodelle werden auf die neue Situation übertragen. So führt Angst zur unwillkürlichen Anwendung alter und überholter Problemlösestrategien, die für die gegebene Situation völlig unangemessen und wenig produktiv sein können.

Ähnliches gilt auch für den Handlungsprozeß: Je mehr jemand aus den Konsequenzen seiner Handlungsweisen gelernt hat und das Gelernte in seine Persönlichkeit integriert, desto weniger wird er geneigt sein, in neuartigen Situationen mit Angst zu reagieren, auch wenn diese Situationen ihm neue und bisher wenig erprobte Handlungsweisen abverlangen. Je seltener sich aber jemand konkretes Handeln zutraut und ausprobiert, desto seltener wird er Gelegenheit haben, aus Fehlern zu lernen, und desto leichter wird er durch neuartige Anforderungen zu verunsichern sein.

Angst kann aber auch als *erlernte* menschliche Reaktion eine Rolle spielen, insbesondere wenn Menschen im Laufe ihres Lebens häufig kritisiert oder zurückgewiesen worden sind (Bowlby, 1984; Spangler u. Zimmermann, 1995). Diese Menschen sind in ihrem Selbstwert verunsichert und neigen ganz besonders zu ängstlichen Reaktionen. Je häufiger jemand enttäuscht wurde, desto seltener wird er in der Lage sein, seinen Standpunkt zu verdeutlichen und zu vertreten. Er wird seltener seine Denkmuster und Vorstellungen in der Praxis überprüfen und neue Informationen nicht mit notwendiger Weitsicht und erforderlichem Realismus aufnehmen, so daß seine Aneignung von Informationen nicht problemlos und glatt verlaufen wird.

Das niedrige Selbstbewußtsein führt dazu, daß der Betreffende kompensatorisch seine persönliche Selbstbestimmungsmöglichkeit und Ausdrucksfähigkeit wiedererlangen will. Um dieses Ziel zu erreichen, wird sein Aneignungsprozeß möglicherweise dahingehend verzerrt ablaufen, daß alle neuen Informationen unter dem Gesichtspunkt der Selbstwertstabilisierung gesehen werden, auch wenn beispielsweise Äußerungen anderer Menschen nicht so gemeint sind. Er wird neue Informationen als Bestätigung seiner Person und seiner Ansichten auffassen und sich auf eine Art und Weise einbringen, die andere Menschen (z. B. Kollegen oder Vorgesetzte) für wenig angemessen halten.

Eine andere Möglichkeit der Selbstwertstabilisierung ist darauf ausgerichtet, ständig Bestätigung für das negative Selbstbild zu suchen. Diese Möglichkeit bietet zwar keine unmittelbare Besserung des Selbstwerts, kann aber dem einzelnen dadurch eine gewisse Selbstbestätigung bieten, daß er in seiner Sichtweise bestätigt wird – auch wenn diese negativ ist. So bezieht er neue Informationen auf sich, statt sie in einen realistischen Kontext einzuordnen, beispielsweise wenn es darum geht, die Gefühlslage einer anderen Person wahrzunehmen oder eine Situation einzuschätzen, an der er nicht unmittelbar beteiligt ist.

Verzerrung des Aneignungsvorgangs

Der Aneignungsvorgang kann dadurch verfälscht werden, daß neue Informationen systematisch in die eine oder andere Richtung interpretiert werden und so eine tendenziöse – also unausgewogene und verzerrte – Sichtweise zustande kommt. Eine derartig verfälschte Perspektive hat auch für den Handlungsvorgang Konsequenzen. Verzerrte Sichtweisen und Denkmuster können den einzelnen dazu verleiten, sich in seinen Handlungen zu stark einzuschränken oder zurückzuhalten oder aber zum falschen Zeitpunkt und auf unangemessene Weise zu handeln. Darüber hinaus kann sich der Betreffende verschätzen, indem er ein neues, aber unangemessenes Denkmuster auf die Organisation, in der er arbeitet, unkritisch anwendet. Ein Fehler kann ihm auch dadurch unterlaufen, daß er seinem Drang nach Entscheidungs- und Handlungsfreiheit „blauäugig" nachgibt, ohne die Realitäten und Grenzen innerhalb der Organisation ausreichend zu berücksichtigen.

Ist es dem einzelnen durch ständige Zurückweisung und Ablehnung unmöglich, seine Denkmuster zu überprüfen, können widersprüchliche Situationen oder „Zwickmühlen" entstehen (Bateson et al., 1969). Wenn der Betreffende kritiklos neue Informationen in seine Denkmuster einbezieht und alte Schemata entsprechend modifiziert, kommt er möglicherweise zu Fehleinschätzungen des Realitätsbezugs und der Anwendungsmöglichkeiten der neuen Denkmuster. Wenn er aber neue Informationen ablehnt und seine alten Denkmuster beibehält, verzichtet er auf wichtige Lernprozesse. So greift er auf alte Verhaltensmuster zurück, die in einer gegebenen Situation möglicherweise völlig unangebracht sind. Dadurch bringt er sich selbst und die Menschen um ihn herum in eine ausweglose Lage.

Aneignung und Projektion

Projektion ist ein meist unbewußt ablaufender psychischer Mechanismus, der zur Aufrechterhaltung des psychischen Gleichgewichts beiträgt. Projektion ist eine Form der Abwehr (APA, 1996), die es dem einzelnen erlaubt, unangenehme Aspekte der Realität (z. B. Konflikte) aus seinem Bewußtsein fernzuhalten. Auch positive Eigenschaften können projiziert und auf diese Weise abgewehrt, also aus dem Bewußtsein verbannt werden. Die Grenzen zwischen normaler und übertriebener Abwehr sind fließend.

Projektionen können, wie jede andere Form der Abwehr auch, zu einem Realitätsverlust führen. Es entsteht eine Kluft zwischen tatsächlichen Gegebenheiten und der individuellen Wahrnehmung der Realität. Wird der Abwehrmechanismus der Projektion nicht erkannt, kann er den Aneignungsprozeß stören oder stark verzerren, ohne daß dieser Vorgang dem Betreffenden bewußt ist. So führt Projektion zur Verzerrung der Wahrnehmung, die dann unsere Schemata negativ beeinflußt und ihre Anpassung an die jeweiligen Gegebenheiten beeinträchtigt.

Die Auseinandersetzung mit Projektionsmechanismen birgt die Chance für eine größere Annäherung an die Realität, insbesondere wenn es gelingt, Projektionen zu reflektieren und relativieren. Projektionen können dadurch aufgelöst werden, daß man sich mit den Emotionen auseinandersetzt, die Ausgangspunkt für die Projektion sind (z. B. Angst, Neid, Geltungsstreben). Auf diese Weise kann man aus seinen Projektionen lernen.

Welche Rolle spielt Projektion beim Aneignungsprozeß? Können Projektionsmechanismen die Aneignung einer möglichst umfassenden Sicht von sich selbst, anderen und der eigenen Organisation beeinträchtigen? Dies kann der Fall sein, und daher wollen wir Projektion als normalen psychischen Mechanismus, der unser Denken und Fühlen mehr oder weniger kontinuierlich begleitet, im Folgenden näher betrachten.

Projektion als alltäglicher Vorgang

Projektion beeinflußt den Informationsfluß zwischen einer Person und seiner Umgebung maßgeblich. Das geschieht, indem die Person ihre eigenen Eigenschaften, Einstellungen, Wünsche, Gefühle oder Verhaltensweisen anderen Menschen zuschreibt. Häufig fallen uns unsere eigenen Eigenschaften bei anderen auf: Wir sehen andere Menschen als idealistisch, vielseitig interessiert, fähig im Umgang mit Geld usw. an, ohne daß wir uns genau dieser Eigenschaften bei uns selbst bewußt sind. Oder wir finden andere Menschen phantasielos, unehrlich, aufdringlich usw., ohne zu realisieren, daß auch wir diese Eigenschaften haben.

Projektion läuft in der Regel unbewußt ab. Oft projizieren wir Eigenschaften auf andere, die wir bei uns selbst als wenig erstrebenswert oder sogar als unerwünscht erleben. So nehmen wir Personen, Gruppen, Gegenstände oder Ereignisse, je nach Projektion, entweder als sehr erstrebenswert wahr oder lehnen sie strikt ab. Damit können unsere Projektionen entweder Ausgangspunkt großer Faszination oder Quelle der Irritation sein.

Beispielsweise kann jemand der Ansicht sein, daß sein Vorgesetzter ein zu hohes Gehalt bezieht. Doch möglicherweise übersieht er dabei eine Reihe von Faktoren (z. B. die Größe der Verantwortung oder die Arbeitslast). Beim Zustandekommen dieser Ansicht spielen wahrscheinlich Gründe eine Rolle, die in der Person des Mitarbeiters selbst liegen (z. B. Neid oder Unzufriedenheit mit dem eigenen Gehalt). Auf diese Weise verhindert die Projektion eigener Wünsche (z. B. nach mehr Geld) oder Gefühle (z. B. Neid) auf andere das Zustandekommen einer vollständigen und realitätsnahen Sichtweise äußerer Gegebenheiten.

Projektion ist eine Erklärung für das Zustandekommen scheinbar rationaler Erklärungsmuster. Irrationale Erklärungen sind weiter verbreitet, als man zunächst annehmen könnte. Grundsätzlich sind zwei sich widersprechende Hypothesen zur Erklärung eines bisher unbekannten Ereignisses von den jeweiligen Befürwortern gleichermaßen logisch begründbar (Kant, 1781). Daher hat es keinen logischen Grund, warum jemand die eine *oder* die andere Hypothese zur Erklärung des Ereignisses unterstützt. Vielmehr liegt der Grund einer solchen Entscheidung im Irrationalen begründet.

Projektion ist für den Aneignungsvorgang deshalb so wichtig, weil durch Projektion der Blick auf die *tatsächlichen* Eigenschaften des Gegenübers getrübt ist: Der Betreffende nimmt nur noch einen Teilaspekt des Gegenübers wahr und sieht ihn nicht mehr in der Vielfalt seiner Eigenschaften. Der Betreffende verliert den Blick für das Gesamtbild und sieht nur noch Ausschnitte der Realität. Mit dieser Einschränkung der Wahrnehmung kann ein gewisser Realitätsverlust eintreten.

Es gibt einige Beispiele für Projektionen und die Art und Weise, wie Projektionen unsere Sicht der Realität verzerren und damit unseren Aneignungsvorgang beeinträchtigen:

- bewundert jemand eine andere Person und hält diese auf einem Gebiet für besonders kompetent, wird er diese Person auch auf solchen Gebieten für kompetent halten, auf denen er *selbst* gerne kompetent wäre;

- jemand, der einen Vorgesetzten bewundert, wird die Gründe für dessen plötzliches Versagen besonders wohlwollend interpretieren, wenn er diese Eigenschaften *selbst* hat;

- geben Mitarbeiter einer Firma Prognosen über den wirtschaftlichen Erfolg der Firma ab, so richten sie sich in ihrem Urteil häufig nach ihren *eigenen* Wünschen.

Menschen können ihre Eigenschaften auch auf bestimmte Situationen projizieren. Das bedeutet, daß sie eine Gegebenheit oder Situation im Licht ihrer persönlichen Eigenschaften betrachten. Dabei werden eigene Überzeugungen, Wünsche, Interessen oder auch Ängste auf äußere Situationen projiziert. Diese Eigenschaften werden als der jeweiligen Situation zugehörig erlebt. So wird häufig die volle Komplexität einer Situation übersehen. Damit wird ein vereinfachtes Bild der Realität wahrgenommen, und der Aneignungsprozeß – als Vorgang der Informationssammlung – ist beeinträchtigt.

Zu den Aspekten des Arbeitslebens, die häufig im Licht von Projektionen mißverstanden werden, gehören Berufswahl, die Erbringung von Arbeitsleistung, Kooperation und Konflikte. Durch Projektionsmechanismen können in Organisationen Konflikte zwischen Menschen zustande kommen, insbesondere dann, wenn die projizierten Eigenschaften besonders wünschenswert *oder* besonders vermeidenswert sind. Je stärker die projizierten Inhalte emotionsgeladen sind, desto größer ist der Realitätsverlust, der durch die Projektion entsteht.

Es gibt drei charakteristische Eigenschaften der Projektion:

- sie läuft in der Regel *unbewußt* ab;

- sie *beeinflußt* unsere Aufmerksamkeit;

- sie hat eine *emotionale* Bedeutung.

In der Regel fassen wir Vorgänge, die sich um uns herum abspielen, nicht als Teil von uns selbst auf. Wir sind gewohnt, klar zwischen innen und außen zu unterscheiden. So fällt es uns schwer, einzusehen, wie unsere Sicht äußerer Gegebenheiten von unserer Befindlichkeit gefärbt ist bzw. unseren inneren Zustand widerspiegelt. Wenn beispielsweise jemand schlechte Laune hat und mit einem entsprechenden Gesichtsausdruck umherläuft, werden andere nicht gerade mit einem Lächeln reagieren. Er wundert sich vielleicht, warum die anderen ihn so grimmig ansehen. Dabei entgeht ihm, daß er diese Situation durch seinen eigenen Gesichtsausdruck herbeigeführt hat. Seine schlechte Laune schreibt er aber den anderen zu und findet so eine Erklärung für das fehlende Lächeln bei den anderen („die sind ja heute schlecht gelaunt").

Projektionen beeinflussen auch unsere Aufmerksamkeit, d. h. auf *wen* oder *was* wir unser Interesse richten. Immer wenn wir uns für etwas besonders interessieren, kann Projektion eine Rolle spielen. Wenn wir einen Vorgesetzten als Autorität achten und ihm Respekt entgegenbringen, kann es sein, daß wir unsere Vorstellung davon, wie wir als Respektsperson gerne behandelt werden würden, auf den Vorgesetzten projizieren. So bestehen Projektionen im wesentlichen aus der Vorstellung, die wir von uns selbst und anderen Personen haben.

Projektionen betreffen uns meist auf emotionaler Ebene und lassen uns daher nicht unbeteiligt. Da Projektionen bei der Informationsaufnahme eine wichtige Rolle spielen, wirken sie sich auf den Aneignungsvorgang insgesamt aus. Wenn uns unsere Projektionen über längere Zeit unzugänglich bleiben, können sie unsere Fähigkeit, die individuelle Realität wahrzunehmen, massiv beeinträchtigen. So bleibt uns der „ungeschminkte" Blick auf äußere und innere Gegebenheiten, Wertvorstellungen, Wünsche, Pläne und Ziele verwehrt. Wenn hingegen sich jemand mit seinen Projektionen (und anderen Abwehrmechanismen) auseinandersetzt, macht er sich mit Teilaspekten seiner selbst vertraut. Derjenige kann sein Selbstbild entsprechend korrigieren, er erhält eine vollständigere Vorstellung von sich selbst und nähert sich auf diese Weise der Realität an. Das Ergebnis ist ein erheblicher Realitätsgewinn.

Projektion als Form der Abwehr

In manchen Situationen ist Projektion ein Mechanismus, der reine Abwehrfunktion hat und unsere psychische Entwicklung hemmt (Freud, 1916). Es gibt verschiedene Gründe, warum jemand sich von bestimmten Facetten seiner Persönlichkeit (z. B. Einstellungen, Wünsche, Ziele, Gefühle, Verhaltensweisen) befreien will und diese Eigenschaften auf andere Menschen projiziert. Einige dieser Gründe mögen unbewußt sein und bleiben, andere können sicherlich dem Bewußtsein und damit der Reflexion zugänglich gemacht werden. In diesem Fall kann der Betreffende mehr Klarheit über seine Abwehrmechanismen gewinnen, d. h. er eignet sich die Mechanismen und damit seinen Formen der Abwehr durch Bewußtmachung an.

Es gibt eine Reihe von Gründen, warum manche persönliche Eigenschaften aus unserem Bewußtsein verdrängt werden und in den Tiefen des Unbewußten verschwinden. Die Gründe liegen mitunter in den Lernerfahrungen, die wir im Laufe unseres Lebens gemacht und die unsere Persönlichkeitsentwicklung geprägt haben (Spangler u. Zimmermann 1995). Wir haben gelernt, einige unserer eigenen Eigenschaften abzulehnen, da uns durch den Druck anderer vermittelt wurde, daß diese Eigenschaften unerwünscht sind. Indem wir uns von den Eigenschaften distanzieren, vermeiden wir die Irritation („kognitive Dissonanz"), die durch die Diskrepanz zwischen gewünschten Anforderungen und unseren tatsächlichen Eigenschaften entstehen. Solche kognitive Dissonanz (Festinger, 1957) erleben wir häufig als unangenehm, so daß wir dazu tendieren, sie entweder „aufzulösen" oder „abzuwehren".

Ein Beispiel soll den Mechanismus der Projektion als Abwehrmechanismus verdeutlichen: Jemand, der als Kind besonders ängstlich ist, muß sich wegen seiner Angst abfällige Bemerkungen anhören („große Jungen haben doch keine Angst"). Der Anspruch, keine Angst haben zu dürfen, geht in das Selbstschema des Kindes ein. Als Erwachsener erlebt er Gefühle der Unsicherheit oder Angst als sehr quälend, da diese Gefühle ihn in die Situation eines kleinen, ängstlichen Jungen zurückversetzen, der keine Angst haben darf. Angst gehört nicht zu seinem Selbstschema, so daß er dieses Gefühl als fremd und daher besonders unangenehm empfindet („Erwachsene haben erst recht keine Angst"). Es gilt, dieses Gefühl unter allen Umständen zu vermeiden. Wenn dennoch einmal das Gefühl der Angst auftritt, wird die Diskrepanz zwischen Selbstschema und Angst als bedrohliche Inkonsequenz erlebt, da die Emotion das eigene Selbstbild in Frage stellt. Der Betreffende entledigt sich der „unzulässigen" Angst, indem er sie auf jemand anderen projiziert, d. h. jemand anderem zuschreibt („in Wirklichkeit hat der andere Angst").

Projektionsmechanismen können verhindern, daß jemand mehr über sich selbst erfährt. Dann ist der Aneignungsprozeß als Vorgang der Informationsgewinnung beeinträchtigt. Wenn sich zu der Projektion weitere Abwehrformen gesellen, wie beispielsweise Rationalisierung, Verleugnung, Spaltung usw. (APA, 1996), ist der einzelne in seiner Fähigkeit, zu lernen und seine Schemata auszubauen, mehr oder weniger stark beeinträchtigt. Unter solchen Bedingungen kann auch der Aneignungsvorgang nicht optimal funktionieren.

Verschiedene Ziele der Projektion

Für den Aneignungsvorgang – und das Selbstmanagement überhaupt – sind Projektionen im zwischenmenschlichen Bereich von besonderer Bedeutung. Es gilt dabei, zwei Richtungen zu unterscheiden, in denen Projektionen ablaufen können:

- eine Person kann Eigenschaften auf jemand anderen projizieren; die Person ist damit *Ausgangspunkt* der Projektion;

- jemand anderes kann Eigenschaften auf diese Person projizieren; die Person ist damit *Ziel* der Projektion.

Projektion kann also in beide Richtungen erfolgen. Wenn wir uns mit diesem Mechanismus befassen, müssen wir uns klarmachen, welche Projektionen von uns ausgehen und welche Projektionen von anderen auf uns fallen. Je nach Richtung haben Projektionen nämlich unterschiedliche Auswirkungen auf den Selbstmanagementprozeß.

Ist jemand *Ausgangspunkt der Projektion* auf andere, sucht er in der Regel Fehler bei ihnen, um von eigenen Mängeln abzulenken. So kann er seine Aufmerksamkeit auf andere richten und muß sie nicht auf seine eigenen Unzulänglichkeiten richten. Er vermeidet dadurch, sich mit bestimmten Verhaltensweisen, Einstellungen, inneren Widersprüchen oder Gefühlen auseinanderzusetzen.

Ist jemand hingegen *Ziel positiver Projektion* durch andere, fühlt er sich häufig positiv angeregt. Das kann eine Hilfe bei der Erfüllung von Aufgaben oder Anforderungen sein. Früher oder später stellt sich allerdings die Frage, ob derjenige die Erwartungen, die mit der Projektion einhergehen, erfüllen kann oder nicht. Gerade wenn eine Projektion schmeichelhaft ist und der eigenen Person eine gewisse Wichtigkeit verleiht, kann es verführerisch sein, dem Erwartungsdruck, der mit der Projektion einhergeht, nachzugeben. Andererseits kann eine Projektion auch ein Gefühl der Unsicherheit und Angst mit sich bringen, etwa wegen damit verbundener Versagensangst oder der Sorge, andere zu enttäuschen.

Ist jemand aber *Ziel negativer Projektion*, fühlt sich derjenige möglicherweise kraftlos und abgespannt, da er die Last der negativen Eigenschaften, die auf ihn projiziert werden, aushalten muß. Dieses Gefühl der Kraftlosigkeit kann bis ins Depressive reichen. Das Phänomen des Sündenbocks ist Ausdruck solcher Projektionsmechanismen: Einer trägt die negativen Eigenschaften (z. B. „Schuld") aller. In einer Situation, in der man sich vorkommt wie ein Sündenbock, ist es wichtig zu überlegen, welche negativen Eigenschaften tatsächlich vorhanden sind und welche von anderen auf einen selbst projiziert werden.

Ob Projektionsmechanismen den Aneignungsvorgang verzerren bzw. behindern oder ob sie als Mittel zur Steuerung des Aneignungsvorgangs eingesetzt werden, liegt in der Hand des einzelnen. Das Erkennen von Projektion kann positiv umgesetzt werden, wenn es dem Betreffenden gelingt, die Projektionen zu erkennen, sich mit ihnen auseinanderzusetzen und sie zu integrieren. Erkennt jemand die Notwendigkeit, sich persönlich weiterzuentwickeln, wird er auch die Bereitschaft zeigen, sich mit seinen Projektionsmechanismen zu befassen. Projektionen betreffen den Kern des Aneignungsvorgangs, nämlich die vollständige Wahrnehmung und sorgfältige Bewertung aller Facetten der Realität.

Ob Projektion nun positive oder negative Inhalte umfaßt – es kostet immer Kraft, projizierte Eigenschaften von sich zu weisen. Wenn aber jemand seine Projektionen erkennt und sich mit ihnen auseinandersetzt (d. h. die Projektionen integriert), fühlt er sich emotional ausgeglichen und in größerer Übereinstimmung mit sich selbst. Dadurch gewinnt er an Realitätsbezug. Zur Förderung erfolgreichen Selbstmanagements ist es daher ratsam, weniger Kraft darauf zu verwenden, eigene Eigenschaften anderen zuzuschreiben und statt dessen mehr Kraft in die Auflösung eigener Projektionen zu investieren. Der Aufwand, der bisher zur Aufrechterhaltung der Projektion erforderlich war, kann nun in die Entwicklung realistischer Denkschemata investiert und in Handlungen umgesetzt werden.

Aneignung und Zweideutigkeit

Information muß stets in einem Zusammenhang, d. h. Kontext, betrachtet werden. Sonst können Zweideutigkeiten den Aneignungsprozeß schwer beeinträchtigen. Für denjenigen, der neu in einer Organisation ist, sind die Kommunikationsvorgänge häufig unklar. Aber auch für jemanden, der viele Jahre in der Organisation zugebracht hat, sind Mitteilungen häufig zweideutig. Die wahrgenommenen Zweideutigkeiten können z. B. die unterschiedlichen Standpunkte verschiedener Abteilungen innerhalb der Organisation widerspiegeln. Sie können aber auch Hinweis auf innere Widersprüche einer Führungskraft sein oder Anzeichen gezielter Beeinflussung der Sichtweise anderer Personen („Meinungsmache"). Besonders große Irritationen können zweideutige Mitteilungen bei den Personen verursachen, die sich über ihre eigenen Widersprüche nicht im klaren sind.

Zweideutigkeit ist ein Phänomen, das ständig und überall auftritt, nicht nur im Arbeitsumfeld. Es ist ein häufiger Bestandteil jeder zwischenmenschlichen Kommunikation (Watzlawick, 1969). Bestimmen jedoch Zweideutigkeiten den zwischenmenschlichen Informationsaustausch, so ist dies ein Hinweis auf gestörte Kommunikation (Bateson et al., 1969; Laing, 1971). Zweideutigkeiten werden meist unbeabsichtigt in Kommunikationsprozesse eingebracht. Dann sind sie häufig Hinweis auf innere Widersprüche von Personen oder Ungereimtheiten innerhalb der Organisation. Zweideutigkeiten können sogar gezielt eingesetzt werden, etwa zur Überzeugung anderer (z. B. in der Werbung) oder zur Ausübung von Macht (z. B. in der Politik). In jedem Fall ist die Entschlüsselung („Dekodierung") zweideutiger Mitteilungen eine wichtige Herausforderung für den einzelnen.

Wer diese Herausforderung annimmt, muß ein Reihe von Fragen beantworten können: Was sind die charakteristischen Eigenschaften zweideutiger Mitteilungen, und wie erkenne ich sie? Wozu dienen zweideutige Mitteilungen, und wie kann ich sie verstehen? Wie kann ich angesichts zweideutiger Mitteilungen Irritationen vermeiden und mir eine realistische Sichtweise aneignen? Im Folgenden wollen wir auf diese Fragen näher eingehen.

Zweideutigkeit erkennen

Die zahlreichen Botschaften, mit denen der einzelne in einer Organisation konfrontiert wird, haben verschiedene Aspekte: sie betreffen die Arbeit selbst, den Umgang der Mitarbeiter untereinander, die Bewertung der Arbeit durch andere, Qualitätsstandards usw. Eine für den einzelnen sehr wichtige Frage ist sicherlich, nach welchen Maßstäben die Qualität seiner Arbeit bewertet wird. Die Botschaften darüber können einerseits persönliche Interessen des Bewertenden widerspiegeln (z. B. „ich kann ihn nicht leiden, daher erfährt er Kritik"), während andere Rückmeldungen sich an allgemein anerkannten Wertmaßstäben orientieren (z. B. „er verhält sich problematisch, daher erfährt er Kritik").

Botschaften werden auf mehreren Ebenen vermittelt und können daher zweideutig sein. Weit verbreitet und häufig irritierend sind Botschaften, bei denen ein Widerspruch besteht zwischen dem, was auf *verbale* Weise gesagt wird (d. h. Worte), und dem, was auf *nonverbale* Weise mitgeteilt wird (d. h. Mimik oder Gestik). Eine Botschaft hat also eine verbale und eine nonverbale Seite. Die nonverbale Mitteilung ist in der Regel weniger eindeutig und steht häufig im Widerspruch zur verbalen Aussage. Wenn beispielsweise die Mitarbeiter eines Dienstleistungsunternehmens, etwa ein Krankenhaus, sich nur verbale Botschaften zu eigen machen würden, die der Verwaltungsdirektor von sich gibt, müßten sie davon ausgehen, daß allein die Patientenzufriedenheit der Maßstab für die Bewertung ihrer Arbeitsqualität ist. Bei hoher Patientenzufriedenheit würden sie entsprechende Anerkennung von der Direktion erwarten. Berücksichtigen die Mitarbeiter jedoch das, was tatsächlich durchgesetzt wird (z. B. Überlastung der Mitarbeiter, zu kurze Ruhezeiten, schlechte Entlohnung), wird ihnen schnell klar, daß nicht die Qualität der Dienstleistung (d. h. „Kundenzufriedenheit") im Vordergrund steht, sondern Kostenbewußtsein, und zwar ohne Rücksicht auf die physische und psychische Verfassung der Mitarbeiter. So kann es trotz hoher Patientenzufriedenheit Kritik an der Arbeitsqualität durch die Direktion geben. Um ein vollständiges und realitätsnahes Bild der Situation zu erhalten, müssen die Mitarbeiter also sowohl die verbalen Aussagen als auch die Handlungen berücksichtigen, da sonst ihre Information unvollständig ist und die daraus gezogenen Schlüsse falsch sind. Mitarbeiter, die sich nur auf verbal vermittelte Botschaften einstellen, können so recht schnell an „Burn-out" scheitern. Das ist die potentielle Folge eines beeinträchtigten Aneignungsvorgangs.

Manchmal ist der absichtliche Charakter zweideutiger Äußerungen offenkundig, etwa wenn Funktionäre einer politischen Partei Wahlversprechen machen, obwohl sie genau wissen, daß sie ihre Versprechen nicht erfüllen können. Zweideutigkeiten können auch in anderen Situationen wie z. B. Bewerbungsgesprächen vorkommen. Der Arbeitgeber ist an einem Kandidaten interessiert und betont dies gegenüber dem Kandidaten. Wird ihm aber ein weit unterdurchschnittliches Gehalt angeboten, widerspricht dies der zunächst vermittelten Botschaft. Also muß der Kandidat davon ausgehen, daß der Betrieb doch keinen großen Wert auf seine Mitarbeit legt.

Wie Zweideutigkeiten den Betroffenen irritieren und verunsichern, aber auch massiv beeinflussen können, sehen wir an einem klassischen Beispiel aus der Erziehung: Eltern vermitteln einem Kind verbal die Botschaft: „Du darfst machen, was du willst", machen aber gleichzeitig durch Tonfall und Mimik deutlich: „Wir bestrafen dich, wenn du dich anders verhältst, als wir es wollen." Auf einer Ebene wird vermittelt, daß es sich *so* verhalten soll, auf einer anderen Ebene, daß es sich *nicht so* verhalten soll. Das Kind befindet sich dann in einer unlösbaren Situation, die „Doppelbindung" (engl.: „double-bind") genannt wird (Bateson et al., 1969). Erwachsene können in einem Unternehmen in ganz ähnliche Situationen geraten.

Manche Zweideutigkeiten oder Doppelbindungen stellen lediglich harmlose Gedankenspiele oder Rätsel dar, die einem auf witzige Weise bestimmte Widersprüche des Lebens vor Augen führen. Andere Doppelbindungen beeinträchtigen den Aneignungsvorgang, indem sie verwirren und die Realität verschleiern, statt sie zu beleuchten. In diesem Fall sind Zweideutigkeiten schwerwiegende Irritationen, die den Selbstwert vermindern, Konflikte verursachen und emotionale Beeinträchtigungen nach sich ziehen. In manchen Fällen können sie sogar die persönliche Identität untergraben bzw. in Frage stellen (Laing, 1969; Laing, 1971). Dann wirken sich zweideutige Botschaften besonders negativ auf den Aneignungsvorgang aus.

In zweideutigen Situationen kommt es darauf an, nicht nur auf das zu achten, was gesagt wird, sondern auch auf den Hintergrund, vor dem sich das Geschehen abspielt. Wenn es eine Diskrepanz gibt zwischen dem, was gesagt wird, und der Weise, wie gehandelt wird, ist es wichtig, *beide* Botschaften zu entschlüsseln und zu verstehen (d. h. sich anzueignen). Auch wenn wir Zweideutigkeiten nicht immer zweifelsfrei erkennen, merken wir doch meist, daß etwas nicht stimmt, wenn wir mit widersprüchlichen Botschaften konfrontiert werden.

Zweideutigkeit verstehen

Wie entstehen zweideutige Botschaften? Wozu führen sie, und wie kann man sie verstehen? Es gibt in erster Linie zwei Situationen, aus denen zweideutige Botschaften hervorgehen:

- *erklärte* Ziele unterscheiden sich tiefgreifend von *tatsächlichen* Zielen oder sind sogar mit ihnen unvereinbar;

- es besteht ein erheblicher Unterschied zwischen dem, was als *erstrebenswert* vorgegeben wird, und dem, was in die Tat *umgesetzt* wird.

Eine zweideutige Botschaft ist also entweder das zufällige Ergebnis einer unklaren Situation oder der gezielte Versuch zu verschleiern, daß Idealvorstellungen nicht mit den tatsächlichen Gegebenheiten in Übereinstimmung zu bringen sind.

Stimmen die Idealvorstellungen einer Führungskraft nicht mit der Realität ihrer Handlungsweisen überein, kann sie der Versuchung erliegen, verbal auf die Wichtigkeit ihrer Ideale zu pochen, ohne in irgendeiner Weise auf die reale Situation zu reagieren. Beispielsweise kann sie einem neuen Mitarbeiter erklären, wie die Abläufe in dem Unternehmen aussehen, und dabei verschweigen, daß es schwerwiegende und bisher ungelöste Meinungsverschiedenheiten zwischen verschiedenen Abteilungen gibt. Die Führungskraft richtet damit ihre Handlungsweisen scheinbar stark an ihren Idealvorstellungen aus, verschanzt sich jedoch tatsächlich hinter ihren Idealen. Damit weigert sie sich, die gegebene Situation, also das Bestehen von Meinungsverschiedenheiten, anzuerkennen. So verlangen manche Führungskräfte „Leistung", „Qualität" oder „Effizienz", während sie sich regelmäßig über genau diese Ziele hinwegsetzen. Auf diese Weise treten Zweideutigkeiten an die Stelle gesunden Realitätsbewußtseins und führen zu einem trügerischen Gefühl der Sicherheit und Macht.

Zweideutige Botschaften bauen beim Absender Schuld- oder Schamgefühle ab, die aus der Diskrepanz zwischen Anspruch und Wirklichkeit entstehen. Solche Botschaften können beispielsweise dazu dienen, in peinlichen Situationen das Gesicht zu wahren. Häufig werden zweideutige Mitteilungen gemacht, wenn die wahre Botschaft unangenehm ist und von einer „akzeptablen" Aussage überlagert werden muß. Beispielsweise wird die Entlassung von Mitarbeitern häufig als „Verschlankung" des Unternehmens oder als „Steigerung der Wettbewerbsfähigkeit" umschrieben.

Gleichgültig, ob die zweideutige Botschaft gewollt oder ungewollt ist, verursacht sie Unklarheit. Der Empfänger reagiert daher in der Regel verunsichert, enttäuscht, erbost oder aber gleichgültig. Manchmal müssen Mitarbeiter auf unterster Ebene Dinge ausführen, die im Widerspruch zu erklärten Unternehmenszielen stehen. Das Ergebnis ist häufig die unzureichende Ausführung der Anweisungen. Ein Mitarbeiter kann Anweisungen nur dann gut ausführen, wenn er den Sinn seiner Tätigkeit unmittelbar einsieht und sich keine Gedanken über verborgene Ziele machen muß. Wenn jemand den Sinn seiner Tätigkeit nicht versteht („blinder Gehorsam"), ist die Wahrscheinlichkeit groß, daß er seine Aufgabe nicht optimal erfüllt. Folgt Kritik, so sieht derjenige natürlich nicht ein, warum er kritisiert wird. Innerer Rückzug bis hin zur Einnahme einer Verweigerungshaltung sind die Folge. Sagt ein Mitarbeiter, daß ihm seine Arbeit nichts mehr bedeutet, ist dies möglicherweise ein Hinweis darauf, daß ihm Ziele vorgegeben wurden, die zu einfach, zu schwer, zu einseitig oder in einer anderen Hinsicht unangemessen sind. Als Konsequenz hat er sich vielleicht in die „innere Kündigung" verabschiedet.

Zweideutigkeiten beeinträchtigen den Aneignungsvorgang sowohl des Absenders als auch des Empfängers: Der Absender merkt den Realitätsverlust nicht, d. h. diese Information geht ihm verloren, und der Empfänger ist im unklaren darüber, nach welcher Botschaft er sich richten soll: der offenen oder der verborgenen? Da Kommunikation nicht vom Beziehungsvorgang isoliert betrachtet werden kann, ist in diesem Fall auch der Beziehungsvorgang der Beteiligten betroffen. Zweideutigkeiten führen also zur Beeinträchtigung sowohl des Beziehungs- als auch des Aneignungsvorgangs. Unergiebige Machtkämpfe oder die Einnahme einer Verweigerungshaltung durch Mitarbeiter sind die Folge. Damit ist klar, daß Zweideutigkeiten oder Doppelbindungen keine effektive Kommunikationsstrategie darstellen. Vielmehr beeinträchtigen sie den Aneignungsvorgang erheblich.

Mit Zweideutigkeit umgehen

Wie kann man angesichts zweideutiger Botschaften Irritationen vermeiden und sich eine realistische Sichtweise aneignen? Zunächst muß man anerkennen, daß es zweideutige Botschaften gibt und daß sie den Aneignungsprozeß beeinträchtigen. Erst dann kann man beginnen, sich eine realitätsnahe Sichtweise anzueignen.

Werden Kinder zweideutigen Botschaften ausgesetzt, ist ihr Aneignungsvorgang verzerrt: ihr Vertrauen wird mißbraucht, indem ihnen widersprüchliche Aussagen vermittelt werden. Die dadurch hervorgerufene Verunsicherung der Gefühle führt zur Beeinträchtigung kindlicher Reaktionen auf äußere Anregung und damit zur Beeinträchtigung der Kommunikation und der Beziehung zu anderen Menschen (Bowlby, 1984; Spangler u. Zimmermann, 1995).

Aber nicht nur Kinder, sondern auch Erwachsene reagieren auf zweideutige Botschaften mit Unverständnis oder Verwirrung. Natürlich können Erwachsene besser mit Zweideutigkeiten umgehen als Kinder, aber die fortlaufende Dekodierung von Botschaften (d. h. die Aneignung von Information) bleibt eine ständige Herausforderung. Widersprüchliche Botschaften stellen den einzelnen vor besondere Anforderungen. Viele Menschen merken, daß etwas „nicht stimmt", wenn sie widersprüchlichen Anforderungen ausgesetzt werden. Doch häufig übersehen sie, aus *welchen* Motiven heraus die Anforderungen gestellt werden. Sie spüren zwar, daß sie sich auf eine bestimmte Weise verhalten sollen, ohne daß dies klar gesagt wird, sind aber gleichzeitig irritiert, weil sie raten müssen, welchen Anforderungen sie gerecht werden sollen bzw. nach welchen Maßgaben ihr Verhalten beurteilt wird.

Zweideutigkeiten wirken sich besonders negativ aus, wenn sie auf die eigenen inneren Widersprüche des Betroffenen oder seine Schuldgefühle treffen. In Situationen der Unklarheit und Verunsicherung ist der einzelne am ehesten manipulierbar. Daher sollte sich jeder, der Selbstmanagement betreibt, mit seinen inneren Widersprüchen auseinandersetzen. Dadurch verbessert er seine Fähigkeit, Zweideutigkeiten zu erkennen und zu „entschlüsseln". Wenn es ihm gelingt, seine Zweideutigkeit und Unentschlossenheit (Ambivalenz) realistisch einzuschätzen, wird er auch die Motive „entmystifizieren" (Laing, 1969), wegen der er sein Arbeitsumfeld negativ beeinflußt.

Zweideutige Kommunikation in Organisationen

Management des Aneignungsvorgangs dient der Entwicklung effektiver Denkmuster. Diese Muster (Schemata) müssen umfassend genug sein, um als Orientierungspunkte bei der Beziehungsgestaltung, Aneignung, Planung, Entscheidung und Handlung im Arbeitsumfeld erfolgreich zu dienen. Ein effektiver Aneignungsprozeß ist die Voraussetzung für einen konstruktiven Beitrag zum Arbeitsgeschehen.

Der Aneignungsvorgang kann durch Gründe, die beim einzelnen liegen, beeinträchtigt werden. Er kann aber auch durch Abläufe im Arbeitsumfeld gestört werden. Dabei spielen im wesentlichen drei Mechanismen eine Rolle. Sie beeinträchtigen den Aneignungsprozeß so, daß die Entwicklung effektiver Denkmuster und Strategien zur Problemlösung im Arbeitsumfeld gestört ist (De Waele et al., 1993):

- *Neugier und Engagement werden systematisch untergraben.* Häufig geben Vorgesetzte ihren Mitarbeitern einfach vor, was ihrer Meinung nach gedacht oder getan werden soll. Häufig treten Floskeln an die Stelle von Tatsachen, die der Mitarbeiter dann kritiklos übernehmen und sich zu eigen machen soll. Auseinandersetzungen oder sachliche Diskussionen werden nicht toleriert, geschweige denn gefördert. Diese Art der Bevormundung verhindert jegliche Eigeninitiative.

- *Information wird nicht rechtzeitig und vollständig vermittelt.* Wenn eine Führungskraft Information verfälscht oder verbirgt, beispielsweise indem sie wichtige Sachverhalte (z. B. eine bevorstehende Betriebsstillegung) nicht rechtzeitig mitteilt oder sogar verheimlicht, tritt eine Verunsicherung und Verwirrung bei denjenigen ein, die von dieser Information abhängig sind. Die Information, die andere Mitarbeiter sich aneignen, ist in einer solchen Situation entweder unvollständig oder falsch, so daß die Mitarbeiter ihre Arbeit nicht mehr effektiv auf die Unternehmensziele ausrichten können, weil sie von anderen Rahmenbedingungen ausgehen.

- *Die Verfügbarkeit von Informationen ist begrenzt.* Das kann durch die hierarchische Struktur, organisatorische Gegebenheiten oder das willkürliche Verhalten bestimmter Personen der Fall sein. Informationen können durch ausdrückliche oder angenommene Aufforderung zur Geheimhaltung vertraulich bleiben. Sie können aber auch durch gezielte Manipulation unzugänglich gemacht werden, beispielsweise indem ein Vorgesetzter seinen Mitarbeitern wesentliche Informationen vorenthält oder ein Mitarbeiter Informationen nicht an übergeordnete Stellen weiterleitet. Mangelnde Offenheit und übermäßige Kontrolle stören den Informationsfluß. Wenn sich Information ansammelt, ohne genutzt zu werden, verliert sie mit der Zeit an Wert.

Unterstützung des Aneignungsvorgangs

Es gibt eine Reihe von Faktoren in Organisationen, die den Aneignungsprozeß fördern können:

- *Ein offenes und vorurteilsfreies Betriebsklima* wirkt Mißtrauen entgegen und dient einem effektiven Informationsfluß; sowohl der Beziehungsvorgang als auch der Aneignungsvorgang werden auf diese Weise unterstützt.

- *Eine offene und spannungsarme Umgangsweise* zwischen Vorgesetzten und Untergebenen ist hilfreich; ein Vorgesetzter, der Unterstützung gewährt, fördert den Aneignungsvorgang seiner Untergebenen und hilft ihnen damit, ihre Aufgaben zu erfüllen.

- *Die Minimierung hierarchischer Denkweisen* fördert die Aufhebung von Grenzen; unkonventionelle Denkansätze können nicht in einem hierarchischen Korsett gedeihen; Kreativität und Innovation können durch Abbau solcher Denkweisen gefördert werden.

- *Die rasche Verfügbarkeit von Information* fördert den Aneignungsprozeß der Mitarbeiter; auf diese Weise können sie realistische Denk- und Handlungsmuster entwickeln, die wiederum der optimalen Erfüllung ihrer Aufgaben dienen.

Schritte zu besserer Aneignung

Die Auseinandersetzung mit eigenen Aneignungsmustern führt zur Entwicklung konkreter Möglichkeiten der Überwindung und Bewältigung von Beeinträchtigungen des Aneignungsvorgangs:

- *Lernbereitschaft und Offenheit gegenüber neuen Dingen bewahren.* Die Aneignung einer Unternehmenskultur (oder einer ihrer „Subkulturen") kann durch unzureichende Auseinandersetzung mit dem Neuen beeinträchtigt sein. Gerade wenn alles nur vom eigenen Standpunkt aus gesehen wird, ist die Auffassung neuer Aspekte erschwert. Der Wille, eigene Standpunkte zu relativieren, und die Bereitschaft, mehr über sich selbst zu erfahren, unterstützen die Aneignung neuer Gegebenheiten.

- *Bewußtsein für die eigene Individualität oder Einzigartigkeit entwickeln.* Es ist leicht, sich einem neuen Arbeitsumfeld ganz und gar auszuliefern und dabei die eigene Individualität zu vergessen. Dadurch riskiert man, eigene Sichtweisen, Werte, Prioritäten, Bedürfnisse und Ziele zu übergehen. Wer sich über die eigene Individualität im klaren ist, kann sich auch eine verzerrungsfreie und damit realistische Sicht des neuen Arbeitsumfelds aneignen.

- *Bedeutung der eigenen Emotionen kennen und verstehen.* Es ist wichtig, sich mit dem emotionalen Gehalt eigener Denkschemata auseinanderzusetzen, denn Emotionen spielen für den Aneignungsprozeß eine entscheidende Rolle. Sie helfen uns zu unterscheiden, welche Angelegenheiten organisatorischer und welche persönlicher Art sind. Ferner helfen sie uns zu sehen, wie organisatorische Dinge mit persönlichen Sichtweisen zusammenhängen. Gefühle können unsere Lernvorgänge begleiten und sehr erleichtern. Sie beeinflussen aber auch unsere Sichtweise dahingehend, daß wir alles im

Licht der gegenwärtigen emotionalen Situation wahrnehmen. So können Emotionen Aneignungsvorgänge verzerren oder empfindlich stören (z. B. „rosarote Brille" oder „blind vor Wut").

- *Bereitschaft, eigene Denkmuster zu verändern und den Gegebenheiten anzupassen.* Derjenige, der verstanden hat, wie seine Denkschemata zustande kommen, wie sie funktionieren und wie er sie verändern kann, ist in seinem Umgang mit den jeweiligen Gegebenheiten weitaus sicherer, offener und flexibler. Er hat einen besseren Überblick, da er Zusammenhänge erkennt, die anderen verborgen bleiben oder ihnen unverständlich sind. So kann er beispielsweise auch symbolische oder zweideutige Botschaften entschlüsseln und gegebenenfalls zur Sprache bringen. Dadurch, daß er seine Denkschemata entsprechend verändert, kann er Veränderungen in seinem Arbeitsumfeld deutlicher wahrnehmen, verstehen und mitgestalten. Jemand, der mehrere organisatorische Systeme erlebt hat, kann die ausdrücklichen und verborgenen Botschaften, die in Organisationen bestehen, leichter verstehen.

- *Fähigkeit, sowohl mit klaren Anweisungen als auch mit Zweideutigkeiten zurechtzukommen.* Das bedeutet, keine voreiligen Schlüsse aus verbalen oder nonverbalen Botschaften zu ziehen, sondern Zweideutigkeiten zunächst zu tolerieren. Mit der Zeit wird die Bedeutung dieser Zweideutigkeiten klar. Dann ergänzen sie die Sichtweise der Situation und dienen so einer differenzierten Aneignung der Realität. Manchmal ist auch Loslösung von bisherigen Ansichten erforderlich, um einer neuen Situation gerecht zu werden und diese richtig zu beurteilen. Sind Denkschemata von dem Wunsch nach absoluter Klarheit geprägt, führen Zweideutigkeiten zu großen Irritationen. Dann ist viel Aufwand erforderlich, um Widersprüche aufzulösen und eine übersichtliche Situation herzustellen. Wenn jemand hingegen in der Lage ist, Klarheit und Mehrdeutigkeit nebeneinander zu akzeptieren, kann er nicht nur einen realitätsnäheren Bezug zu seinem Arbeitsumfeld herstellen, sondern kann die anderen Grundvorgänge des Selbstmanagements effektiver voranbringen.

- *Fähigkeit, genau hinzusehen und hinzuhören.* Diese Fähigkeit bedeutet, zu hören was gesagt wird und was ungesagt bleibt. Man muß auch mitbekommen, was getan und was unterlassen wird. Um richtig hinzusehen und hinzuhören, muß man auf Personen, bestimmte Verhaltensweisen, informelle Botschaften, Stimmungen usw. sehr genau achten. Was wird wann und auf welche Weise vermittelt? Von wem geht eine Botschaft aus? Wer ist der Adressat? Nur einem Aspekt Aufmerksamkeit zu schenken würde bedeuten, auf wesentliche Informationen zu verzichten.

- *Berücksichtigung der Herkunft und des Übertragungswegs von Information.* Wir sollten unseren Informationsquellen eine besondere Aufmerksamkeit schenken. Woher erfährt man etwas? Ist die Information neu? Ist die Information relevant? Kann die Information auch verarbeitet werden? Die Aneignung von Informationen ist leichter, wenn sie neu, interessant und relevant ist. Beispielsweise können wir uns Information, die uns langweilig erscheint, schwer merken. Interessante und relevante Information (z. B. neue Aufgaben bei der Arbeit) ist hingegen für den Aneignungsprozeß vorteilhaft.

- *Bereitschaft zur laufenden Überprüfung eigener Gedanken und Handlungen.* Um gutes Selbstmanagement betreiben zu können, müssen wir ständig unsere Denkschemata an der Realität überprüfen und gegebenenfalls korrigieren. Diese Realitätsprüfung kann auf verschiedene Weise erfolgen, beispielsweise indem wir uns einfach die Konsequenzen unseres Handelns vor Augen führen, durch Rückmeldung von Kollegen, durch Qualitätszirkel oder durch offizielle Leistungskontrolle.

Management des Aneignungsvorgangs bedeutet die Harmonisierung sowohl des Aneignungsvorgangs selbst als auch die Harmonisierung der anderen Grundvorgänge (Beziehung, Planung, Entscheidung, Handlung). Wichtig für das Management des Aneignungsvorgangs ist zweifellos genaue Kenntnis des eigenen Aneignungsvorgangs („Wie läuft Aneignung bei mir ab?"). Wenn wir uns über den Ablauf eigener Aneignungsvorgänge im klaren sind, können wir auch viel besser die Aneignungsmuster anderer Menschen erkennen und verstehen. So gewinnen wir ein Gespür dafür, durch welche Begleitumstände diese Vorgänge beeinträchtigt und durch welche sie gefördert werden.

4. Planung und Selbstmanagement

Das Leben ist ein fortlaufender Prozeß, der ständigen Veränderungen unterworfen ist. Die Ereignisse, die wir erleben, und die Erfahrungen, die wir machen, führen uns auf Ziele zu, über die wir uns vielleicht nicht immer im klaren sind. Diese Feststellung mag beunruhigend sein, sie ist aber auch faszinierend. Die Art und Weise, wie sich eine Person entwickelt, ist daher unbestimmt und offen. Sie ist einer Vielzahl von Einflußfaktoren ausgesetzt, die fortlaufend das Denken, Fühlen und Handeln des einzelnen beeinflussen.

Als Menschen sind wir von der biologischen und sozio-kulturellen Evolution geprägt. Der Evolutionsprozeß hat den Menschen mit einer Vielzahl von Möglichkeiten und Ressourcen ausgestattet. Es gibt allerdings wenige von vornherein feststehende Verhaltensmuster, nach denen sich der Mensch „automatisch" richtet, wie es bei vielen Tieren der Fall ist (z. B. der Nestbau). Dafür haben wir als Menschen große Entscheidungs- und Handlungsfreiräume. Da wir normalerweise zwischen Alternativen selbst entscheiden können, schaffen wir mit unserem Verhalten auch die Bedingungen für weiteres Verhalten. Auf diese Weise gestalten wir wesentliche Bereiche des Lebens selbst. Tun wir dies gezielt, sind viele Bereiche des Lebens veränderbar (Kanfer et al., 2000).

Der einzelne Mensch kann als offenes System verstanden werden, das äußeren Einflüssen ausgesetzt ist, das aber auch Einfluß auf die Außenwelt ausübt (Bischof, 1998). Wir können zwar von anderen lernen, neue Sichtweisen oder Zugehensweisen übernehmen, gemeinsame Interessen verfolgen usw. Gleichzeitig sind wir immer auch auf uns selbst angewiesen. Das erfordert die Formulierung eigener Ziele und Pläne, denn in unserem Handeln sind wir letztlich selbst verantwortlich. So müssen wir einerseits lernen, mit anderen zusammenzusein, andererseits müssen wir aber auch mit uns selbst zurechtkommen.

Wenn wir die Art und Weise, in der wir mit uns selbst und anderen umgehen, ändern und optimieren wollen, müssen wir die Denkschemata ändern, die wir tagtäglich in der Auseinandersetzung mit der Realität anwenden. Manche Menschen haben das Gefühl, daß sie in ihrem Arbeitsumfeld wenig Entscheidungs- und Handlungsfreiheit haben. Allmählich geben sie den Anspruch auf, Entscheidendes zu den Arbeitsabläufen beitragen zu wollen. Andere gehen mit übertriebenem Eifer und ohne daß sie ihr Vorgehen mit Kollegen abstimmen zur Sache und werden auf diese Weise für Kollegen zur Belastung. In beiden Fällen sind die Denkschemata, die ihrem Handeln zugrunde liegen, wenig differenziert. So ergibt sich für sie eine verarmte Sichtweise der Realität. Sie sind nicht in der Lage, die breite Palette an Handlungsmöglichkeiten zu sehen, die ihnen offenstehen, ihre Entscheidungen sind nicht frei, und ihre Taten sind nicht das Ergebnis gezielter Planungs- und Handlungsvorgänge. Solche Menschen bevorzugen es, die Umwelt als optionsarm wahrzunehmen, um nicht in die Versuchung zu kommen, eine ungewöhnliche Option zu wählen. Auf diese Weise vermeiden sie die Wiederholung vermeintlicher Fehler, doch dadurch schränken sie gleichzeitig ihre Handlungsspielräume ein. Hier wird das Spannungsfeld deutlich, das zwischen Sicherheit und Einengung von Handlungsmöglichkeiten auf der einen und Risiko und erweiterten Handlungsspielräumen auf der anderen Seite besteht. Beide Seiten müssen bei der Planung zukünftiger Handlungsweisen bedacht werden, wenn das gesamte Bild der Realität berücksichtigt werden soll.

Das Arbeitsumfeld macht Planung erforderlich

Die Arbeitswelt unterliegt einem ständigen Wandlungsprozeß. Daher kann sich das unmittelbare Arbeitsumfeld des einzelnen jederzeit rasch ändern. Dies ist gerade in Zeiten zunehmender wirtschaftlicher Globalisierung immer häufiger der Fall. Zahlreiche Menschen sind durch das Wechselspiel von Altem und Neuem verunsichert. Doch um neuen Anforderungen nicht völlig unvorbereitet ausgeliefert zu sein, müssen neue Handlungsweisen entwickelt werden. Dazu sind Planungsvorgänge erforderlich. Einige Beispiele sollen veranschaulichen, vor welch hohen Anforderungen die Selbstmanagementfähigkeiten des einzelnen in diesem Zusammenhang stehen:

- Ein Mitarbeiter steigt in der Hierarchie eines Betriebes auf und sieht sich mit neuen Managementaufgaben betraut. Er muß sich der Herausforderung stellen und sich neue Aufgabenstellungen aneignen. Er muß lernen, zwischen wichtigen und weniger wichtigen Aufgaben zu unterscheiden. Ferner muß er sich ein völlig neues soziales Netz aufbauen und erfahren, wie er sich anderen gegenüber verhalten muß, auf wen er sich verlassen kann, wer ihm wohlgesonnen ist usw. Vor diesem Hintergrund muß er lernen, zu planen, zu entscheiden und zu handeln.

- Eine Person hat das Ende der betrieblichen „Karriereleiter" erreicht und befaßt sich mit dem Gedanken, sich selbständig zu machen. Wie geht sie mit dieser Situation um? Möglicherweise wird sie in Kürze für völlig neue Aufgaben verantwortlich sein. Welche Schritte muß sie unternehmen? Es gibt eine Reihe von Unwägbarkeiten und Risiken, die sie berücksichtigen muß. Die Person wird gewisse Umstellungen in ihren zwischenmenschlichen Beziehungen in Kauf nehmen müssen. Sie wird sich viel aneignen müssen, umfangreiche Planungen vornehmen und zahlreiche Entscheidungen treffen sowie in vielen verschiedenen Bereichen handeln müssen.

- Ein Mitarbeiter überlegt sich, wie er Selbstmanagement weiter betreiben kann, wenn der Betrieb, in dem er arbeitet, von einer anderen Firma übernommen wird. Er weiß nicht, ob seine Arbeitsstelle nach der Übernahme noch vorhanden sein wird. Kann er, wenn er bleiben sollte, seine Aufgabe in dem neuen (und größeren) Betrieb weiterhin erfüllen? Will er das überhaupt, oder möchte er lieber einer weniger anspruchsvollen Arbeit in einem anderen Betrieb nachgehen? Dann muß er diesen Schritt planen, sich dazu entschließen, sich das neue Arbeitsumfeld aneignen, zwischenmenschliche Beziehungen aufbauen usw.

- Ein Mitarbeiter möchte von einem Unternehmen zu einem anderen wechseln. In der Planung dieses Schrittes muß er sich im klaren sein, ob er in der gleichen Branche arbeiten möchte oder ob er diese wechseln will. Wird er mit dem neuen Umfeld gut klarkommen? Wie wird der Kontakt zu Kollegen sein? Wird er die neuen Aufgaben meistern können? Welche Auswirkungen wird der berufliche Wechsel auf sein Privatleben und seine Lebensqualität insgesamt haben? Diese Überlegungen beeinflussen die Planung und Entscheidungsfindung.

- Eine Führungskraft wechselt von einer Stelle in der Wirtschaft auf eine Stelle bei einer Behörde. Der Staatsdienst ist natürlich etwas völlig anderes als die Arbeit in einem Wirtschaftsunternehmen. Auf einmal geht es unter anderem auch um die öffentliche Meinung, politische Machtstrukturen, Interessenkonflikte und andere Entscheidungsabläufe. Diese Umstände können die Führungskraft vor völlig neue Anforderungen stellen, für die er noch keine Bewältigungsmechanismen entwickelt hat. („Welche Entscheidungsmöglichkeiten habe ich? Was soll ich tun?")

- Eine Person kommt aus einer staatlichen Behörde oder einem Unternehmen und nimmt eine Stelle als Dozent an einer Universität an. Auf einmal ist sie mit der völlig neuen Welt konfrontiert, in der es um wissenschaftliche Fragestellungen, Ideen und Konzepte geht. Die Person muß abstrakte Vorstellungen entwickeln und kommunizieren. Es gilt, Meinungen zu vertreten und Meinungsverschiedenheiten durchzustehen, was hohe Anforderungen an zwischenmenschliche Beziehungen stellen kann. Wie nehme ich Kontakt zu Kollegen in anderen Fachbereichen auf? Auf wen kann ich mich verlassen? Wer arbeitet gegen mich? Die eigenen Vorgehensweisen müssen geplant und Entscheidungen selbständig getroffen werden.

- Ein Mitarbeiter einer Hilfsorganisation, einer Behörde oder eines Unternehmens arbeitet eine Zeitlang im Ausland, z. B. in Asien oder Südamerika. Er muß sich auf das völlig neue kulturelle Umfeld einstellen, er muß sich die neue Umgebung aneignen, zwischenmenschliche Beziehungen aufbauen, anders als sonst planen und entscheiden, nach ungewohnten Richtlinien handeln usw. Ein solcher interkultureller Wechsel („Kulturschock") stellt höchste Anforderungen an die Selbstmanagementfähigkeiten des einzelnen und erfordert ein hohes Maß an Offenheit. Derjenige muß mit einer neuen Sprache, anderen Sitten, ungewohnten Speisen usw. auskommen. („Was mache ich hier? Wie sind meine Handlungsspielräume? Wo liegen meine Grenzen?")

Diese Beispiele betreffen im wesentlichen berufliche Aspekte. Es finden aber auch allerlei andere Vorgänge statt, die den einzelnen unmittelbar betreffen, z. B. im Privatleben oder in der Umgebung. Kontakte werden aufgenommen, Pläne gemacht, Entscheidungen getroffen, Handlungen durchgeführt usw. Dieses Wechselspiel positiv zu gestalten ist eine große Herausforderung an jeden einzelnen und macht gutes Selbstmanagement aus.

Was genau ist Planung?

Unter Planung im weitesten Sinne versteht man die bewußte und rationale Vorbereitung von Handlungen. Planen erfordert die gedankliche Vorwegnahme zukünftigen Handelns (Wöhe, 1990). Berücksichtigen muß man dabei immer die aktuelle Situation, anzustrebende Zielzustände und mögliche Mittel und Handlungsweisen sowie die notwendigen Prozesse, die durchlaufen werden. Planen *tut* man nicht, sondern man überlegt, was man tun *könnte* (Dörner, 1995).

Da Planung immer zukunftsbezogen ist, setzt sie gewisse Information voraus, die zunächst beschafft oder „angeeignet" werden muß. Die Information kann vollständig („vollkommene Information") oder unvollständig („unvollkommene Information") sein, wobei letzteres natürlich viel häufiger der Fall ist (Wöhe, 1990). Die vorhandene Information führt beim einzelnen zu bestimmten Zukunftserwartungen, die – je nach „Datenlage" – *sicher* oder *unsicher* sein können.

Dem Planungsprozeß ist also der Aneignungsprozeß „vorgeschaltet", der für die Informationsgewinnung wichtig ist. Nur so kann beispielsweise ein Abgleich von Ist-Zustand und Soll-Zustand gelingen. Je nachdem, wie der Vergleich zwischen Ist und Soll ausfällt, kann sich die Notwendigkeit einer Änderung ergeben (Entscheidung). Es folgt die Abwägung der Ziele, die angestrebt werden können bzw. sollen. Dabei muß entschieden werden, ob die Information, die ich gewinne, meine Wertvorstellungen und Ziele betrifft. Schließlich wird ein Ziel ins Auge gefaßt („goal-setting").

Da Entscheidungen nicht nur aufgrund rationaler Überlegungen, sondern auch nach emotionalen Gesichtspunkten, also „aus dem Bauch heraus" getroffen werden, können Planung und Entscheidung nicht gleichgesetzt werden (Wöhe, 1990). Entschieden wird meist nach abwägen verschiedener Planungsoptionen, auf die sowohl rationale als auch emotionale Aspekte einen wichtigen Einfluß haben. In seinen Entscheidungen richtet sich der einzelne letztlich nach seiner jeweiligen Erwartungshaltung („Risikoerwartung").

Strategische und operative Planung

Bei der Planung kann zwischen „strategischer" und „operativer" Planung unterschieden werden (Kaminski, 1970). Bei der strategischen Planung geht es darum, langfristige Entwicklungen vorwegzunehmen und zu beeinflussen, während es bei der operativen Planung darum geht, kurzfristige Abläufe aufeinander abzustimmen und in Einklang mit strategischen Planungszielen zu bringen (Wöhe, 1990). Der Planungsprozeß läuft in beiden Fällen in mehreren Schritten ab. Die Vorgehensweise ist sowohl bei der „strategischen" als auch der „operativen" Planung sehr ähnlich:

Der *erste* Schritt ist die Informationssammlung. Ziel der Informationssammlung ist es, möglichst viele „Daten" zu gewinnen, die in irgendeiner Beziehung zu dem stehen, was geplant ist. Dabei müssen Gegebenheiten berücksichtigt und Erwartungen abgewogen werden.

Der *zweite* Schritt ist die Benennung möglicher Ziele oder Zwischenziele und die Entwicklung mehrerer Alternativszenarien oder Handlungsoptionen. Jede dieser Optionen sollte eine realistische Möglichkeit darstellen, das angestrebte Ziel zu erreichen.

Der *dritte* Schritt besteht in der Suche nach realistischen Handlungsmöglichkeiten und die Erarbeitung konkreter Schritte, um die gesteckten Ziele zu erreichen. Dabei ist es wichtig, sich die Konsequenzen seiner Handlungen vor Augen zu führen und sich zu fragen, ob man dadurch dem Ziel näher kommen würde. Daran schließt sich der Entscheidungsvorgang an.

Vor Beginn eines Planungsprozesses muß eine Situation oder ein Prozeß manchmal erst eine Zeitlang beobachtet werden, um sich ein Bild von dem Vorgang machen zu können und Zusammenhänge zu verstehen (Aneignung). Am Ergebnis der Beobachtung läßt sich abschätzen, wie sich der Vorgang in Zukunft entwickeln könnte, mit welchem Einfluß des eigenen Handelns auf den Vorgang zu rechnen ist und welche Folgen das Handeln auf die angestrebten Ziele haben könnte (Planung). Wenn die für Planung und Entscheidung erforderlichen Informationen nicht ausreichen, ist eine weitere Informationsgewinnung erforderlich (Aneignung). Im nächsten Schritt wird die Information analysiert und bewertet. Dabei wird festgestellt, ob eine sinnvolle Planung erfolgen kann (Entscheidung) und ob die Notwendigkeit einer Intervention

(Handlung) besteht. Der Entscheidungsprozeß setzt wiederum Kommunikation zwischen Entscheidungsträgern voraus, die natürlich auf einer zwischenmenschlichen Ebene erfolgt (Beziehung).

Wir sehen, daß Planung alle anderen Grundvorgänge des Selbstmanagements voraussetzt, und erkennen, wie stark die fünf Grundvorgänge miteinander verwoben sind. Komplexe Aufgabenstellungen stellen dementsprechend hohe Anforderungen an die Fähigkeit des einzelnen, Pläne für deren Lösung zu schaffen. Die Frage, auf welchem Weg man ein Ziel letztendlich erreichen kann, ist eine schwierige, die mittels Planung als Problemlösungsprozeß etwas leichter zu beantworten sein dürfte.

Für den Planungsprozeß ist neben den objektiven Gegebenheiten die subjektive Perspektive des einzelnen entscheidend. Häufig macht aber die emotionale Beteiligung aus einer Anforderung erst ein Problem. Da die Fähigkeit, Probleme zu lösen, und auch die Planungsfähigkeit unter emotionaler Belastung stark beeinträchtigt sind (Janis u. Mann, 1977; Wheeler u. Janis, 1980), ist verständlich, warum belastende Situationen häufig zu Fehlplanungen oder Fehlentscheidungen führen. Daher kommt der „interaktiven" oder „dynamischen" Komponente der Planung, die auch emotionale und interaktive Faktoren berücksichtigt, eine ebenso große Bedeutung zu wie der „herkömmlichen" oder „statischen" Planung. Planung ist also nicht nur ein kognitiver Vorgang, sondern auch ein kommunikativer und sozialer Prozeß (Kanfer et al., 2000).

Planung als operativer Problemlösungsprozeß

Trotz aller grundsätzlichen Unwägbarkeiten bei der Planung können wir auf Planung als Methode der Problemlösung nicht verzichten. Planung ist die bewußte und rationale Vorbereitung von Handlungen und allen damit verbundenen Prozessen. Dabei wird auf bestimmte Situationen, Zielzustände und mögliche Mittel oder Operationen Bezug genommen (Schulte, 1991). So kann man Planung als *bewußtes Problemlösen* definieren, bei dem subjektive und irrationale Einflüsse sowie nicht vorhersehbare Prozesse zunächst vernachlässigt werden (Schiepek, 1991; Schulte, 1996). Planungsprozesse stellen demnach Problemlösungsprozesse dar, die mittels *operativer Planung* (Wöhe, 1990) zum Erfolg geführt werden können.

Um diese Art von Planungsprozessen zu verstehen, können wir ein einfaches Problemlösungsmodell zugrunde legen (s. Abbildung 3). Es geht von drei Komponenten der operativen Planung aus, die jeweils aufeinander bezogen sind (Mattejat, 1997):

- Erkennen der *Problemstruktur*, d. h. die Aufgabenstellung begreifen;

- Bestimmen der *Zielstruktur*, d. h. den angestrebten Zustand beschreiben;
- Planung der *Intervention*, d. h. die möglichen Handlungsschritte abwägen.

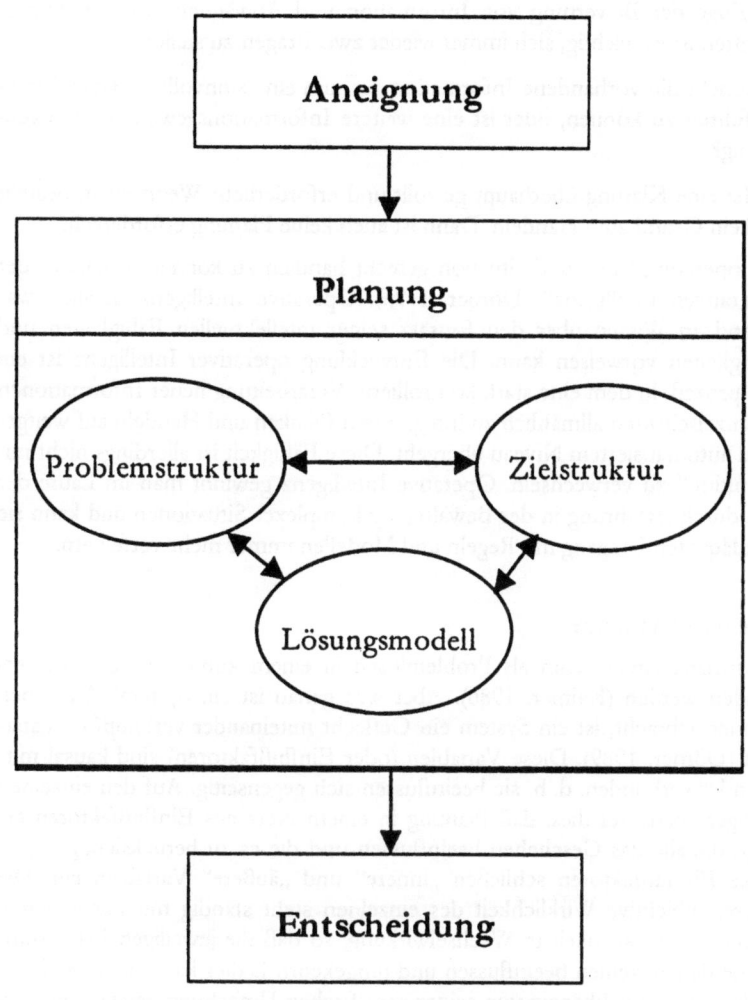

Abbildung 3: Planung als operativer Problemlösungsprozeß

Der Prozeß beginnt also mit der Informationsgewinnung (Aneignung), im nächsten Schritt wird die Information einer Analyse unterzogen, und schließlich gehen die Planungsschritte aus der Abwägung der Information hervor. Damit ist Planung immer auch ein Lernprozeß (de Geus, 1988).

Im Zuge der Bewertung von Information und Abwägung von Handlungsschritten ist es wichtig, sich immer wieder zwei Fragen zu stellen:

- Reicht die vorhandene Information aus, um eine sinnvolle Analyse durchführen zu können, oder ist eine weitere Informationsgewinnung notwendig?

- Ist eine Klärung überhaupt gewollt und erforderlich? Wenn nicht, besteht kein Grund zum Handeln. Dann ist auch keine Planung erforderlich.

Um operativ planen und situationsgerecht handeln zu können, bedarf es der „operativen Intelligenz" (Dörner, 1995). Operative Intelligenz ist alles, was jemand an Wissen über den Einsatz seiner intellektuellen Fähigkeiten und Fertigkeiten vorweisen kann. Die Entwicklung operativer Intelligenz ist ein Lernprozeß, in dem eine stark kontrollierte Verarbeitung neuer Informationen in Einzelschritten allmählich zu integriertem Denken und Handeln auf weitgehend automatisiertem Niveau übergeht. Diese Fähigkeit ist allerdings nicht mit „Intuition" zu verwechseln. Operative Intelligenz gewinnt man im Laufe der Zeit durch Erfahrung in der Bewältigung komplexer Situationen und kann sie im adäquaten Umgang mit Regeln und Modellen immer mehr verfeinern.

Planung in Systemen

Selbstmanagement kann als Problemlösen in einem komplexen System verstanden werden (Kaimer, 1986). Aber was genau ist ein System? Auf einen Nenner gebracht, ist ein System ein Geflecht miteinander verknüpfter Variablen (Dörner, 1989). Diese Variablen (oder Einflußfaktoren) sind kausal miteinander verbunden, d. h. sie beeinflussen sich gegenseitig. Auf den einzelnen bezogen, bedeutet dies, daß Planung in einem Netz aus Einflußfaktoren erfolgt, die alle das Geschehen beeinflussen und die es zu berücksichtigen gilt. Diese Einflußfaktoren schließen „innere" und „äußere" Variablen ein. Die innere, subjektive Wirklichkeit des einzelnen steht ständig mit der äußeren, objektiven Wirklichkeit in Wechselwirkung, so daß die jeweiligen Lebensumstände den einzelnen beeinflussen und umgekehrt. Daher kann die psychische Realität nicht unabhängig von seiner spezifischen Umgebung verstanden werden. Vielmehr muß man sie stets als Teil eines größeren Systems betrachten. Man beachte dabei, daß Systeme in diesem Zusammenhang nicht als greifbare Strukturen zu verstehen sind, sondern Denkmodelle darstellen. Diese Modelle können vom einzelnen benutzt werden, um die eigene Realität zu strukturieren und zu begreifen (Kanfer et al., 2000).

Jedes Individuum ist nicht nur Teil eines System, sondern stellt selbst ein komplexes System dar, das aus einer Vielfalt unterschiedlicher Bezüge und Wechselwirkungen besteht. Die Wechselwirkung von Individuum und seiner Umwelt wurde auch mit den Begriffen „Assimilation" und „Akkomodation" beschrieben (Piaget u. Inhelder, 1981; Montada, 1995). Diese beiden Begriffe beschreiben die Aufnahme der Wirklichkeit in eigene Wahrnehmungs- und Denkmuster sowie die Anpassung dieser Muster an die Wirklichkeit. Durch die Assimilation und Akkomodation entstehen Denk- und Handlungsmuster, auch „psychische Organisationseinheiten" (Grawe et al., 1996) oder „Schemata" (Grawe, 1995) genannt. Diese Schemata kann man sich wie Computerprogramme vorstellen, die unser Denken und Handeln lenken und leiten (s. Abbildung 2).

Schemata sind auf ein gemeinsames *Ziel* ausgerichtet und dienen dazu, Wahrnehmungen oder Sichtweisen im Hinblick auf ein bestimmtes Ziel herbeizuführen. Das bedeutet, daß der einzelne normalerweise seine psychische Aktivität samt seiner Wahrnehmung auf bestimmte individuelle Ziele ausrichtet. Der gemeinsame Bezug auf ein Ziel ist für das Verständnis von Schemata sehr wichtig („motivationaler Aspekt"). Ebenso wichtig ist aber auch die Berücksichtigung der *Gedanken* und *Emotionen* der Person, dessen Schemata aktiviert und auf ein Ziel gerichtet sind.

Die bewußte Beschäftigung mit den eigenen Denk- und Handlungsmustern (Schemata) hilft dem einzelnen, seine Erfahrungen und Erkenntnisse in den verschiedenen Bereichen des Lebens zu ordnen. Sich seine Schemata vor Augen zu führen ist hilfreich, um Dinge zu verstehen, die einem bisher rätselhaft waren. Neue Erkenntnisse können manchmal auch unerwartet oder sogar ungelegen sein. Doch sie helfen dem einzelnen, sich darüber klarzuwerden, wo er im Arbeitsumfeld und im Privatleben steht. Die Betrachtung der eigenen Schemata kann einem bewußtmachen, was man bei der Arbeit und im Privatleben eigentlich anstrebt, was nicht so „läuft", wie man es gerne hätte, welche Veränderungen man sich wünscht, welche Handlungsoptionen man hat und wie man schließlich handeln soll.

Die Schemaanalyse ist die Anwendung der Schematheorie auf die individuellen Gegebenheiten einer Person. Sie dient dabei als Modell für die psychische Funktionsweise des einzelnen und hilft auf diese Weise dem Selbstverständnis und damit auch dem Selbstmanagement. Die im Zuge des Aneignungsvorgangs gewonnene und für die Selbstmanagementplanung erforderliche Information kann mittels Schemaanalyse in einen ganzheitlichen Zusammenhang gebracht werden (Grawe et al., 1996).

Für die Betrachtung des Selbstmanagements unter schematheoretischen Gesichtspunkten ist die *Interaktion* der Schemata mit der Umgebung von großer Bedeutung. Die Schemata des einzelnen beeinflussen seine Gedanken und Emotionen sowie seine Ziele. Sie wirken sich darauf aus, welche Situationen er aufsucht und welche er meidet. Im Gegenzug nimmt die Umgebung Einfluß darauf, welche Schemata beim einzelnen aktiviert werden. Damit ist ihm vorgegeben, innerhalb welcher Bandbreite er Wahrnehmungen im Einklang mit seinen Zielen herbeiführen kann.

Aus der Wechselwirkung zwischen Schemata und der Umgebung entstehen Erlebnis- und Funktionszustände, die wiederum die Wahrnehmung und das Handeln des einzelnen beeinflussen. So bekommen Schemata automatisch eine „semiautonome Eigendynamik" (Grawe et al., 1996): sie verselbständigen sich und werden zum nur teilweise steuerbaren „Selbstläufer". Diese Vorgänge wirken sich jedoch unmittelbar auf die bewußten und unbewußten Ziele des einzelnen aus und prägen diese mit. Dadurch beeinflussen sie auch Planung, Entscheidung und Handeln maßgeblich.

Planung von Selbstmanagement

Selbstmanagement ist eine Form der *zielorientierten* Aktivität und interaktiven Bewältigung von Anforderungen (Kanfer et al., 2000). Daher spielt Vertrauen in die eigene Handlungskompetenz eine wichtige Rolle bei der geistigen Vorwegnahme von Veränderungsschritten. Verhalten ist stets motivational, und jedes Motiv erfordert die Fähigkeit zur Umsetzung. Man muß wollen können, aber man muß auch können wollen (Grawe et al., 1995).

Es gibt eine Reihe typischer Fähigkeiten, die der Verbesserung des Selbstmanagements dienen und für viele Menschen erstrebenswerte Ziele darstellen (Kanfer et al., 2000):

- Selbstkontrolle,

- Selbstinstruktion,

- Streßbewältigung,

- Ärgerkontrolle,

- Angstbewältigung,

- Entspannung,

- Arbeitsorganisation,

- Zeitmanagement,

- Problemlösen und Entscheiden,

- Umgang mit unerwarteten Situationen,

- soziale Kompetenz,

- Kommunikationsfähigkeit,

- Genußfähigkeit.

Betrachtet man diese Ziele näher, so wird schnell deutlich, daß sie stets unter zweierlei Gesichtspunkten gesehen werden müssen:

- des *Wollens* und

- des *Könnens.*

Tun setzt sowohl Wollen als auch Können voraus (Grawe et al., 1996). Der Aspekt des Wollens hängt mit den inneren Voraussetzungen zusammen („Motivation"). Dabei spielen Emotionen und Erlebnisweisen eine große Rolle. Die Frage, ob, warum und wozu ein Ziel verfolgt wird, sollte der einzelne für sich beantworten können. Will der einzelne die Ziele wirklich erreichen? Hat er sich die Ziele selbst gesteckt? Verfügt er über die Motivation, die Ziele zu verfolgen? Hat er das erforderliche Selbstvertrauen?

Der Aspekt des Könnens betrifft hingegen die äußeren Bedingungen, die der einzelne vorfindet bzw. die Fähigkeiten, über die er verfügt. Sie bestimmen häufig, was möglich ist und was nicht. Äußere Bedingungen setzen sich aus einer Vielzahl verschiedener Einflußfaktoren zusammen: äußere Lebensumstände, die Gesundheit, finanzielle Gegebenheiten, die Qualität zwischenmenschlicher Beziehungen usw. Kann der einzelne die erforderlichen Denkmuster bzw. Schemata aktivieren? Verfügt er über die Voraussetzungen („Ressourcen"), seine Ziele erreichen zu können? Hat er die entsprechenden Fähigkeiten?

Planung im Rahmen des Selbstmanagements setzt die Beantwortung einer Reihe grundsätzlicher Fragen voraus:

- Welche Ziele habe ich?

- Was ermöglicht mir das Erreichen der Ziele?

- Was will ich ändern?

- Wie kann ich die Änderung herbeiführen?

- Wie läuft der Planungsprozeß ab?

- Wie soll ich planen?

- Welche Grundvorgänge sind noch betroffen?

- Wie erkenne ich, daß ich ein Ziel erreicht habe?

Die Auswahl von Handlungsalternativen stellt den einzelnen vor gewisse Probleme („Was soll ich tun?"). Aufgrund der Natur des Planungsvorgangs, der ein in die Zukunft gerichteter Prozeß ist, gibt es keine definitive Antwort auf die Frage, welche Vorgehensweise die effektivste ist. Planung kann nur selten in dem Sinne vollständig sein, daß alle Möglichkeiten berücksichtigt werden. Eine Hauptaufgabe der Selbstmanagementplanung ist es aber, alle bestehenden Informationen so zu organisieren, daß sich eine *Annäherung* an die Antwort dieser Fragen ergibt. Dazu ist ein optimales Zusammenspiel der folgenden drei Faktoren erforderlich:

- die *Person* („Problemstruktur"),

- das *Ziel* („Zielstruktur") und

- die *Vorgehensweise* („Intervention").

Mittels Planung können diese drei Faktoren aufeinander abgestimmt werden, so daß sich durch ihr Zusammenspiel im Sinne eines „Synergieeffekts" ein optimales Resultat ergibt. Denn beim Selbstmanagement geht es um die Fähigkeit zu *effektiver* Eigensteuerung („self-efficacy") und selbstverantwortlichem Handeln (Bandura, 1977).

Planung muß strukturiert ablaufen

Planung ist ein vielschichtiges und dynamisches Geschehen. Komplexe Zielvorstellungen, äußere Zwänge, uneindeutige Gegebenheiten, persönliche Umstände, Zeitdruck und emotionale Einflüsse spielen dabei eine Rolle. Um zu vermeiden, daß die Komplexität der Aufgabe die Fähigkeiten des einzelnen, Informationen zu verarbeiten, nicht übersteigt, sollte der Planungsprozeß strukturiert werden.

Die Planung von Veränderungsschritten sollte sowohl die gegebene Motivation als auch vorhandene Fähigkeiten berücksichtigen (Grawe et al., 1995). Das Ziel, das ins Auge gefaßt wird, und das Vorgehen, mittels dessen das Ziel erreicht werden soll, ergeben zusammen das, was man einen „Plan" nennen kann. Ein übergeordnetes Ziel und die Pläne, die darauf ausgerichtet sind, stellen ihrerseits einen Plan dar. Die einem übergeordneten Ziel dienenden Pläne sind also gleichzeitig auch die Mittel, mit denen der einzelne die Verwirklichung seiner Ziele vorantreiben kann. Wenn der einzelne nun seine Pläne (d. h. Ziele und Vorgehensweisen) näher betrachtet, setzt er sich mit seinen individuellen Ressourcen auseinander und bringt seinen Planungsprozeß auf diese Weise voran.

Der Planungsprozeß läßt sich in einem dreistufigen Schema veranschaulichen. Jede der drei Stufen ist natürlich von den Zielen des einzelnen geprägt:

1. *Zustandsanalyse*: In diesem Schritt wird die gegebene Situation samt ihrer Ausgangsbedingungen („Ist-Zustand") analysiert. Er entspricht der Kontextklärung, dem ersten Schritt der strategischen Planung.

2. *Bestimmung von Zielen*: In der Phase der Zielbestimmung beschäftigt sich der einzelne mit eigenen Zielen („Soll-Zustand") und beginnt so mit der Zukunftsplanung. Dieser Prozeß entspricht der Zielanalyse, dem zweiten Schritt der strategischen Planung.

3. *Planung, Auswahl und Durchführung konkreter Schritte*: Die Durchführung konkreter Schritte in Richtung eigener Ziele erfordert die Planung und Auswahl konkreter Schritte.

Zustandsanalyse

Bei diesem Planungsschritt geht es zunächst darum, die zielbezogenen Informationen zu verfeinern und zu konkretisieren. Bei Aufgabenstellungen im Arbeitsumfeld oder auch im privaten Bereich zeichnen sich Aufgaben oder Anforderungen oft nur unscharf ab. Diese unscharfe „Makro"-Betrachtung weicht bei näherer Untersuchung der Anforderungsproblematik einer „Mikro"-Betrachtung, wie wenn man ein Zoom-Objektiv vom Weitwinkelbereich in den Telebereich einstellt, um einen Bildausschnitt genauer zu betrachten (Kanfer et al., 2000).

Eine Reihe von Fragen können als „Raster" dienen, um festzustellen, ob man alle relevanten Bedingungen und Einflußfaktoren bedacht hat, die für die Zustandsanalyse wichtig sind (Kanfer u. Saslow, 1974):

- *Genaue Problembeschreibung*: Man sollte die Anforderung oder Aufgabenstellung, mit der man konfrontiert ist, möglichst genau kennen;

- *Bedingungsanalyse*: Man sollte sich darüber klar sein, wie die Anforderung oder Aufgabenstellung zustande gekommen ist und warum gerade man damit konfrontiert wird,

- *Motivationsanalyse*: Man sollte seine eigene Motivationslage im Hinblick auf die Anforderung oder Aufgabenstellung kennen, wobei man sich über seine Werte, Ziele und Anreize im klaren sein sollte;

- *Entwicklungsanalyse:* Man sollte sich darüber Gedanken machen, auf welche Weise die Aufgabenstellung oder Anforderung mit lebensgeschichtlichen Ereignissen oder persönlichen Eigenschaften zusammenhängt.

- *Analyse der Selbstkontrolle:* Man sollte die eigene Fähigkeit zur Selbstkontrolle und Autonomie genau betrachten und einschätzen, in welchem Maße man seine Gedanken und Handlungen systematisch steuern kann.

- *Analyse sozialer Beziehungen:* Man sollte sich bewußtmachen, auf welche Weise die zwischenmenschlichen Beziehungen daraufhin die eigene Selbstmanagementfähigkeit beeinflussen (d. h. fördern oder beeinträchtigen).

- *Analyse der sozio-kulturellen und materiellen Umgebung:* Man sollte sich ein Bild davon machen, wie die Umgebung die Bewältigung von Anforderungen oder Aufgaben beeinflußt.

Mittels dieser Fragen kann man sich potentielle Veränderungsbereiche vor Augen führen („Mikro-Analyse"), um dann – nach Festlegung von Prioritäten – Änderungsschritte zu planen. Neben der genauen Betrachtung von Details in der Mikro-Analyse ist aber auch ein Überblick über den gesamten Zusammenhang erforderlich, der mittels Makro-Analyse möglich ist. Bei der Makro-Analyse wird der Blickwinkel erweitert, um Zusammenhänge auch mit angrenzenden Einflußfaktoren in die Betrachtung einzubeziehen. Damit kann der einzelne vermeiden, daß seine Sicht wie durch Scheuklappen eingeschränkt ist.

Für die Zustandsanalyse ist es in jedem Fall wichtig, sowohl die Mikro- als auch die Makro-Perspektive zu berücksichtigen. Damit erfaßt man die kontextuelle Verflechtung wichtiger Einflußfaktoren. Auf diese Weise geht einem die Sicht auf wichtige Begleitumstände nicht verloren. Beispielsweise kann sich Unzufriedenheit im Arbeitsumfeld auf zahlreiche andere Bereiche auswirken, was sich in einer Makro-Analyse veranschaulichen läßt (s. Abbildung 4).

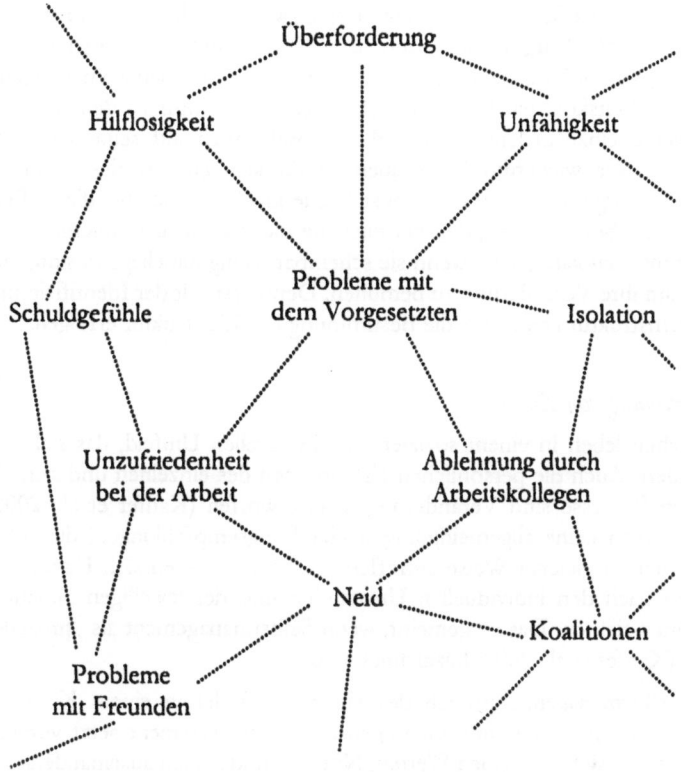

Abbildung 4: Makro-Analyse eines Problemkomplexes. Sichtbar ist ein unscharf abgegrenztes Konglomerat unterschiedlicher Einflußfaktoren

Die dargestellten Themenkomplexe sind als „fuzzy sets" (Zadeh, 1965) zu verstehen, d. h. als unscharf abgegrenzte Ausgangspunkte für den weiteren Planungsprozeß. Ein solches Konglomerat von Einflußfaktoren stellt natürlich ein komplexes System dar, dessen Struktur und Dynamik nach systemischen Gesichtspunkten betrachtet werden muß. Zwei Fragen können dem einzelnen helfen, aus der Betrachtung eines solchen Systems Impulse für seinen Planungsprozeß zu gewinnen (Schiepek, 1986):

- Welche regelmäßig wiederkehrenden Beziehungen, Zusammenhänge oder Interaktionen sind zwischen den Elementen erkennbar?

- Welche dynamischen Entwicklungen oder Entwicklungstrends sind erkennbar?

Auf diese Weise kann der einzelne beispielsweise zu der Erkenntnis gelangen, daß er seinem Vorgesetzten nach dem Mund redet, um seinen beruflichen Aufstieg zu fördern, dabei jedoch immer wieder Probleme im Umgang mit seinen Arbeitskollegen bekommt. Oder jemand kommt zu dem Schluß, daß sich seine Unzufriedenheit im Arbeitsumfeld auch auf seine Partnerschaft auswirkt, was wiederum Konsequenzen für sein emotionales Befinden hat (z. B. Schuldgefühle, Versagensängste). Die große Chance bei dieser Betrachtungsweise besteht darin, daß der einzelne die jeweiligen Problempunkte ausfindig machen kann, auch wenn sie scheinbar wenig naheliegend sind, um sich dann um ihre Veränderung zu bemühen. Denn erst mit der Identifizierung der Problemstruktur kann auch die Bestimmung der Zielstruktur erfolgen.

Bestimmung von Zielen

Menschen leben in einem sozialen und kulturellen Umfeld, das sich laufend verändert. Auch die persönlichen Erfahrungen des einzelnen und seine biologischen Prozesse sind Veränderungen unterworfen (Kanfer et al., 2000). So gibt es auch keine allgemeingültigen Handlungsempfehlungen, die auf jeden Menschen in gleicher Weise zutreffen. Vielmehr müssen sich Handlungsweisungen nach den individuellen Umständen und der jeweiligen Situation des einzelnen richten. Das ist gemeint, wenn Selbstmanagement als „prozeßorientiert" (Kanfer et al., 2000) bezeichnet wird.

Der Selbstmanagementprozeß des einzelnen findet in einem Kontext von Werten und Normen statt. Gelungenes Selbstmanagement setzt voraus, daß der einzelne sich mit seinen Werten, Normen und Zielen auseinandersetzt, um dann seinen Alltag mit ihnen in Einklang zu bringen (Kanfer et al., 2000). Die Phase der Zielbestimmung folgt zwar auf die Analyse des Ist-Zustands, aber bevor man Ziele überhaupt anstreben kann, müssen sie einem erst bewußt sein. Durch die Beschäftigung mit eigenen Zielen bereitet sich der einzelne auf wichtige Änderungsprozesse vor. Dadurch wird auch die konkrete Zukunftsplanung erleichtert. Es ist wichtig, über die rein gedankliche Beschäftigung mit Zielen hinauszugehen und seine Ziele auf Realitätsnähe und Verwirklichungsmöglichkeit zu überprüfen. Dazu trägt die Phase der Zielbestimmung entscheidend bei.

Obwohl unsere Ziele unser Verhalten maßgeblich beeinflussen, wird im Alltag über die spezifischen Inhalte unserer Ziele kaum gesprochen, noch werden sie festgelegt. Wir sind es nicht gewohnt, uns ständig mit unseren Zielen zu beschäftigen. Doch effektives Selbstmanagement erfordert die Auseinandersetzung mit eigenen Zielen und deren Präzisierung. Nur so sind Planungsprozesse, sinnvolle Entscheidungen und Handlungen überhaupt möglich. Die Auseinandersetzung mit Zielen zwingt einen dazu, zu sehen, ob Ziele und reales Handeln übereinstimmen oder ob beides im Rahmen eines erneuten Planungsvorgangs zu größerer Deckung gebracht werden muß.

Die Aufgaben, die umfassendes Selbstmanagement an den einzelnen stellt, sind andere als diejenigen, die im technischen oder wirtschaftlichen Bereich gestellt werden. Dort genügt es häufig, einen klar definierten Zustand herbeizuführen oder einen früheren Zustand wiederherzustellen („status quo ante"): Fehlt beispielsweise ein Ersatzteil, so muß es beschafft werden; fallen Einnahmen geringer aus als erwartet, müssen Ausgaben eingeschränkt werden usw. Beim Selbstmanagement ist das anders. Die Ziele sind nicht immer so klar definiert. Im Zuge des Selbstmanagements plant man möglicherweise eine Veränderung bestimmter unscharf definierter Fähigkeiten („soft skills") oder eine Verbesserung der Kommunikationsfähigkeit oder eine Erweiterung der allgemeinen Handlungsfähigkeit oder eine völlige Neuorientierung in beruflicher oder persönlicher Hinsicht usw. Solche Veränderungen können natürlich auch mit Konflikten, Ängsten oder Frustrationen einhergehen, was bei der Zielbestimmung stets berücksichtigt werden muß (Kanfer et al., 2000).

Der Prozeß der inhaltlichen Festlegung konkreter Ziele wird von einer Reihe von Faktoren beeinflußt (Reinecker, 1994):

- die Werte und Normen des Betreffenden,

- die persönlichen Voraussetzungen, die er mitbringt,

- seine Motivation,

- seine Zukunftserwartungen,

- die Anforderungen oder Aufgaben, mit denen er konfrontiert ist,

- die materiellen und sozialen Rahmenbedingungen und

- die Bewältigungsstrategien, die ihm zur Verfügung stehen.

Über diese Einflußfaktoren muß sich der Betreffende im Einzelfall klarwerden. Falls die Entscheidung bezüglich eigener Ziele schwerfällt, sollte er Alternativen suchen. Es kann hilfreich sein, dies schriftlich zu tun (Janis u. Mann, 1977). Dazu kann ein sogenannter „Entscheidungsbogen" („balance sheet") verwendet werden, um Alternativen aufzulisten und miteinander zu vergleichen (Wheeler u. Janis, 1980). Für jedes Ziel, das in Frage kommt, wird eine positive und eine negative Spalte eingerichtet, in denen die Vor- und Nachteile jedes Ziels schriftlich festgelegt werden. Ein Vorteil könnte beispielsweise die subjektive Befriedigung sein, das Ziel erreicht zu haben, während ein Nachteil beispielsweise der Aufwand (Kosten, Mühe, Energie) sein könnte. Sobald die

Ziele bestimmt sind, kann die Planung, Auswahl und Durchführung konkreter Schritte beginnen.

Man kann den Versuch unternehmen, seine Zielideen zu strukturieren und in eine hierarchische Ordnung zu bringen. Anschließend geht es darum, die Ziele nach verschiedenen Gesichtspunkten zu überprüfen. Neben der zunehmenden Konkretisierung geht es dabei auch um die Frage, ob ausreichende Ressourcen zur Konkretisierung der Ziele zur Verfügung stehen und welche Ziele verworfen werden müssen. Die Konkretisierung wird durch die Beantwortung folgender Fragen erleichtert:

- Sind die Ziele konkretisierbar, oder bleiben sie vage?

- Sind die Ziele realistisch? Besteht die Aussicht, sie zu erreichen?

- Habe ich die Fähigkeiten und Voraussetzungen, die Ziele zu erreichen?

- Gibt es ethische oder moralische Gesichtspunkte, die meine Ziele verwerflich erscheinen lassen?

- Welche Einflußfaktoren (Personen oder Umstände) in meinem Umfeld fördern bzw. hemmen die Umsetzung meiner Ziele?

- Woran würde ich erkennen, daß ich das gesetzte Ziel erreicht habe (de Shazer, 1992)?

Gerade sehr globale oder vage Ziele entpuppen sich nach näherer Betrachtung als ein Komplex mehrerer Haupt- und Nebenziele, die sich der Betreffende in Form eines Entscheidungsbaumes (s. Abbildung 5) veranschaulichen kann. Eine Differenzierung in Haupt- und Nebenziele (Prioritätensetzung) ist besonders dann wichtig, wenn der Betreffende eine Reihe von Einzelzielen anstrebt, die sich widersprechen oder gegenseitig ausschließen (Dörner, 1989). So führt eine sorgfältige Zielanalyse möglicherweise zur Veränderung der gesamten Zielperspektive. Manchmal sind Kompromisse zwischen widerstrebenden Zielen erforderlich. Das kann dazu führen, daß Ziele nur indirekt erreicht werden können oder daß bestimmte Ziele wegen negativer Konsequenzen aufgegeben werden müssen.

Planung und Auswahl konkreter Schritte
setzt die Klärung von Werten und Zielen voraus

Die Auseinandersetzung mit den eigenen Wertvorstellungen und Zielen nennt man *Ziel- und Wertklärung* (Kanfer et al., 2000). Sie ist ein zentraler Aspekt des Selbstmanagements und stellt gewisse Anforderungen an die Selbstmanagementfähigkeiten des einzelnen.

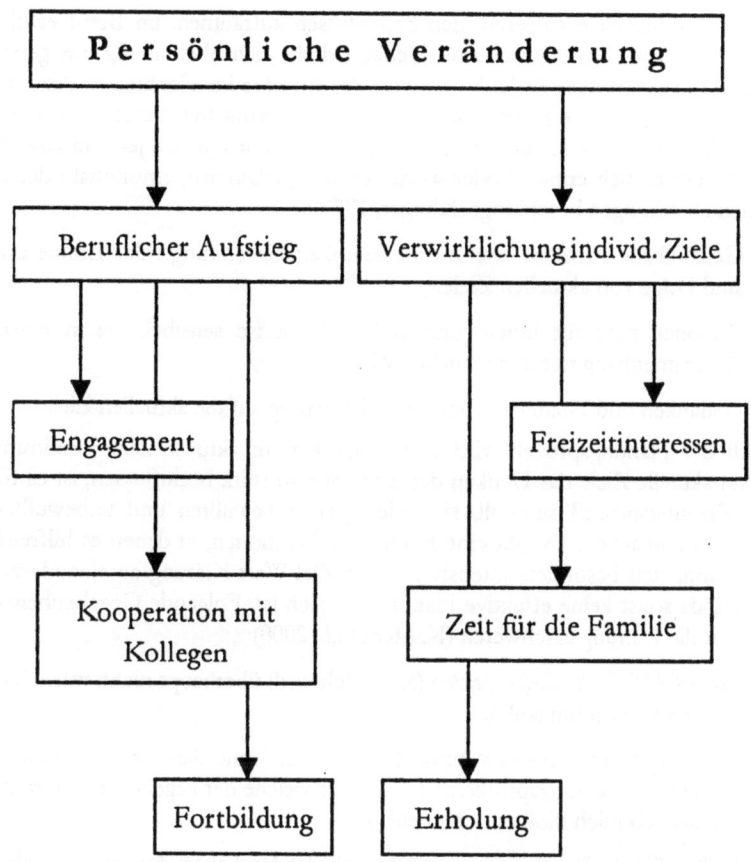

Abbildung 5: Beispiel für die Strukturierung von Zielen

Wenn man Überlegungen zu Motivation und Planung anstellt, sind aktuelle Ziele (oder „current concerns") von großer Wichtigkeit (Klinger et al., 1981; Klinger, 1987). Jede Person ist zu jedem Zeitpunkt seines Lebens mit der Verfolgung einer Vielzahl kurzfristiger Ziele beschäftigt („commitment"). Alle Aspekte, Themen und Interessen, die eine Person zu einem bestimmten Zeitpunkt beschäftigen, beanspruchen sie auch. Die jeweiligen Ziele können natürlich völlig unterschiedlicher Art sein und den einzelnen in unterschiedlichem Maße beanspruchen (Kanfer et al., 2000): ein gutes Examen schreiben, den Partner zu einer Urlaubsreise bewegen, ein Auto kaufen, einem Verein beitreten, sich politisch engagieren, den Schreibtisch aufräumen, im Beruf erfolgreich sein usw. Das menschliche Denken dreht sich aber häufig um genau solche Vorhaben oder Ziele. So tendiert der einzelne im allgemeinen dazu, an Dinge zu denken, die in irgendeinem Zusammenhang mit diesen Zielen stehen. Die aktuellen Ziele bestimmen also, welchen Dingen sich jemand zuwendet, woran er sich erinnert oder womit er sich gedanklich, emotional oder in seinen Handlungen beschäftigt (Klinger, 1977):

- Gedankliche Prozesse wie Aufmerksamkeitszuwendung oder Erinnerung sind Folge von aktuellen Zielen;

- Personen sind für innere und äußere Hinweise sensibel, die in einem Zusammenhang mit den aktuellen Zielen stehen;

- Gedanken und Phantasien beziehen sich häufig auf die aktuellen Ziele.

Auch der Planungsprozeß wird von Gedanken an aktuelle Ziele bestimmt. Wenn aktuelle Ziele das Denken des einzelnen so stark beeinflussen, ist es für den Planungsprozeß sinnvoll, sich die eigenen bewußten und unbewußten Ziele klarzumachen. Es gibt eine Reihe von Situationen, in denen es hilfreich sein kann, sich besonders intensiv mit der Ziel-Wert-Klärung auseinanderzusetzen, da sonst keine effektive Planung möglich ist. Folgende Gegebenheiten können die Planung erschweren (Kanfer et al., 2000):

- *das Gefühl fehlender Zielperspektive* (z. B. „Ich weiß überhaupt nicht, was ich in dieser Situation tun soll");

- *Unsicherheit oder Ungewißheit bezüglich künftiger Ziele* und damit zusammenhängende Entscheidungsprobleme (z. B. „Für welche der gegebenen Alternativen soll ich mich bloß entscheiden?");

- *Zielkonflikte* (z. B. „Einerseits möchte ich das Vorhaben durchführen, aber die andere Möglichkeit ist genauso gut – beides geht aber nicht auf einmal");

- *schwankende Zielvorstellungen* (z. B. „Gestern wollte ich unbedingt dieses, heute will ich genau das Gegenteil – ich weiß nicht, was ich morgen will");

- *wiederkehrende Muster „spontaner" Entscheidungsimpulse* mit gravierenden Folgen und anschließender Reue (z. B. „Ich entschließe mich spontan, etwas sehr Teures und völlig Überflüssiges zu kaufen, obwohl ich weiß, daß ich es später bereuen werde");

- *allgemeine Unzufriedenheit mit sich selbst* (z. B. „Meine persönliche Entwicklung ist in eine Sackgasse geraten; ich habe falsche Entscheidungen getroffen, und nun lasse ich mich treiben");

Die Beschäftigung mit Ziel-Wert-Klärung ist immer dann sinnvoll, wenn es um die Verbesserung der Selbstmanagementfähigkeiten geht. Die Ziel-Wert-Klärung dient dazu, die Aufmerksamkeit auf zielrelevante Gedankeninhalte zu lenken und dem Planungsprozeß neue Perspektiven zu eröffnen. Es hängt jedoch von den Bedürfnissen des einzelnen ab, wie intensiv er sich mit dieser Thematik beschäftigt.

Es ist dem einzelnen möglich, einen besseren Zugang zu seinen Zielen und Bedürfnissen zu bekommen, indem er eine ablenkungsfreie Atmosphäre schafft, sich entspannt, der Phantasie Freiräume schafft und durch Ausschalten der rationalen Kontrolle den Gedanken ihren freien Lauf läßt, wie etwa beim „Brainstorming". Dadurch werden dem einzelnen Werte und Ziele zugänglich, auf die er allein durch rationales Nachdenken möglicherweise nicht gekommen wäre (Kanfer et al., 2000).

Eine Klärung erfolgt dabei in „positiver" wie in „negativer" Richtung („Was ist mir wichtig?" bzw. „Was ist mir nicht wichtig?"). Daraus ergibt sich der motivationsfördernde Effekt der Ziel-Wert-Klärung. Die Ziel- und Wert-Klärung kann in diesem Zusammenhang als *strategischer Planungsprozeß* verstanden werden, der in drei Schritten erfolgt:

- *Kontextklärung:* die gegebenen Bedingungen und situativen Umstände werden berücksichtigt; die eigenen Wertvorstellungen, die wir alle in irgendeiner Form als Maßstab für unser Handeln haben, müssen uns bewußt sein;

- *Zielanalyse:* die „Veränderungsbereiche" oder Ziele werden auf ihre Vereinbarkeit mit unseren Wertvorstellungen überprüft; die Umsetzungsmöglichkeiten werden genau geprüft;

- *Integration:* die Ziele werden als erstrebenswert angenommen; die zum Erreichen der Ziele erforderlichen Handlungsschritte werden unternommen und in laufende Prozesse eingebunden.

Die Beschäftigung mit positiven Zielvorstellungen erhöht die Tendenz des einzelnen, auf seine Ziele hinzuarbeiten (Anderson, 1980). Das bewußte Setzen eigener Ziele („goal setting") erleichtert auch das tatsächliche Erreichen dieser Ziele (Latham u. Locke, 1991). So trägt die Ziel-Wert-Klärung zur Verbesserung der Motivation bei, indem die Aufmerksamkeit des einzelnen auf positive Ziele konzentriert wird (Kanfer et al., 2000). Allerdings darf die Ziel-Wert-Klärung nicht zum Selbstzweck werden. Wenn nämlich die Beschäftigung mit Zielen und Werten mehr Bedeutung erhält als die Planung von Handlungsschritten, hat sie ihre Funktion verfehlt: Die Landkarte darf nämlich nie wichtiger sein als das Gebiet, das sie abbildet (Korsybski, 1933).

Drei Phasen der Ziel-Wert-Klärung

Produktionsphase

Der erste praktische Schritt besteht darin, sich auf Situationen, Erfahrungen und Ereignisse mit zielrelevanten Inhalten einzulassen (Kanfer et al., 2000). Es ist grundsätzlich möglich, jeden Gedanken, jede Emotion, jede Befürchtung, jedes Ereignis, jede Alltagshandlung in den Mittelpunkt der Ziel-Wert-Klärung zu stellen. Durch Selbstbeobachtung kann der einzelne versuchen, typische und wiederkehrende Muster zu identifizieren und auf ihre Bedeutung im Hinblick auf eigene Werte und Ziele zu untersuchen. Neben der Selbstbeobachtung kann auch die Beobachtung anderer Personen für die Ziel-Wert-Klärung hilfreich sein. So kann der einzelne sehen, wie andere Menschen ihr Leben gestalten, und erfährt dabei die vielen Möglichkeiten der Lebensgestaltung.

In der Produktionsphase ist es angebracht, sich bestimmte Fragen zu stellen, um über mögliche Antworten nachzudenken. Eine Reihe von Fragen bzw. Phantasiespiele haben sich in diesem Zusammenhang bewährt (Kanfer et al., 2000):

- *Die gute Fee*: Zunächst werden drei Probleme ausgewählt, die die Fee verzaubern soll, damit sie kein Problem mehr darstellen. Es ist wichtig, daß die Probleme nicht einfach als verschwunden phantasiert werden, sondern als positiv verändert wahrgenommen werden.

- *Die Rucksack-Tour*: Man begibt sich gedanklich auf eine Bergtour, bei der ein Rucksack mit den derzeit fünf wichtigsten Problemen mitgeführt wird. In der Phantasie werden die Probleme nacheinander am Wegesrand abgelegt. Man beachte, welches die Probleme sind, wie schwer sie wiegen und in welcher Reihenfolge sie abgelegt werden.

- *Wenn ich einmal reich wär'*: Man stellt sich vor, man hätte DM 1000, DM 100.000 oder DM 1 Million und müßte das Geld innerhalb eines Monats ausgeben. Was würde man damit machen?

- *Die 3-Jahres-Frage*: Man stellt sich vor, wie man in drei Jahren lebt, wenn sich alles nach eigenen Wünschen positiv entwickelt. Wo wäre man? Mit wem würde man leben? Was würde man tun?

- *Die 1-Jahres-Frage*: Man stellt sich vor, ein Arzt gäbe einem nur noch ein Jahr Zeit zu leben. Was wäre, wenn sich ansonsten alles wunschgemäß entwickelt? Wo wäre man? Mit wem würde man zusammenleben? Was würde man tun?

- *Doktor Faust:* Man befindet sich in einer ähnlichen Situation wie Goethes Faust, der seine Seele an Mephisto verkauft, um einen Wunsch erfüllt zu bekommen. Wofür würde man selbst die letzten zehn Jahre seines Lebens hergeben? Welchen Wunsch würde man sich um diesen Preis gerne erfüllen lassen?

In der Auseinandersetzung mit diesen Fragen werden potentielle Antworten erwogen und Ideen generiert, die dem einzelnen dabei helfen können, sich seiner Werte und Ziele bewußt zu werden.

Auswertung der Ideen

In der zweiten Phase können die Werte und Ziele, die sich aus der Produktionsphase ergeben, nach Priorität unterschieden werden. Das bedeutet, daß sie sich nach der Dringlichkeit oder dem Stellenwert, den das Ziel hat, ordnen lassen. Die einzelnen Ziele können auf systematische Weise erfragt bzw. hinterfragt werden, wobei die Fragen in drei Kategorien gruppiert werden können (Kanfer et al., 2000):

1. *Differenzierung von Werten und Zielen*

   - Was sind für mich verbindliche Ziele?

   - Was sind nur „Lippenbekenntnisse"?

   - Wo strebe ich unerreichbare Ziele an?

2. *Bestimmung relevanter Zieldimensionen*

   - Welches sind meine persönlich relevanten übergeordneten Ziele?

   - In welche Nahziele kann ich bestimmte Fernziele zerlegen?

   - Welche einfacheren Ziele beinhalten meine komplexen Ziele?

   - Wie kann ich vage Zielvorstellungen konkretisieren?

   - Welche impliziten Ziele kommen ins Blickfeld?

3. *Identifizierung funktionaler Zielzusammenhänge und Prioritäten*

   - Welche Ziele hängen funktionell zusammen?

   - Welche Ziele sind über- bzw. untergeordnet?

   - Welche Zielhierarchie ist erkennbar?

   - Welche Ziele haben erhöhte (zeitliche) Priorität?

Man sieht, daß Ziele nie isoliert betrachtet werden können. Vielmehr sind sie auf vielfältige Weise mit anderen Zielen, Wünschen und Bedürfnissen verbunden. Mehrere verschiedene Verhaltensweisen stehen dann in einem funktionellen Zusammenhang, wenn sich ihre Auswirkungen im Hinblick auf ein gemeinsames Ziel bündeln lassen. Dies ist beispielsweise der Fall, wenn ein Mitarbeiter überpünktlich zur Arbeit kommt, tadellose Umgangsformen an den Tag legt und stets Bestleistungen zeigt. Diese zunächst voneinander unabhängige Verhaltensweisen können durchaus in einem funktionellen Zusammenhang gesehen werden, nämlich im Hinblick auf einen möglichst schnellen beruflichen Aufstieg im Betrieb.

Es lassen sich aber nicht nur Verhaltensweisen bündeln, die auf *ein* Ziel ausgerichtet sind. Es lassen sich auch Ziele zu Zielgruppen zusammenfassen. Ausgehend von einem der Ziele, lassen sich dann über- und untergeordnete Ziele herausstellen. So können Zielhierarchien entstehen, die dem einzelnen helfen, sich über die Priorität von Zielen klarzuwerden.

Integration in den Alltag

Nach der Produktion der Antworten auf diese Fragen kann der einzelne mit der Überprüfung beginnen, inwieweit sein tatsächliches Verhalten mit den erklärten Zielen übereinstimmt. Dies ist die dritte Phase der Ziel-Wert-Klärung. Aus der Überprüfung ergeben sich Hinweise auf die zum Erreichen von Zielen erforderlichen Verhaltensweisen und Handlungsstrategien. Dabei sind nicht nur die Ziele selbst wichtig. Es ist für den einzelnen ebenso wichtig, sich mit dem Prozeß der Ziel-Wert-Klärung auseinanderzusetzen. Dieser Prozeß läuft nach folgenden Schritten ab (Kanfer et al., 2000):

* Lenken der Aufmerksamkeit auf zielrelevante Hinweise;

* Identifikation persönlich relevanter Ziele;

* Konzentration auf Ziele mit höchster Priorität;

* Vergleich von Zielen mit realem Handeln;

* Planen und Umsetzen konkreter Maßnahmen, bis Ziele und reales Handeln in Einklang stehen;

* Erfolgsüberprüfung.

Es ist wichtig, bei der Bewertung von Zielen eine Reihe von Annahmen zu berücksichtigen. Diese Annahmen können bei der Umsetzung der Ziele bzw. bei ihrer Integration in den Alltag hilfreich sein (Kanfer et al., 2000):

* Menschliches Verhalten ist grundsätzlich durch irgend etwas motiviert und zielorientiert.

* Aus Gründen der Ökonomie sind im Alltag zahlreiche zielorientierte Verhaltensweisen automatisiert, d. h. sie werden zu Gewohnheiten.

- Ziele stehen nicht immer im Zentrum der Aufmerksamkeit, sondern rükken mal mehr und mal weniger in den Fokus des Bewußtseins.

- Die menschliche Informationsverarbeitung läuft teilweise bewußt und teilweise unbewußt ab, d. h. daß manche Aspekte eher „kontrolliert" ablaufen, während andere „automatisiert" sind.

- Ziele sind häufig Veränderungen unterworfen, sie befinden sich also ständig im Fluß.

- Ziele können durch innere sowie äußere Auslöser aktiviert werden.

- Absichten oder Intentionen bleiben in Form von Schemata oder „gedanklicher Repräsentationen" über längere Zeit im Gedächtnis erhalten.

- Intentionen können auch dann bestehen bleiben, wenn der einzelne dieses Ziel nicht direkt verfolgt, beispielsweise wenn andere Ziele Vorrang haben.

- Menschen können auch Ziele verfolgen, die räumlich oder zeitlich in weiter Ferne liegen, indem sie die Ziele mittels Phantasie vorwegnehmen („antizipieren").

- Teilziele oder Zwischenziele erleichtern das Erreichen von Zielen, indem der einzelne ein Zwischenziel als internen Standard setzt und sich für das Erreichen dieses Standards selbst belohnt.

- Zielorientierte Handlungen werden dann beendet, wenn entweder das Ziel erreicht ist oder mit der Zeit als nicht erreichbar eingeschätzt wird (z. B. aufgrund von Ungeduld, Mißerfolg oder einer realitätsnäheren Einschätzung der Begleitumstände).

- Manche nicht erreichten Ziele können zu späterem Zeitpunkt wieder aufgenommen werden, bei anderen nicht erreichten Zielen ist die Chance dazu unwiederbringlich verloren.

Planung und Auswahl konkreter Schritte

Der Planungsprozeß bewegt sich auf der Grundlage der vorhandenen Information. Der einzelne überlegt dabei, welche Handlungsschritte zum Erreichen seiner Ziele in Frage kommen könnten. Trotz der Fülle der Möglichkeiten, die sich aus der Information für den einzelnen theoretisch ergeben, sind nur wenige davon tatsächlich geeignet. So reduziert sich durch den Planungsprozeß die Zahl der *möglichen* Alternativen auf die Zahl der *realistischen* Alternativen. Es ist hilfreich, im Zuge des Planungsprozesses eine Reihe diesbezüglicher Schwerpunkte zu setzen (Kanfer et al., 2000):

- konkrete Vorgehensweisen in Betracht ziehen;

- vorhandenes Wissen nutzen;

- vorhandene Informationen verarbeiten;

- beabsichtigte Vorgehensweise analysieren;

- die Entscheidung treffen, tatsächlich vorzugehen;

- mit der beschlossenen Vorgehensweise beginnen.

Die Durchführung konkreter Schritte im Hinblick auf die identifizierten Ziele setzt die Planung und Auswahl dieser Schritte voraus. Der Planungsprozeß erfordert daher eine gewisse diesbezügliche Informationsverarbeitungskompetenz desjenigen, der Selbstmanagement betreiben will.

Die Planung konkreter Schritte hängt in großem Maße von der Art und Weise ab, wie der einzelne seine Informationen gespeichert hat und auf welche Weise er sie mobilisieren und nutzbar machen kann. Man kann die Gesamtheit an Information und Kompetenz einer Person auf zweierlei Weise auffassen (Dörner, 1976):

- *inhaltliche Information,* die gewissermaßen die im Gedächtnis gespeicherten Tatsachen und Sachverhalte umfaßt; diese Art der Information hat eine „reproduktive" Struktur;

- *prozessuale Information,* die die funktionellen Zusammenhänge und assoziativen Verbindungen umfaßt, die zwischen den im Gedächtnis gespeicherten Sachverhalten bestehen; diese Art der Information hat eine „produktive" Struktur.

Aber mit *Information* allein sind natürlich keine Anforderungen oder Aufgaben zu bewältigen. Information muß nämlich in Entscheidungsprozesse einfließen und sich auf das Handeln auswirken. Neben Information ist also auch *Handlungskompetenz* Voraussetzung für die konkrete Problembewältigung. Handlungskompetenz definiert die praktischen Grenzen des Planbaren.

Bedingungen der Planung

Planung hängt von einer Vielzahl von Bedingungen ab und kann deshalb grundsätzlich nicht nur als Anwendung von Regeln nach einem bestimmten Schema gesehen werden. Planungsvorgänge sind komplizierte Prozesse mit spezifischen Eigenschaften, die sich auf unterschiedliche Weise auf den Prozeß selbst auswirken und die Planbarkeit des Vorgangs begrenzen. Auf einige dieser spezifischen Eigenschaften von Planungsprozessen wollen wir nun eingehen.

- *Objektive Planungsbedingungen.* Planungsvorgänge hängen immer auch von objektiv gegebenen inneren und äußeren Bedingungen ab (z. B. die begrenzte Verfügbarkeit von Ressourcen oder die Qualifikation und Kompetenz des einzelnen).

- *Subjektive Planungsbedingungen.* Bei der Planung spielen subjektive Bedingungen eine ebenso wichtige Rolle wie objektive Faktoren. Das bedeutet, daß die persönlichen Eigenschaften der planenden Personen Auswirkungen auf den Planungsvorgang haben. Dabei spielen zum Beispiel persönliche Wertungen, subjektive Präferenzen oder die emotionalen Gegebenheiten der an der Planung beteiligten Personen eine Rolle. Dadurch kann der Planungsvorgang einerseits in seiner „Objektivität" gefährdet sein, er kann aber auch durch die eingebrachten subjektiven Elemente und die daraus resultierende Kreativität und Flexibilität profitieren. Subjektive Aspekte können nicht aus der Planung eliminiert werden und sollten dies auch nicht.

- *Komplexität des Planungsprozesses.* Eine spezifische Eigenschaft von Planungsprozessen sind die in dem Prozeß selbst liegenden Grenzen der Planbarkeit, die durch die Komplexität der ablaufenden Vorgänge begründet sind. Bei der Planung entstehen mehr oder weniger lange Ketten gedanklich vorweggenommener Handlungen. Es entsteht ein Entscheidungsbaum aller denkbaren Handlungsalternativen. An jedem Punkt der Handlungsfolge, an dem eine Entscheidung zu treffen ist, verzweigt sich die Kette. Auf diese Weise verzweigen sich auch Planungsvorgänge. Planungssequenzen können Kreise bilden, beispielsweise wenn nach einem mißlungenen Handlungsversuch die Entscheidung für einen erneuten Versuch fällt (Dörner, 1995). Das Ergebnis eines erfolgreichen Planungsvorgangs ist meistens eine sehr komplexe Struktur. Deshalb droht der Vorgang im Verlauf stets durch die Vielfalt der Optionen und Möglichkeiten zum Erliegen zu kommen. Da in einem Planungsvorgang jedoch nicht *alle* denkbaren Möglichkeiten überprüft werden können, muß Planung angesichts der Komplexität der Prozesse stets unvollständig bleiben.

- *Planung als heuristischer Prozeß.* Ein heuristischer Prozeß ist ein „Findeverfahren" (Dörner, 1995), bei dem es darum geht, Zusammenhänge zur Erklärung von Sachverhalten erst einmal anzunehmen, um dann die Erklärung zu überprüfen und für richtig oder falsch zu erklären. Da Planung von einer Vielzahl von Bedingungen abhängt, kann ein Planungsvorgang nicht geradlinig und ohne Berücksichtigung äußerer Umstände erfolgen. Vielmehr müssen die verschiedenen Komponenten des Vorgangs integriert werden, um zu einer für die Situation angemessenen Planung zu gelangen. Versteht man Planung als einen „heuristischen, integrierenden Produktionsprozeß" (Caspar u. Grawe, 1993), gelangt man über situationsgerechte

Planung auch zu maßgeschneiderten Lösungskonzepten. Dazu muß die Vielfalt der Handlungsmöglichkeiten begrenzt werden, d. h. der „Suchraum" muß *eingeengt* werden (Dörner, 1995). Es kommen unterschiedliche Planungstechniken zur Anwendung, die den heuristischen Planungsprozeß weiterbringen (z. B. Rückwärtsplanung, Zwischenziele). Wenn man mittels Suchraumeinengung das Umfeld überschaubar hält, sucht man aber möglicherweise im falschen Umfeld. Dann kann im Rahmen der heuristischen Planung der Suchraum auch *erweitert* werden. In diesem Fall kommen andere Planungstechniken zur Anwendung (z. B. Versuch und Irrtum, Analogieschluß).

Letztlich beinhaltet der Planungsprozeß das Absuchen einer Reihe von Realitätsbereichen nach Transformationsmöglichkeiten (Dörner, 1989). Die Auswahl der Transformationsmöglichkeit wird dadurch erleichtert, daß man eine Reihe von Ratschlägen berücksichtigt, die als Handlungsanweisung für die Planungspraxis dienen können (Kanfer et al., 2000):

- setzen Sie an den *Bedingungen* der Problemstellung an;

- berücksichtigen Sie die *funktionellen Zusammenhänge* der Aufgaben;

- setzen Sie *Prioritäten* bei der Reihenfolge der Einzelschritte;

- setzen Sie *nicht* bei unabänderlichen Tatsachen an;

- berücksichtigen Sie bei allen Teilvorhaben die letztendlich angestrebten Ziele;

- streben Sie *konkrete, positive* und *klare* Ziele an;

- streben Sie *nicht* nach unrealistischen oder unerreichbaren Zielen;

- wählen Sie die Vorgehensweise, von der Sie sich den größten *Erfolg* versprechen;

- wählen Sie eine Vorgehensweise, für die Sie das erforderliche *Wissen* und *Können* mitbringen;

- sichern Sie, falls erforderlich, die *Voraussetzungen* für Ihre Vorgehensweise;

- lassen Sie sich in Ihrer Vorgehensweise *nicht* von anderen entmutigen;

- nehmen Sie die *Hilfsmöglichkeiten* in Anspruch, die Ihnen zur Verfügung stehen;

- wählen Sie die Vorgehensweise, die anderen am *wenigsten schadet*;

- berücksichtigen Sie die *Relation* zwischen Aufwand und Nutzen der Vorgehensweise;

- zerlegen Sie die Vorgehensweise in kleinere *Teilschritte;*

- versuchen Sie *nicht*, den zweiten Schritt vor dem ersten und den dritten vor dem zweiten zu tun usw.

- passen Sie den Schwierigkeitsgrad der Schritte Ihren *Möglichkeiten* an;

- verschaffen Sie sich *positive Erfahrungen*, um den Mut zu fassen, weitere Schritte zu tun.

Praktische Umsetzung von Planung

Nach der Planung beginnt die praktische Umsetzung der geplanten Schritte im Hinblick auf die identifizierten Ziele. Hier macht sich die Qualität der Informationsverarbeitung und genauen Überlegung bei der Planung bezahlt. Durch sorgfältige und detaillierte Planung lassen sich manche Probleme bei der Durchführung voraussehen und entsprechend umgehen. Aber selbst wenn die Planung abgeschlossen ist, Entscheidungen getroffen sind und Handlungsschritte unternommen wurden, ist der „Zug noch nicht abgefahren". Vielmehr ist es wichtig, sich laufend der subjektiven Gewißheit der „Richtigkeit" seiner Planung zu vergewissern.

Hier ist *Versuch und Irrtum* als Planungstechnik eine wichtige Hilfestellung. Wenn der einzelne an den Resultaten getroffener Entscheidungen und vollzogener Handlungen erkennt, daß das Ziel auf diese Weise nicht erreichbar ist, kann er sich zurück in den Planungsprozeß begeben – im Sinne einer Feedback-Schleife. Er durchläuft auf diese Weise eine Planungsstrecke erneut, trifft andere planerische Entscheidungen und kommt so zu einer Modifikation seiner Planung.

Eine weitere Form der Planung ist die *Rückwärtsplanung* (Dörner, 1989). Sie ist gerade dann besonders sinnvoll, wenn konkrete Ziele vorhanden sind und die ersten Schritte in diese Richtung erfolgt sind. Man überlegt sich dabei, welche Schritte dem erstrebten Ziel unbedingt vorausgehen müssen, damit das Ziel erreicht werden kann. Diese Vorgehensweise wenden wir z. B. alle an, wenn wir bei der Planung einer Zugreise von der Ankunftszeit am Zielbahnhof ausgehen und nicht von der Abfahrtszeit am Ausgangsbahnhof.

Planungsprozesse können sich auch verzweigen: manche enden in einer Sackgasse, andere kehren an ihren Ausgangspunkt zurück und beginnen dort erneut. Vorwärtsplanung, Rückwärtsplanung, Versuch und Irrtum: alle diese Planungsarten können sich natürlich auch abwechseln und gegenseitig ergänzen.

Probleme bei der Planung

Es gibt eine Reihe *ineffektiver Planungsstrategien*, die der einzelne erkennen sollte, wenn er sie vermeiden will (Kanfer et al., 2000):

- Ignorieren von Hinweisen auf sich abzeichnende Probleme;

- Gleichgültigkeit gegenüber bereits vorhandenen Problemen;

- Abwehr vorhandener Probleme (z. B. Rationalisierung);

- Probleme vor sich herschieben („Was du heut nicht kannst besorgen, das verschieb getrost auf morgen");

- andere für Probleme verantwortlich machen;

- offenkundige Tatsachen nicht wahrhaben wollen;

- Versuch, unveränderliche Gegebenheiten zu beeinflussen;

- unrealistische Zielvorstellungen („Utopie-Syndrom") (Watzlawick et al., 1974);

- inadäquate Blockierung von Lösungen („Alles, nur *das* nicht") (Watzlawick, 1977).

Auch innere *Widerstände gegen Veränderungen* können den Planungsprozeß des einzelnen beeinträchtigen. In diesem Zusammenhang versteht man unter Widerstand Phasen der Stagnation oder das Fehlen von Fortschritten. Beides kann häufig auf Schwierigkeiten beim Angehen selbstformulierter Ziele zurückgeführt werden. Widerstände können unterschiedliche Ursachen haben:

- *persönliche Eigenschaften* des einzelnen, die vielleicht in seiner Lebensgeschichte oder in bestimmten Vorerfahrungen begründet sind;

- die *aktuelle Motivationslage* des einzelnen, die von inneren oder äußeren Faktoren abhängen kann;

- *Trägheit des einzelnen* oder die Tendenz, alte Gewohnheiten aus Angst vor Veränderung beizubehalten;

- *unbewußte Auswirkungen* früherer Lernerfahrung, die in dem einzelnen nicht rational begründbare „Bedenken" aufkommen lassen;

Jede Form des Widerstands kann eine Beeinträchtigung des Planungsvorgangs mit sich bringen. Wenn der einzelne erkennt, daß er Widerstände hat, sind sie ihm auch zugänglich. Er kann dann überprüfen, ob er den Widerstand überwinden oder ihm nachgeben möchte. In beiden Fällen handelt es sich um eine autonome Willensentscheidung des einzelnen, die er vor niemandem als sich selbst rechtfertigen muß.

Grenzen der Planbarkeit

Da Planung stets zukunftsbezogen ist, setzt sie möglichst vollständige Information voraus. Diese zukunftsbezogene Information ist jedoch immer unvollkommen, da Aussagen über die Zukunft nur unter dem Aspekt der *Möglichkeit* des Eintreffens bestimmter Erwartungen gemacht werden können. Absolute Sicherheit in bezug auf zukünftige Ereignisse ist, wie wir wissen, nie zu erlangen. So muß man bei der Planung immer von unvollständiger Information ausgehen, auch wenn man sich noch so sehr bemüht, alle relevanten Faktoren zu berücksichtigen. Bei Planungs- und Entscheidungsprozessen gibt es eine Reihe typischer Ungewißheiten (Kanfer et al., 2000):

- schlecht definierte, „vage" Problematik;

- Ausgangszustände und Ziele ändern sich laufend;

- neue Entscheidungen sind laufend erforderlich;

- Problemlösen findet auf mehreren unterschiedlichen Ebenen statt („Mehrdimensionalität");

- Planung muß oft nach „heuristischen" Gesichtspunkten erfolgen (s. S. 149);

- Planung muß oft unter Zeitdruck erfolgen.

Die Schwierigkeit liegt darin, zur richtigen Zeit das Richtige auf richtige Art und Weise zu tun. Es gibt zwar Regeln, nach denen in der Planung vorgegangen werden kann, doch hängen diese Regeln ganz von den vorliegenden Bedingungen ab. Darüber hinaus unterscheiden sich Menschen in der Fähigkeit, solche Regeln korrekt anzuwenden. Wie können wir also angesichts solcher erheblichen Unwägbarkeiten und Unschärfen komplexe Handlungen überhaupt noch planen? Bei der Lösung eines komplexen Problems kann man die verschiedenen Teilprobleme normalerweise nicht „über einen Kamm scheren". In solchen Situationen ist „dynamisches Problemlösen" gefragt (Kanfer et al., 2000). Das heißt, es kommt dabei weniger darauf an, unser Gehirn umzugestalten, als darauf, seine Möglichkeiten besser zu nutzen (Vollmer, 1986). Für die Planung bedeutet das, nicht nach einem starren Schema vorzugehen, sondern alles zu seiner Zeit und unter Beachtung der jeweiligen Umstände zu tun (Dörner, 1995):

- *Manchmal ist es notwendig, genau zu analysieren, manchmal sollte man nur grob hingucken. Manchmal sollte man sich also ein umfassendes, aber nur „holzschnittartiges" Bild von der jeweiligen Situation machen, manchmal hingegen sollte man den Details viel Aufmerksamkeit widmen.*

- *Manchmal sollte man viel Zeit und Energie in die Planung stecken, manchmal sollte man genau dies bleiben lassen.*

- *Manchmal sollte man sich seine Ziele ganz klarmachen und erst genau analysieren, was man eigentlich erreichen will, bevor man handelt. Manchmal aber sollte man einfach „loswursteln".*

- *Manchmal sollte man mehr „ganzheitlich", mehr in Bildern denken, manchmal mehr „analytisch".*

- *Manchmal sollte man abwarten und beobachten, was sich so tut; manchmal ist es vernünftig, sehr schnell etwas zu tun.*

Mit dieser Zugangsweise zum Planungsprozeß, der so eine gewisse „Unschärfe" behält, wird die Weiche zu einer „begrenzten Instabilität" (Stacey, 1997) gestellt. Der Planungsprozeß befindet sich dann an der Grenze zwischen stabilem und sehr chaotischem Systemverhalten. Das mag zunächst ungünstig für den Planungsprozeß erscheinen, doch dieser Grenzbereich ist eine sehr kreative Zone („on the edge"), in der ganz neue, unerwartete und unvorhersehbare Entwicklungen möglich sind. Begrenzte Instabilität kann nämlich kreative Planung erleichtern. Dazu ist freilich der Mut erforderlich, sich von absolutem Sicherheitsdenken zu lösen und herkömmliche Denkmuster hinter sich zu lassen. Wer es wagt, eine solche Chance zu nutzen, muß bereit sein, Widersprüche und Streß zu ertragen, Angst auszuhalten, Zeit für Reflexion zu finden und in seinem Arbeitsumfeld Macht durch Empathie zu ersetzen. Erst dann können selbstorganisierende Lernprozesse im Arbeitsumfeld entstehen und kreative Planungsvorgänge ihre gestalterische Kraft entfalten.

5. Entscheidung und Selbstmanagement

Der Entscheidungsprozeß

Entscheidungsfindung ist ein fortlaufender Prozeß, der bei jedem Menschen tagtäglich von neuem abläuft. Dabei kann die Notwendigkeit der individuellen Entscheidungsfindung und die Auseinandersetzung mit dem Entscheidungsvorgang dem einzelnen dabei helfen, sich seiner Prioritäten, Ziele und Werte klarzuwerden und Entscheidungen gemäß eigener Prioritäten zu treffen.

Als „Entscheidung" bezeichnet man die Auswahl einer von mehreren alternativen Handlungsmöglichkeiten, die zur Realisierung eines Zieles zur Verfügung stehen (Wöhe, 1990). Das heißt, daß nicht nur eine Bewältigungsstrategie festgelegt werden muß, sondern auch die Frage nach der *Eignung* der erwogenen Strategie beantwortet werden muß: Ist sie flexibel genug, oder ist sie vielleicht zu einseitig?

Aus praktischer Sicht bedeutet der Entscheidungsprozeß immer auch die Auseinandersetzung mit konkreten Handlungsoptionen und abstrakten Zielen, die wiederum von den Werten des einzelnen abhängen. Der Entscheidungsvorgang bewegt sich dabei zunächst zwischen Annäherung und Distanzierung von verschiedenen Möglichkeiten, zwischen Festlegung und Offenlassen von Optionen. Auf diese Weise gelingt die Aufstellung einer Rangfolge (oder Hierarchie) von Zielen und Werten.

Damit eine Entscheidung überhaupt getroffen werden kann, müssen mehrere Handlungsmöglichkeiten zur Verfügung stehen (Wöhe, 1990). Das Treffen einer Entscheidung erfordert zunächst, daß sich der einzelne *alle* verfügbaren Entscheidungsmöglichkeiten und die Gegenargumente vor Augen führt (Aneignung). Werden die Argumente, die *gegen* eine Entscheidungsmöglichkeit sprechen, nicht genügend beachtet, können dem Betreffenden wichtige Gesichtspunkte entgehen. Seine Fähigkeit, frühere Entscheidungen zu überdenken und zu relativieren, wäre eingeschränkt. Genau davon hängt aber unsere Erkenntnis ab, inwieweit wir unsere Entscheidungen tatsächlich an unseren Werten und Zielen ausrichten.

Die Steuerung des Entscheidungsvorgangs gestattet einem nicht nur, Handlungsalternativen zu gewichten und Entscheidungen zu treffen, sondern auch jede einzelne Alternative genau zu überprüfen und Unentschlossenheit oder Ambivalenz zu klären. Diese kann auftreten, wenn den Handlungsalternativen gegensätzliche Werte zugrunde liegen und die Entscheidung eine unterschiedliche Gewichtung der verschiedenen Werte erfordert.

In der Regel halten wir unsere Entscheidungen für ein Ergebnis ausschließlich rationaler Überlegungen, aber tatsächlich werden Entscheidungen sowohl bewußt als auch unbewußt getroffen (Wöhe, 1990). Wie bei den anderen Grundvorgängen (Beziehung, Aneignung, Planung, Handlung) wirken sich emotionale Einflüsse unbewußt auf den Entscheidungsprozeß aus. Im Laufe unserer persönlichen Entwicklung haben wir alle bestimmte Denk- und Erlebnisweisen gelernt, die sich ein Leben lang auf unser Denken, Fühlen und Handeln auswirken. So sind auch unsere Entscheidungen betroffen.

Eine Entscheidung kann man als „reif" bezeichnen, wenn man sich darüber im klaren ist, wie weit man sich den jeweiligen Handlungsoptionen wirklich verpflichtet fühlt. Wenn diese Frage zufriedenstellend geklärt ist, wird die Entscheidung ein besseres Gefühl hinterlassen.

Mit der verbesserten Einsicht in Entscheidungsmechanismen wird der Stellenwert eigener Entscheidungen auch im Arbeitsumfeld deutlich. Durch die konsequente Auseinandersetzung mit dem Vorgang der Entscheidung kann schließlich die Grundstruktur eigener Entscheidungsmechanismen klar werden, was einem Zugangswege für Veränderungen eröffnet.

Widersprüche im Entscheidungsprozeß

Die Entscheidungen des einzelnen werden in hohem Maße vom Entwicklungsstand seiner Werte und Ziele bestimmt. Im jungen Erwachsenenalter werden unsere Entscheidungen von Vorbildern, gleichaltrigen Familienangehörigen oder älteren Kollegen beeinflußt. Mit der Zeit relativieren wir die Erwartungen und Einflüsse anderer Menschen immer mehr durch unsere eigenen Werte und Ziele. Dann richten wir unsere Entscheidungen immer mehr an unseren eigenen Vorstellungen und Prioritäten aus. Das liegt daran, daß wir eine größere emotionale Distanz zu den Dingen herstellen können („Nüchternheit") und zunehmend nach eigenen Wertvorstellungen entscheiden.

Trotzdem treten überall dort, wo Entscheidungsprozesse ablaufen, auch Widersprüche auf. Sie gehen häufig mit Ambivalenz einher (d. h. Unentschlossenheit). Das bedeutet, daß man bei Entscheidungen manchmal verunsichert ist und mehr als bloß eine Tendenz spürt: Man möchte *so* entscheiden, gerne aber auch *so* ... Bei den meisten Entscheidungen geht es also um *konflikthafte Entscheidung* bzw. die Wahl zwischen *widersprüchlichen Alternativen* (z. B. abwartend versus schnell, kurzfristig versus langfristig, rational versus gefühlsmäßig). Eine entscheidende Wandlung erfährt der Entscheidungsvorgang des einzelnen, wenn er erkennt, daß ein Vorschlag, der von jemand anderem stammt, entscheidende Vorteile hat, während der eigene Vorschlag erhebliche Nachteile hat. Eine Korrektur der eigenen Entscheidungsfindung akzeptieren zu können zeichnet konfliktfähige Entscheidungsträger aus.

Ein häufiger Widerspruch bei Entscheidungsprozessen resultiert aus der Spannung zwischen eigenen Wertvorstellungen und der Notwendigkeit einer gewissen Flexibilität bei der Bewältigung unterschiedlicher Situationen. Ein weiterer Widerspruch entsteht dadurch, wenn wir genötigt sind, Entscheidungen sehr schnell und ohne ausreichende Information zu treffen, obwohl die Entscheidung noch nicht durch Informationssuche und Planung vorbereitet ist. Ferner kommt es in Betrieben häufig vor, daß wir überlegen müssen, ob wir über die Informationen, die zum Treffen einer Entscheidung erforderlich sind, überhaupt verfügen. Solche Widersprüche oder Unklarheiten erzeugen Unentschlossenheit oder Ambivalenz und können den Entscheidungsprozeß stören.

Es stellt sich die Frage, wie man mit widersprüchlichen Anforderungen oder konflikthaften Entscheidungen umgehen soll:

- Wie viel Kraft sollte man in einen Konflikt investieren?

- Sollte man um jeden Preis eine Klärung erzwingen?

- Wann sollte man damit aufhören, Kraft in einen Konflikt zu investieren?

- Sollte man die Ambivalenz, mit der ein Konflikt einhergeht, aushalten?

Manchmal ist es ein großer Vorteil, die Ambivalenz aushalten zu können, abzuwarten und sich die Entscheidung noch einmal gründlich zu überlegen. Läßt man die Ambivalenz zu, die mit einem Entscheidungskonflikt einhergeht, und führt nicht unmittelbar eine Entscheidung herbei, ermöglicht man dem Entscheidungsprozeß Freiräume, so daß die eigene Entscheidung „heranreifen" kann. Auf diese Weise erhöht man die Wahrscheinlichkeit, daß die getroffene Entscheidung angemessen ist und nicht im Widerspruch zu eigenen Werten und Zielvorstellungen steht.

Der Entwicklungsprozeß, der im Laufe der Entscheidungsfindung abläuft, kann zu völlig neuen und kreativen Problemlösungsstrategien führen, die optimal auf die aktuellen Anforderungen zugeschnitten sind. Das stärkt das Gefühl der Kompetenz desjenigen, der die Entscheidung getroffen hat. Er gewinnt an Zuversicht und wird neuen Anforderungen und Entscheidungen positiv gegenüberstehen. So führt kompetentes Selbstmanagement von Entscheidungsvorgängen in ambivalenten Situationen dazu, daß der einzelne sowohl seine beruflichen Aufgaben erfüllen als auch seine eigenen Werte und Ziele aufrechterhalten kann.

Je größer die Übereinstimmung mit den eigenen Werten und Zielen ist, desto befriedigender sind in der Regel auch unsere Entscheidungen. Aber Entscheidungen, die ausschließlich selbstbezogen sind, hindern uns daran, die Werte und Ziele anderer Menschen wahrzunehmen, und schränken dadurch unsere Sichtweise und damit auch unsere Entscheidungsfreiheit ein. So können äußere Umstände den einzelnen vor Konflikte stellen und Entscheidungen schwermachen, denn wir haben auf äußere Umstände häufig keinen Einfluß. Beispielsweise können wir uns meistens nicht ohne weiteres über bestehende Regeln in unserem Arbeitsumfeld hinwegsetzen.

Beim Treffen schwieriger Entscheidungen greifen Menschen häufig vorschnell auf alte (und bisher bewährte) Entscheidungs- und Handlungsmuster zurück, insbesondere wenn die Zeit knapp ist und Entscheidungsnot besteht. Sie entledigen sich der als unangenehm erlebten Ambivalenz, indem sie Entscheidungen nach bewährtem Muster treffen. Das Problem ist nur, daß die Entscheidung früher unter ganz anderen Bedingungen getroffen wurde, aber nun „reflexartig" auf alte Bewältigungsmuster zurückgegriffen wird. So hat die gegenwärtige Entscheidung lediglich einen begrenzten Bezug zur aktuellen Situation. Das kann im nachhinein zu Unzufriedenheit mit den eigenen Entscheidungen führen. Diese Unzufriedenheit beeinträchtigt wiederum die Fähigkeit des einzelnen, die nächste Entscheidung zu treffen.

Wenn wir in einer Organisation Entscheidungen treffen, so fügen wir sie in den Gesamtkontext der Abläufe, die sich im Arbeitsumfeld abspielen, ein. Wir sollten uns stets dessen bewußt sein, daß alles, was wir entscheiden, andere betrifft, ebenso, wie die Entscheidungen der anderen uns betreffen. Wenn beispielsweise sich jemand der Entscheidung seines Vorgesetzten fügen muß, kann ihm die Fähigkeit, seinen eigenen Entscheidungsprozeß steuern zu können, bei der Bewältigung möglicher Kränkungen helfen, so daß er sein Selbstbewußtsein langfristig bewahren kann. Sonst könnte er emotional und unüberlegt Entscheidungen treffen, mit allen destruktiven Folgen.

Beeinträchtigung des Entscheidungsvorgangs

Beeinträchtigung der Entscheidungsfähigkeit kann folgende ungünstige Auswirkungen auf den Entscheidungsvorgang und damit auf die Resultate haben:

- Entscheidung zum falschen Zeitpunkt;
- wiederholte Verzögerung von Entscheidungen;
- Entscheidung zum eigenen Nachteil;
- Entscheidung zum Nachteil anderer;
- die Aufgabe eigener Wertvorstellungen;
- Entscheidung an Zielen vorbei.

Die Beeinträchtigung von Entscheidungsvorgängen ist häufig auf ganz spezifische Störungen der Entscheidungsfähigkeit zurückzuführen, die hier im einzelnen erläutert werden (De Waele et al., 1993):

- *Fehlender Überblick und unzureichendes Beurteilungsvermögen* können den Entscheidungsprozeß blockieren, beispielsweise wenn der Entscheidungsträger die Ziele der Organisation mit den Mitteln verwechselt, die zum Erreichen der Ziele erforderlich sind. Wer zu sehr mit den Mitteln beschäftigt ist, verliert die Ziele aus dem Auge. Wenn beispielsweise die Zahl der Kommissionen in einer Organisation zu groß wird, entsteht ein Mißverhältnis zwischen der Größe eines Problems und den Ressourcen, die zur Bewältigung des Problems mobilisiert werden. Wenn in solchen Kommissionen spezielle Belange diskutiert werden, kann die Sicht sehr rasch eingeengt sein. Dann fehlt den Kommissionsmitgliedern der Überblick, und die Zusammenhänge eines Problems können nicht mehr gesehen werden (Senge, 1996). Viele Menschen sind sich über die Ziele der Organisation, in der sie arbeiten, nicht im klaren. Es geht ihnen häufig eher um andere Dinge (z. B. Arbeitszeit, Machtgefüge, Vergütung usw.), aber weniger um die tatsächlichen Ziele, auf welche die Organisation hinarbeitet. Die andauernde Beschäftigung mit solchen Belangen behindert den einzelnen darin, seine wahren Aufgaben in Angriff zu nehmen und sinnvolle Ziele anzustreben.

- *Übermäßige Abhängigkeit von den Zielen des Arbeitsumfelds* geht oft mit unausgewogenen persönlichen Werten und Zielen einher. Beispielsweise muß jemand, der zunehmende Verantwortung bei der Arbeit übernimmt, möglicherweise auf wertvolle Erfahrungen im Privatleben verzichten (z. B. Familie, Freunde, Freizeitaktivitäten). So verzichtet er auch auf die Möglichkeit, sich auf diesem Gebiet weiterzuentwickeln. Wenn die Entscheidung dazu nicht bewußt getroffen wurde, kann dieser Weg zu einer Destabilisierung des Selbstwertgefühls und der persönlichen Zufriedenheit führen. Dadurch ist diese Person besonders auf seine Funktion im Arbeitsumfeld angewiesen und bleibt auf seine berufliche Rolle fixiert. In einer solchen Situation spiegelt der Entscheidungsprozeß häufig ungelöste Konflikte oder Ambivalenzen wider. Im Extremfall sind überstürzte Entscheidungen oder regelrechte Fehlentscheidungen die Folge.

- *Undifferenzierte und oberflächliche Bewertung bisheriger Entscheidungen* führt dazu, daß beim Treffen weiterer Entscheidungen wichtige Überlegungen nicht stattfinden. Wir sind regelmäßig mit Entscheidungen konfrontiert. Wenn wir aber bei unseren Entscheidungen nicht auch unsere Werte und Ziele berücksichtigen, laufen wir Gefahr, stets die gleiche, einseitige Beurteilung von Situationen vorzunehmen und infolgedessen immer wieder Fehlentscheidungen zu treffen. Wenn wir nicht bereit sind, frühere Fehlentscheidungen im Hinblick auf unzureichende Berücksichtigung von Werten und Zielen zu analysieren, wird sich dieses Versäumnis negativ auch auf die anderen Grundvorgänge (Beziehung, Aneignung, Planung, Handlung) auswirken. Wenn beispielsweise ein beruflich erfolgreicher Mitarbeiter sich dafür entscheidet, den Beziehungsprozeß zugunsten egoistischer Bestrebungen zu vernachlässigen, grenzt er sich von seinen Kollegen ab. Auf längere Sicht wird er mit immer stärkeren negativen Gefühlen zu kämpfen haben (z. B. Mißgunst, Neid, soziale Isolation, Verbitterung). Seine Kollegen können seine Entscheidungen nicht verstehen, was den Beziehungsprozeß zusätzlich belastet. Die Kollegen reagieren auf die mißverstandenen Entscheidungen des Mitarbeiters, während er die Reaktionen mißversteht, da er nicht weiß, wie sie zustande kommen. So gründet er seine Entscheidungen zunehmend auf Informationen, die in Wirklichkeit Mißverständnisse sind. Trotz bester Absichten des Mitarbeiters kann sich dieser destruktive Kreislauf selbst verstärken (Senge, 1996).

- *Unzureichende Offenheit gegenüber neuen Anregungen und fehlende Flexibilität.* Organisationen entwickeln sich in der Regel schnell, was mit teilweise erheblichen Strukturveränderungen einhergehen kann. Das stellt hohe Anforderungen an die Flexibilität und Anpassungsfähigkeit der Mitarbeiter, da sie ihre Einstellung zur Arbeit und ihre Arbeitsweise modifizieren müssen. Je stärker man sich in seinem Arbeitsstil festgelegt hat, desto schwerer fällt es einem, sich an veränderte äußere Gegebenheiten anzupassen. Je unflexibler jemand in seinem Denken und Handeln ist, desto schwerer wird es ihm fallen, Veränderungen seiner eigenen Grundvorgänge wahrzunehmen und auf Änderungen äußerer Gegebenheiten zu reagieren. Damit ist seine Fähigkeit eingeschränkt, auf Veränderungen zu reagieren und angemessene Entscheidungen zu treffen. Versperrt sich jemand gegenüber neuen Informationen und ist nicht bereit, sich neue Fähigkeiten anzueignen, wird er zwangsläufig Entscheidungen treffen, die den eigenen Interessen zuwiderlaufen. Fehlentscheidungen sind die Folge.

- *Bisherige Fehlentscheidungen und das Ausbleiben entsprechender Korrekturen* weisen darauf hin, daß gewisse Diskrepanzen zwischen eigenen Werten und Zielen und den tatsächlich getroffenen Entscheidungen bestehen. Die aus den Diskrepanzen entstehende psychische Spannung oder „kognitive Dissonanz" (Festinger, 1957) kann den einzelnen verunsichern und den weiteren Entscheidungsprozeß empfindlich stören. Wenn beispielsweise jemand das Bedürfnis hat, anderen Menschen zu helfen (z. B. finanziell oder unmittelbar), kann er einen entsprechenden Beruf ergreifen oder andere Entscheidungen treffen, durch die er seinem Ziel näher kommen kann. Doch durch Fehlentscheidungen, etwa in der Berufswahl, kann derjenige in eine Situation geraten, in der er überhaupt nicht in der Lage ist, anderen zu helfen, da er zu sehr mit den Folgen eigener Fehlentscheidungen beschäftigt ist. Das kann der Fall sein, wenn er durch falsche Berufswahl in emotionale oder finanzielle Bedrängnis gerät und sich zunächst um sich selbst kümmern muß, bevor er imstande ist, andere Menschen zu unterstützen. Es ist wichtig, zwischen Entscheidungen, die finanzielle Folgen haben, und solchen, die emotionale Auswirkungen nach sich ziehen, zu unterscheiden. Beides zu vermischen kann Probleme zur Folge haben. Auf die Schwierigkeit solcher Verquickungen weist auch der Spruch hin: „Beim Geld hört die Freundschaft auf."

Es gibt natürlich auch Entscheidungen, die beide Bereiche betreffen, den emotionalen und den finanziellen. Hier gilt es, bei der Entscheidungsfindung beide Aspekte zu berücksichtigen. Beispielsweise kann jemand Freundschaften ausnutzen und Freunde unter emotionalen Druck setzen, damit sie finanzielle Verpflichtungen eingehen (z. B. Spenden). Aber auch der umgekehrte Fall ist denkbar. Beispielsweise kann jemand versuchen, seine Gefühle (z. B. ein schlechtes Gewissen) mittels materieller oder finanzieller Zuwendung zu kompensieren. Wenn Menschen in ihren Entscheidungen einen dieser beiden Aspekte außer acht lassen, können Fehlentscheidungen in bezug auf den jeweils anderen Aspekt zustande kommen. Schlechte finanzielle Entscheidungen kommen zustande, wenn emotionale Belange vernachlässigt werden. Umgekehrt können emotionale Probleme finanzielle Fehlentscheidungen nach sich ziehen.

Werden diese Zusammenhänge nicht wahrgenommen und bei Entscheidungen berücksichtigt, kann der Entscheidungsprozeß leiden. Das kann sich so äußern, daß der einzelne an früheren Entscheidungen krampfhaft festhält, während neue (und notwendige) Entscheidungen vermieden werden. Auf diese Weise entsteht ein Zustand der Unverbindlichkeit, in dem die eigenen Werte und Zielvorstellungen unklar und auch für andere nicht erkennbar sind. Entscheidungsunfähigkeit ist die Folge. Doch mit der Unfähigkeit, selbst kleine Entscheidungen zu treffen, tritt ein Zustand völliger Hilflosigkeit ein.

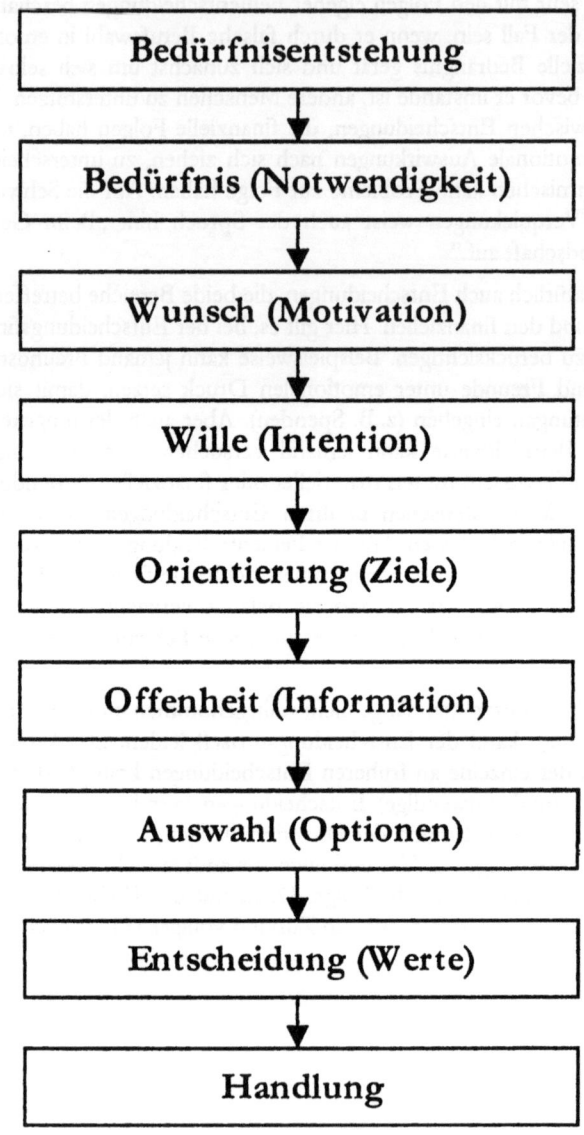

Bedürfnisentstehung

Bedürfnis (Notwendigkeit)

Wunsch (Motivation)

Wille (Intention)

Orientierung (Ziele)

Offenheit (Information)

Auswahl (Optionen)

Entscheidung (Werte)

Handlung

Abbildung 6: Faktoren, die den Entscheidungsprozeß ausmachen

Entscheidung und Entscheidungsfluß

Doch wonach richtet man sich bei seinen Entscheidungen? Wodurch wird der Entscheidungsprozeß beeinflußt? Wenn wir den Entscheidungsprozeß genauer betrachten, können wir mehrere Faktoren identifizieren, die nacheinander auf den Entscheidungsvorgang einwirken und ihn ganz wesentlich bestimmen. Zu diesen Einflußfaktoren gehören (De Waele et al., 1993):

- Bedürfnisentstehung

- Bedürfnis (Notwendigkeit)

- Wunsch (Motivation)

- Wille (Intention)

- Orientierung (Ziele)

- Offenheit (Information)

- Auswahl (Optionen)

- Entscheidung (Werte)

- Handlung

Eine schematische Darstellung dieser Einflußfaktoren veranschaulicht den Zusammenhang (s. Abbildung 6). *Bedürfnisse* entstehen in der ersten Phase des Vorgangs auf der Grundlage von Notwendigkeiten. Sie reifen allmählich zu *Wünschen* heran. Mit dem Wunsch entsteht die Motivation, diesen Wunsch zu erfüllen und damit das Bedürfnis zu befriedigen. Die Handlungsintention ist der Beginn eines fester werdenden *Willens*, der den Prozeß vorantreibt (Heckhausen, 1987). Mit einer aktiven *Orientierung* in Richtung eines konkreten Ziels rückt die Wuncherfüllung allmählich näher, denn ein Ziel muß fest ins Auge gefaßt werden, wenn man darauf zustreben will. Die Orientierung gelingt nur anhand von Information, für die man offen sein muß. *Offenheit* ist eine Haltung, die zur Aneignung aller denkbaren Informationen unerläßlich ist. Ohne Offenheit versperrt man sich selbst die Sicht und verliert schnell den Überblick über die Gegebenheiten. Nur wenn wir die (inneren und äußeren) Gegebenheiten wahrnehmen, werden uns die verschiedenen Handlungsmöglichkeiten oder Optionen bewußt, die uns zur Befriedigung unserer Bedürfnisse und Erfüllung unserer Wünsche zur Verfügung stehen. Zwischen den Handlungsoptionen muß eine *Auswahl* getroffen werden, da man nicht alles gleichzeitig tun kann und eine Handlungsweise den anderen Möglichkeiten bevorzugt werden muß. Angesichts dieser Auswahl müssen wir *entscheiden*. Unsere Entscheidungen treffen wir allerdings nicht nur nach unseren Zielvorstellungen, sondern immer auch nach unseren Wertmaßstäben. Ist die Entscheidung getroffen, erfolgt schließlich die konkrete *Handlung*.

Im Arbeitsumfeld kann der Entscheidungsvorgang des einzelnen an jeder Stelle dieses Kreislaufs plötzlich ins Stocken geraten. Beispielsweise können Bedürfnisse vorhanden sein, ohne daß sich der Betreffende dieser Bedürfnisse bewußt ist. Wird ein Bedürfnis „erfolgreich" verdrängt, spürt der einzelne den Wunsch nach Erfüllung dieses Bedürfnisses nicht. Oder man hegt sehr wohl einen bestimmten Wunsch, sieht sich jedoch nicht in der Lage, ihn zu verfolgen, etwa wegen kultureller Schranken oder anderer Hemmnisse, beispielsweise weil die Erfüllung des Wunsches nicht zu dem Bild paßt, das man bisher von sich hatte. Solche Gründe verhindern möglicherweise auch, daß man sich so verhält, daß die Erfüllung des Wunsches näher rückt. Vielleicht ist der eigene Aneignungsvorgang beeinträchtigt, so daß man für wichtige Informationen nicht wirklich offen ist. So übersieht man möglicherweise Handlungsoptionen, weil die Information fehlt, sie zu erkennen.

Die Mitarbeiter vieler Betriebe haben das Gefühl, nur unzureichende Entscheidungsmöglichkeiten zu besitzen, so daß sie ständig die Hilfe anderer Personen einholen müssen. Doch oft ist nicht die Entscheidungsbefugnis das Problem, sondern die Unfähigkeit, Entscheidungen so zu treffen, daß sie mit den eigenen Bedürfnissen vereinbar sind. Der Entscheidungsvorgang kann auch wegen zeitlicher Verzögerungen ins Stocken geraten, etwa durch Unentschlossenheit (Ambivalenz), oder durch überstürzte Beschlüsse beeinträchtigt werden. Wird nämlich auf Menschen zu großer Zeitdruck ausgeübt, resultieren qualitativ schlechte Entscheidungen, die zu schlechten Produkten bzw. Dienstleistungen führen. Auf diese Weise wirken sich Behinderungen des Entscheidungsvorgangs negativ auf den gesamten Selbstmanagementprozeß aus („Chaotisierung").

Welche Rolle spielt die kulturelle Prägung?

Unsere Denkmuster sind immer auch durch kulturelle Einflüsse geprägt. Diese Einflüsse wirken in der Regel durch andere Menschen auf uns ein. In manchen Situationen oder während bestimmter Lebensabschnitte sind wir für solche Einflüsse besonders empfänglich, beispielsweise in der Kindheit, in Krisensituationen oder in Zeiten besonderen Umbruchs. Zu solchen Einflüssen zählen beispielsweise diejenigen Überzeugungen, Meinungen und Werturteile, denen wir im Laufe unserer Erziehung ausgesetzt sind, vornehmlich durch die eigenen Eltern, Freunde, Verwandte, oder sonstige Bezugspersonen. In dieser Hinsicht sind natürlich solche Personen ganz besonders einflußreich, deren Autorität wir anerkennen (z. B. Eltern oder andere Vorbilder). Ein fester Bestandteil unserer Denkmuster sind darüber hinaus auch diejenigen Werte und Normen, die wir nicht freiwillig übernommen haben, sondern aus Unsicherheit sowie Angst vor Bestrafung durch Autoritätspersonen in unsere Denkmuster eingegangen sind. Dies ist ein Mechanismus, der eine große Bedeutung für die kulturelle Prägung hat (Freud, 1912).

Kulturelle Prägung oder „Programmierung" (De Waele et al., 1993) unserer Denkmuster kann zu schablonenhaftem Denken und infolgedessen überstürzten Entscheidungen führen. Beispielsweise kann eine einmalige Gegebenheit, die unter bestimmten Bedingungen stattgefunden hat, unser Denken derart prägen, daß wir diese Gegebenheit immer wieder unseren Entscheidungen zugrunde legen, auch wenn ganz andere Bedingungen vorhanden sind. Wenn wir unsere Erfahrung vorschnell auf alle Situationen beziehen, die uns irgendwie ähnlich erscheinen (Generalisierung), kommen zwangsläufig unzutreffende Verallgemeinerungen und eine verzerrte Entscheidungsgrundlage zustande.

Generalisierung trägt häufig zur Entstehung von Vorurteilen bei. Vorurteile führen wiederum zu falschen Entscheidungen. Starre Denkmuster behindern die Aufnahmebereitschaft für neue Informationen, versperren dem einzelnen den Zugang zu seinen wahren Bedürfnissen und schränken die individuellen Entscheidungsmöglichkeiten ein, so daß der einzelne Entscheidungen trifft, die er später bereut. Unsicherheit und Angst fördert die Prägung starrer Denkmuster, die Unsicherheit und Angst nach sich ziehen, da sie keine Relativierung zulassen. Dieser Teufelskreis stabilisiert sich mit der Zeit selbst und wirkt sich dauerhaft auf die Entscheidungen des einzelnen aus (Senge, 1996). So kann kulturelle Prägung die individuelle Entscheidungsfreiheit dauerhaft beeinträchtigen, ohne daß dem Betreffenden diese Tatsache bewußt ist.

Die große Bedeutung kultureller Prägung für das Selbstmanagement liegt darin, daß sich bestimmte Denkmuster und Überzeugungen völlig unbewußt auf unser Verhalten auswirken und es in erheblichem Maße bestimmen können. Unser Verhalten ist also nicht nur das Ergebnis eines bewußten und rationalen Entscheidungsvorgangs, sondern auch das Resultat unbewußter und irrationaler Vorgänge. Wenn uns die vielfältigen Einflüsse, die unsere Entscheidungen bestimmen, bewußt werden, kann ein Gefühl der Zwangsläufigkeit oder Hilflosigkeit entstehen. Wenn wir uns diesem Gefühl der Verunsicherung wehrlos ausgeliefert sehen, neigen wir dazu, das Gefühl der Fremdbestimmung zu kompensieren dadurch, daß wir über andere Menschen bestimmen (z. B. indem wir unsere eigenen Werte, Ziele, Erwartungen, Verhaltensregeln usw. durchsetzen). So pflanzt sich der Prozeß der kulturellen Prägung oder Programmierung fort.

Auch in Organisationen tritt das Phänomen der Prägung auf. Hier geht es um Prägung der jeweiligen *Organisationskultur*, der *Annahmen*, auf denen das Wertesystem der Organisation beruht, und der *Kommunikationsmuster* in der Organisation (De Waele et al., 1993). Mitarbeiter haben meistens den Eindruck, daß sie durchaus Entscheidungsspielräume im Umgang mit Kollegen oder Vorgesetzten haben. Doch in der alltäglichen Routine richten sich die Mitarbeiter dann doch nach bestimmten starren Verhaltensmustern, die häufig von dem Gefühl der Zwangsläufigkeit oder Hilflosigkeit begleitet werden („Ich wußte, daß es so kommen würde"). Was ist also erforderlich, damit die Entscheidungsspielräume erkannt werden? Was muß der einzelne tun, um seine Entscheidungsmöglichkeiten zu nutzen? Welches ist der erste Schritt, nachdem man sich entschieden hat?

Was einmal gelernt wurde, kann auch wieder verlernt werden. Was einmal „programmiert" wurde, kann „umprogrammiert" werden. Im großen und ganzen trifft dies auch auf menschliche Denkmuster und Verhaltensweisen zu („kognitive Umstrukurierung"). In dieser Hinsicht ähnelt die Psyche in bemerkenswerter Weise einfachen physikalischen Vorgängen, die sich gezielt verändern lassen (Watzlawick et al., 1974). Ist eine Stromleitung unterbrochen, muß vor der Reparatur die Unterbrechung genau lokalisiert werden. Dieser erste Schritt entspricht der Problemanalyse: Informationen werden erhoben, und ein Verständnis des Problems kommt zustande. Ähnliches ist erforderlich, wenn der Entscheidungsprozeß ins Stocken gerät. Was hindert uns daran, eine Problemanalyse durchzuführen und ein Verständnis des Problems zu erzielen? Wie in dem Beispiel mit der unterbrochenen Stromleitung können wir auf Zeit spielen, die Problemanalyse verzögern und hoffen, daß der Strom von selbst wieder fließt. Oder wir können versuchen, kurzfristig Abhilfe zu schaffen, etwa durch eine improvisierte Reparatur. Dabei gehen wir aber nicht das eigentliche Problem an. Wenn solche vermeidenden Verhaltensweisen zur Gewohnheit werden, programmieren wir unbewußt unsere eigenen Abwehrmechanismen und üben sie ein. So werden wir immer stärker geneigt sein, Beeinträchtigungen unseres Entscheidungsvorgangs zu umgehen, indem wir Probleme ignorieren, herunterspielen, von ihnen ablenken oder sie anderen zuschreiben.

Der Einfluß von Abwehrvorgängen auf Entscheidungen

Gerade Abwehrmechanismen beeinflussen unsere Denkmuster und Entscheidungsprozesse maßgeblich, denn sie bestimmen die Art und Weise, wie wir unsere Entscheidungsmöglichkeiten wahrnehmen. Die meisten Abwehrmechanismen führen dazu, daß bestimmte – häufig unangenehme – Sachverhalte aus dem Bewußtsein „verbannt" werden. Das ist der Fall, wenn man beispielsweise Angst leugnet, Rechtfertigungen für einen verpaßten Termin sucht, eigene negative Eigenschaften auf andere projiziert usw. (s. auch S. 41). Indem

Abwehrmechanismen die Wahrnehmung dieser Vorgänge einschränken, führen sie dazu, daß auch die Wahrnehmung der vollen Breite unserer Entscheidungsmöglichkeiten eingeschränkt ist, nicht nur hinsichtlich anderer Menschen, sondern gerade in bezug auf unsere eigenen Wünsche, Werte und Ziele. Abwehrvorgänge beeinflussen auch unsere Informationsauswahl, d. h. die Informationsquellen, die wir nutzen, und die Information, die wir zur Kenntnis nehmen.

Wenn der einzelne Entscheidungen mittels solcher Abwehrmechanismen zu vermeiden sucht, verhält er sich so, als hätte er keine Entscheidungsmöglichkeiten. Dabei erkennt er die Optionen anderer Menschen sehr wohl. Oder er projiziert seine eigene Wahrnehmungsweise, laut der er keine Optionen hat, auf jemand anderen, z. B. seinen Vorgesetzten, und macht ihn für fehlende Optionen verantwortlich. Dieser Mechanismus ist weit verbreitet und hat ganz konkrete Auswirkungen auf das Verhalten von Mitarbeitern in Organisationen. Denn je mehr jemand seine eigenen Entscheidungsmöglichkeiten einschränkt, desto unselbständiger wird er und desto mehr Führung wird er von Vorgesetzten und Kollegen benötigen, um seinen Aufgaben gerecht zu werden.

Abwehrmechanismen können die Auswirkungen kultureller Prägung akzentuieren oder verstärken. Beispielsweise kann ein Mitarbeiter Minderwertigkeitsgefühle oder bestimmte Ängste haben, diese Gefühle jedoch leugnen. Die Folge der Leugnung ist, daß der Betreffende es unterläßt, einen Ausweg aus dieser unangenehmen Gefühlslage zu finden. Statt dessen versucht er, die Gefühle zu kompensieren und seinen Selbstwert zu stabilisieren. Das kann beispielsweise dadurch geschehen, daß er sein Wissen oder seine Machtposition demonstriert. Wenn jemand seine Gefühle nicht angemessen verarbeiten kann und außerstande ist, ein emotionales Gleichgewicht herzustellen, kompensiert derjenige seine Gefühle auf unangemessene Art und Weise, was sich negativ auf den Entscheidungsprozeß auswirkt.

Abwehrmechanismen wirken auf die Beibehaltung des jeweils bestehenden Zustands hin und haben damit eine stabilisierende Funktion. Diese Stabilisierung ist jedoch nicht dauerhaft und trägt daher kaum zur Bewältigung konkreter Probleme bei. Ähnlich wie Reflexe, die quasi „automatisch" ablaufen, spielen sich Abwehrmechanismen meist außerhalb unseres Bewußtseins ab. Sie sind nicht das Ergebnis bewußter Entscheidungsprozesse. Will nun der einzelne seine Abwehrmechanismen verändern, setzt dies voraus, daß er sich der Abwehr bewußt wird und sich mit seinen spezifischen Abwehrmechanismen auseinandersetzt. Ähnlich wie bei Reflexen oder erlernten Verhaltensweisen kann auch die Abwehr durch „Umprogrammierung" oder „Umlernen" modifiziert werden.

Der Unterschied zwischen aktiven und reaktiven Entscheidungen

Es gibt Zeiten, in denen der Entscheidungsprozeß problemlos abläuft: vom Bedürfnis zum Wunsch, vom Wunsch zum Willen, vom Willen zur Orientierung, von der Orientierung zur Offenheit, von der Offenheit zur Auswahl, von der Auswahl zur Entscheidung und dann zur Handlung (s. Abbildung 6). Da unsere Bedürfnisse über diese Reihe verschiedener Ereignisse mit unseren Handlungen verbunden sind („Kausalkette"), benötigen wir Informationen über diese Ereignisse. Unser Handeln hängt nämlich davon ab, daß wir genügend Information aus unserer Umgebung über den Prozeß aufgreifen, der sich zwischen Bedürfnisentstehung und Handlung abspielt. Wenn wir diesen Prozeß durchschauen, läuft er in der Regel mit weniger Problemen ab. Wenn wir unsere Bedürfnisse und Ziele bewußt identifizieren, fallen Entscheidungen leichter, und Lösungsmöglichkeiten tun sich fast wie von selbst auf (Watzlawick et al., 1969). Das ist der *aktive* Entscheidungsmodus.

Es gibt aber auch Zeiten, in denen wir merken, daß der Entscheidungsprozeß ins Stocken gerät oder sogar zum Stillstand kommt. Dann sehen wir nicht die Vielfalt unserer Entscheidungsmöglichkeiten, die zu konkretem Handeln führen. Dann bewegen wir uns auch nicht mehr vorwärts auf eine Entscheidung zu, sondern werden zurückgeworfen in die Phase unausgereifter Pläne und unerfüllter Wünsche. So kann schnell ein Gefühl der Bedürftigkeit und Verunsicherung entstehen. Bei einer solchen Unterbrechung des Entscheidungsvorgangs führen unerfüllte Wünsche häufig zu unangemessenen Handlungen, da der Entscheidungsvorgang wie durch einen Kurzschluß unterbrochen ist. Unangemessene Handlungen können zu weiteren unerfüllten Wünschen führen und stellen den einzelnen vor unlösbare Probleme.

In einem solchen *reaktiven* Entscheidungsmodus neigen wir dazu, den Rat anderer abzulehnen, so daß wir allein auf unsere eigenen Ideen angewiesen sind. Das kann natürlich Schwierigkeiten mit sich bringen. Wenn beispielsweise ein Vorgesetzter einem Mitarbeiter sagt, was er tun soll, erwidert der Mitarbeiter möglicherweise, daß er dazu nicht bereit ist. Wenn der Vorgesetzte den Mitarbeiter daraufhin fragt, was er statt dessen tun will, fällt dem Mitarbeiter möglicherweise nichts ein.

Manchmal sind reaktive Entscheidungen jedoch unumgänglich, beispielsweise nach einem Verlust oder einer Kränkung (z. B. die Zurückweisung durch einen anderen Menschen, der Verlust des Arbeitsplatzes oder auch der Abschluß eines wichtigen Projektes). Nach solchen Erfahrungen kämpft man in der Regel mit Reue, Frustration oder Wut. Aus der Hilflosigkeit heraus kann man sich nicht vorstellen, daß es noch andere Entscheidungsmöglichkeiten oder Handlungsalternativen gibt. Indem man die eigenen Wünsche unterdrückt und Bedürfnisse nicht wahrnimmt, übersieht man leicht Auswege aus dieser Situation. Vielleicht verschließt man sich bewußt der Umgebung und zieht sich ganz zurück. Was bleibt, ist ein Gefühl der Bedürftigkeit, Schwäche und Hilflosigkeit. Wenn man in einer solchen Situation dennoch in der Lage ist, bestimmte Entscheidungen zu treffen, dann sind sie oft unklar oder wenig überzeugend. Im reaktiven Entscheidungsmodus verhält man sich eher passiv und wird dadurch leicht zum Spielball sowohl innerer als auch äußerer Kräfte.

Sowohl vorwärtsgerichtete („aktive") als auch rückwärtsgerichtete („reaktive") Entscheidungsprozesse können sich verselbständigen und außer Kontrolle geraten. Geschieht dies bei aktiven Entscheidungen, besteht das Risiko überstürzten und hektischen Handelns. Eine passive Haltung führt hingegen dazu, daß andere Menschen für die eigene Handlungsunfähigkeit verantwortlich gemacht werden. Kulturelle Prägung und andere Formen der Programmierung (einschließlich unserer Abwehrmechanismen) führen dazu, daß wir in einem reaktiven Entscheidungsmodus steckenbleiben. Ignorieren wir hingegen unsere Wünsche und Bedürfnisse, kommen wir aus einem aktiven Entscheidungsmodus nicht heraus.

Wie wir sehen, sind weder aktive Entscheidungen „besser" als reaktive, noch reaktive „besser" als aktive. Für die Qualität von Entscheidungen kommt es vielmehr darauf an, für ein ausgewogenes Wechselspiel zwischen beiden Entscheidungsmodi zu sorgen. Gutes Selbstmanagement bedeutet, dieses „Mittelfeld" so zu handhaben, daß sowohl aktive als auch reaktive Entscheidungsprozesse auf angemessene Weise zum Zuge kommen. Dafür ist es wichtig, daß der einzelne die Entscheidungsprozesse überblickt und richtig einzuschätzen vermag. Dann durchschaut er nämlich auch alle Aspekte der eigenen Entscheidungen, so daß er sicher sein kann, sie gut getroffen zu haben.

Welche Rolle spielt die Entscheidungsfreiheit?

Ein aktiver oder passiver Entscheidungsmodus beeinflußt nicht nur unsere Entscheidungen, sondern bestimmt auch die Emotionen, die mit dem Entscheidungsvorgang einhergehen. Wenn man froh und zufrieden ist, verhält man sich anders, als wenn man mißmutig und verstimmt ist. Entsprechend unterschiedlich reagiert man natürlich auch auf andere Menschen und deren Verhalten uns gegenüber. So hängt in einer Organisation die Qualität der Zusammenarbeit unter anderem davon ab, ob man sich in einem aktiven oder einem reaktiven Entscheidungsmodus befindet. Doch wie läuft dieser Wechsel von einem Entscheidungsmodus zum anderen ab? Kann man sich überhaupt für oder gegen einen bestimmten Entscheidungsmodus entscheiden (Kanfer, 1987)? Und wie bewahrt man seine Entscheidungsfreiheit? Um die eigenen Handlungsmöglichkeiten wahrzunehmen, muß der einzelne zunächst das Gefühl völliger Entscheidungsfreiheit herbeiführen: die Freiheit, da zu sein, wo man ist, Dinge wahrzunehmen, Handlungsoptionen zu bedenken, Optionen durchzuspielen und Entscheidungen zu treffen (Wheeler and Janis, 1980). Doch die individuelle Entscheidungsfreiheit kann auch unter Druck geraten, entweder aus *inneren* Gründen, die in einem selbst liegen, oder aus *äußeren* Gründen, die an anderen Menschen liegen.

Äußere Einflüsse auf Entscheidungen

Wenn jemand seinen Entscheidungsvorgang von sich aus begrenzt, beispielsweise indem er die Zahl seiner Handlungsoptionen einschränkt, begrenzt er automatisch auch den Entscheidungsvorgang seines Gegenübers. Auf diese Weise kann die eigene Flexibilität durch Einschränkungen, die andere Menschen uns auferlegen, verlorengehen. Um in solchen Situationen die eigene Entscheidungsfreiheit zu bewahren, ist es wichtig, den Entscheidungsprozeß in Gang zu halten, und zwar ohne auf bestimmten Zielvorstellungen zu beharren. Der Informationsfluß sollte offen sein, und man sollte sich nicht scheuen, die eigenen Wünsche und Bedürfnisse ins Gespräch zu bringen (Watzlawick et al., 1969). Wenn diese Themen zur Sprache kommen, wird der Entscheidungsprozeß erleichtert und die Wahrscheinlichkeit, daß alle Beteiligten mit dem Ergebnis zufrieden sind, erhöht. Die Äußerung eines persönlichen Wunsches oder Bedürfnisses kann einen Gruppenprozeß maßgeblich verändern und ihm eine positive Wendung verleihen.

In einer Gruppensituation kann es vorkommen, daß ein Teilnehmer Druck auf die anderen Teilnehmer ausübt. Allerdings wird dies nur so lange geschehen, wie der Mechanismus nicht durchschaut wird und die Teilnehmer dem Druck nachgeben. Auch wenn keiner besonderen Druck ausübt, ist die Neigung des einzelnen groß, seine Entscheidungsfreiheit aufzugeben und an die Gruppe zu delegieren. So kann der einzelne in Situationen geraten, in denen er anders handelt, als er eigentlich möchte, d. h., daß er äußerer Beeinflussung ausgesetzt ist (Aronson, 1972; Milgram, 1977). Auch wenn in solchen Situationen meistens mehrere Faktoren zusammentreffen, spielt das Bedürfnis nach Anerkennung in der Gruppe bei der Aufgabe individueller Entscheidungsfreiheit eine nicht zu unterschätzende Rolle. Ein wirklich freier Entscheidungsvorgang erfordert also ein erhebliches Maß an Unabhängigkeit und Selbstsicherheit.

Innere Einflüsse auf unsere Entscheidungen

Die eigene Entscheidungsfreiheit kann durch verschiedenste Einflüsse beeinträchtigt sein: kulturelle Prägung, Abwehrmechanismen (s. S. 41) oder Gefühle wie Angst, Scham und Selbstunsicherheit. Diese Beeinträchtigungen wirken sich in der Regel negativ auf unser Befinden, Denken und Handeln aus. Da wir die Wertmaßstäbe, nach denen wir unsere Entscheidungen treffen, häufig von anderen übernehmen, erfolgen die Entscheidungen nicht immer nach unseren wirklichen Wünschen und Bedürfnissen. Die kritiklose Übernahme fremder Wertmaßstäbe wurde mit dem Herunterschlucken einer Mahlzeit, ohne zu kauen, verglichen (Perls, 1976). Indem wir Wertmaßstäbe kritiklos übernehmen, belasten wir uns möglicherweise mit mancherlei Unverträglichem. Unser Handeln ist folglich nicht immer das Ergebnis freier Entscheidungsfindung und kann insbesondere dann unfrei und gezwungen wirken.

Unfreie Entscheidungen

Unfreie Entscheidungen können einerseits durch das autoritäre Auftreten einer anderen Person hervorgerufen werden, sie können aber auch durch Imitation einer von uns bewunderten Person zustande kommen. Viele Entscheidungen hängen mit verdrängten Gefühlen zusammen und folgen ungeschriebenen Regeln, wie z. B. „sei gefaßt", „verbirg deine Gefühle", „sei vorsichtig", „bewahre die Distanz". Manche Anspielungen sind geeignet, Schuldgefühle auszulösen, wie z. B. „sei nett zu den Kunden" oder „hoffentlich ist der Vorgesetzte zufrieden". Auch direkte Aussagen über die eigene Person, wie z. B. „du arbeitest nicht genug", „du wirst nie Erfolg haben", oder „du bist auf dem Schleudersitz" beeinflussen unser Handeln. Manche Aussagen betreffen den beruflichen Werdegang, z. B. „übernimm das Geschäft", „verdiene viel Geld", „werde Akademiker", oder „tu etwas Sinnvolles". Obwohl diese Aussagen in einem bestimmten Zusammenhang angemessen sein können, üben sie einen schädlichen Einfluß aus, wenn sie unkritisch übernommen werden und zum allein gültigen Maßstab für das eigene Entscheiden und Handeln gemacht werden. Sie können eine unbewußte und ausgesprochen destruktive Wirkung auf den individuellen Entscheidungsprozeß haben.

Umgang mit Beeinträchtigungen des Entscheidungsvorgangs

Es gibt kein „Patentrezept" dafür, wie die oben genannten Schwierigkeiten am besten zu bewältigen sind. Man sollte sich jedoch immer solche Werte und Ziele, die andere uns nahelegen, bewußt vor Augen führen und gegebenenfalls überdenken. Fremde Wertmaßstäbe können unseren eigenen Entscheidungsprozeß empfindlich stören, insbesondere wenn es um die Entscheidung geht, welche Werte und Ziele sich der einzelne grundsätzlich zu eigen machen will. Um beispielsweise die ungeschriebene Regel „sei gefaßt" oder „verbirg deine Gefühle" zu überdenken, muß der einzelne für sich entscheiden, was er oder sie gegen den Ausdruck von Gefühlen hat. Was würde geschehen, wenn man

Gefühle wie z. B. Freude, Wut oder Traurigkeit tatsächlich zum Ausdruck brächte? Wenn man sich der Konsequenzen dieser Verhaltensweisen bewußt ist, fällt es einem leichter, die ungeschriebene Regel aus freien Stücken zu übernehmen oder aber sich ihr zu entledigen.

Unausgesprochene Wertmaßstäbe (z. B. Denkweisen, Einstellungen, Haltungen) sind viel schwieriger zu identifizieren und revidieren als bloße ungeschriebene Regeln. Sie kommen meistens zum Tragen, ohne daß wir uns dieser Tatsache bewußt sind. Wertmaßstäbe können in Anlehnung an die jeweilige Haltung oder Einstellung unserer Eltern oder anderer wichtiger Bezugspersonen entstehen. Häufig übernehmen wir solche Wertmaßstäbe, ohne daß wir uns über ihren Ursprung bewußt sind, und lassen sie unser Handeln bestimmen. Die Auswirkungen können hilfreich, aber auch destruktiv sein. Wenn wir beispielsweise darüber nachdenken, woher bestimmte Ängste kommen, wird uns vielleicht klar, daß ein Elternteil (oder eine andere wichtige Bezugsperson) ein ängstlicher Mensch war und daß wir dessen ängstliche Einstellung übernommen haben. Bewahrt die Angst uns vor falschen Entscheidungen, wirkt sie sich positiv aus, beeinträchtigt die Angst hingegen unsere Entscheidungsfähigkeit, ist sie negativ zu bewerten. In jedem Fall ist es wichtig, sich darüber Gedanken zu machen, woher solche Einstellungen oder Gefühle kommen. Sind es die eigenen, oder sind es Wertmaßstäbe, die wir von jemand anderem übernommen haben? Auf diese Weise beeinflußt die Übernahme fremder Werte und Ziele die Entscheidungen des einzelnen ganz unmittelbar. Indem man sich aber die Situationen klar vor Augen führt, in denen fremde Wertvorstellungen eine Rolle spielen, und die Konsequenzen bedenkt, die einträten, wenn man diesen Vorgaben folgen würde, kann man sich besser auf die eigenen Wünsche und Ziele besinnen. Dann sind die resultierenden Entscheidungen relativ frei.

Entscheidungen beruhen nicht nur auf den biologischen und psychologischen Grundbedürfnissen des Menschen. Vielmehr spielen auch solche Bedürfnisse eine Rolle, die auf „höherer" Ebene in Erscheinung treten. Dazu gehören beispielsweise Bedürfnisse ästhetischer oder ethischer Art (d. h. der Wunsch nach etwas Schönem oder das Bestreben, etwas Gutes zu tun). Die Bedürfnisse beider Ebenen wechseln sich ständig ab. Sie sind zudem individuell verschieden und hängen von Zeit und Ort ab (z. B. Modeströmungen oder kulturelle Einflüsse). Das trifft in ähnlicher Weise auf Bedürfnisse von Menschen in Organisationen zu: Der „Zeitgeist" oder die „Unternehmenskultur" beeinflußt das, was wir als „in" oder „gefragt" wahrnehmen und uns daher als wünschenswert erscheint.

Entscheidungsfreiheit, Motivation und Arbeitszufriedenheit

Es gibt einen klaren Zusammenhang zwischen Arbeitsmotivation und Arbeitszufriedenheit. Beides wirkt sich unmittelbar auf den Selbstmanagementprozeß aus. Bei der Arbeitsmotivation kann man in der Regel davon ausgehen, daß die jeweiligen Vorgesetzten (bzw. Führungskräfte im allgemeinen) maßgeblich für die Arbeitszufriedenheit ihrer Mitarbeiter verantwortlich sind. Auch wenn Vorgesetzte zu dem Schluß gelangen, daß Motivation oft die Sache des einzelnen Mitarbeiters ist, besteht häufig die Ansicht, daß es die Aufgabe des Vorgesetzten ist, seine Mitarbeiter zu motivieren. In der Regel ist dies auch der Fall, doch sollte zusätzlich bedacht werden, daß der einzelne natürlich dann optimal motiviert ist, wenn er *von sich aus* das Bedürfnis hat, eine bestimmte Arbeit zu erledigen oder ein Ziel zu erreichen, also den inneren Wunsch oder die Notwendigkeit verspürt, eine bestimmte Tätigkeit auszuüben. Dieses Bedürfnis kann so basal sein wie beispielsweise der Wunsch, sich und seine Familie zu ernähren, oder so anspruchsvoll, wie beispielsweise der Wunsch nach einer „Bilderbuchkarriere".

Beim Selbstmanagement ist die Quelle des Bedürfnisses, zu handeln, die Einzelperson selbst und insofern von äußeren Motivationsfaktoren unabhängig. Unzufriedenheit und Demotivation entstehen hingegen hauptsächlich durch eingeschränkte Handlungsspielräume und fehlende Entscheidungsfreiheit. Solche Beeinträchtigungen des selbständigen und verantwortungsbewußten Arbeitens können sich auf das Verhältnis zwischen Mitarbeitern einer Organisation und ihren Vorgesetzten auswirken. Unzufriedenheit und Demotivation sind ein Zeichen dafür, daß etwas mit dem Entscheidungsprozeß des einzelnen nicht stimmt und daß seine Wünsche und Bedürfnisse nicht ausreichend befriedigt werden. Statt eine Notlösung zu suchen, sollte der einzelne versuchen herauszufinden, wo sein Entscheidungsprozeß ins Stocken geraten ist. Dabei kann er andere durchaus um Hilfe bitten, wenn es darum geht, diejenigen Fähigkeiten zu identifizieren, die ihm erlauben, aufzutreten und seine Wünsche und Bedürfnisse resoluter zu artikulieren. Dadurch wird er in die Lage versetzt, seinen Entscheidungsprozeß voranzubringen.

Für den Vorgesetzten ergibt sich in diesem Zusammenhang die grundsätzliche Frage, wie er seine Mitarbeiter motivieren kann. Welche Fähigkeiten der Mitarbeiter muß er fördern und welche Einstellungen unterstützen? Wie kann der Vorgesetzte den Entscheidungsvorgang einzelner Mitarbeiter fördern, und wie kann er sie in die Lage versetzen, verantwortungsvolle Entscheidungen selbständig zu treffen? Um seine Mitarbeiter zu motivieren, sollte der Vorgesetzte überlegen, wie er den einzelnen in seinem Entscheidungsprozeß fördern kann. Dies kann er tun, indem er dem einzelnen Mitarbeiter hilft, sich seiner Entscheidungsmöglichkeiten bewußt zu werden, und ihn beim Treffen eigener

Entscheidungen unterstützt. Eine solche Einstellung des Vorgesetzten kann dazu beitragen, daß die Mitarbeiter sich von einer passiven und von Defiziten bestimmten Einstellung lösen, ihr Bedürfnis nach übertriebener Sicherheit und Routine aufgeben und eine selbständigere Haltung entwickeln. Dadurch werden die Mitarbeiter eher durch Möglichkeiten und Chancen motiviert und können einen für alle Beteiligten wertvollen Beitrag für die Organisation leisten.

Ein weiterer Aspekt ist die Frage, welche Gegebenheiten eigentlich erfüllt sein müssen, damit jemand mit seiner Tätigkeit in einer Organisation zufrieden ist. Oft brauchen Mitarbeiter das Gefühl, daß sie durch ihre Arbeit bestimmten Zielen näher kommen. Häufig beinhaltet dies, daß sowohl das Privatleben als auch der Beruf gut „laufen" müssen. Aus Sicht des Selbstmanagements ist das Gefühl der konkreten Bedürfnisbefriedigung noch wichtiger als Zufriedenheit oder Motivation bei der Arbeit, denn Selbstmanagement hat mehr mit allgemeiner Bedürfnisbefriedigung des Individuums zu tun als mit dem Erreichen spezifischer Ziele wie z. B. materielle Sicherheit. Ein Gefühl der Zufriedenheit hängt viel enger mit den Entscheidungen zusammen, die für das eigene Leben wichtig sind, und weniger mit mit kurzfristigen Wünschen und Zielen. Viele Menschen sind sich der Entscheidungen bezüglich ihres Lebens oder ihrer Arbeit unsicher und fragen sich immer wieder, wie lange ihre Entscheidungen gelten werden. Das führt natürlich leicht zu Verunsicherung. Das Gefühl der Enttäuschung oder des Versagens, das viele Menschen nach dem Treffen von Lebensentscheidungen spüren, unterstreicht die Notwendigkeit eines sinnvollen und geordneten Entscheidungsvorgangs.

Optimierung der Entscheidungsfindung

Während die Entwicklung idealer Handlungsstrategien und optimaler Vorgehensweisen zu den theoretischen Zielen des Selbstmanagements gehört, ergeben sich in der Praxis oft deutliche Abweichungen von theoretischen Idealvorstellungen. Neben äußeren Faktoren oder Gegebenheiten (sogenannte „Sachzwänge") gibt es viele innere oder persönliche Faktoren, die den Selbstmanagementprozeß stören können und zu Fehlentscheidungen führen. Das liegt unter anderem daran, daß wir alle menschlichen Fehleinschätzungen und Irrtümern unterliegen, auch wenn wir große Anstrengungen unternehmen, Problemstellungen „ganz nüchtern" zu betrachten oder „in aller Sachlichkeit" zu erörtern.

Vermeiden von Fehlentscheidungen

Obwohl sich die meisten Menschen der Fehlbarkeit ihrer Entscheidungen sehr wohl bewußt sind (was auch ein Grund dafür ist, warum wir mit endgültigen Entscheidungen häufig zögern), sehen viele Menschen die Dinge dennoch oft zu optimistisch, ziehen Fehlschlüsse und treffen Fehlentscheidungen (Kahnemann u. Tversky, 1973). Derartige Fehlentscheidungen können durch eine Reihe verschiedener Umstände zustande kommen (Faust, 1986; Kanfer et al., 2000):

- Menschen neigen dazu, ihre Überzeugung für richtig zu halten, auch wenn objektive Gründe dagegen sprechen;

- die Qualität eigener Schlußfolgerungen wird meistens innerlich bewertet („Introspektion"), wobei dem einzelnen Fehler unterlaufen können;

- häufig ist sich der einzelne gar nicht (oder nur scheinbar) der Faktoren bewußt, die seine Urteilsfindung beeinflussen.

Effektive Informationsverarbeitung

Gerade heute sieht sich der einzelne einer überwältigenden Flut von Informationen gegenüber, die er nie ganz erfassen kann. Aufgrund der begrenzten menschlichen Informationsverarbeitungskapazität muß der Mensch Informationen immer *selektieren, organisieren* und *integrieren* (Kanfer et al., 2000), um handlungsfähig zu bleiben und nicht in der Informationsflut unterzugehen. Doch während bereits mit der simultanen Verarbeitung von nur sieben Einzelinformationen die menschliche Informationsverarbeitungskapazität mehr oder weniger voll ausgelastet ist (Miller, 1956), ist auch die Kapazität des menschlichen Gedächtnisses begrenzt. Darüber hinaus schreiben Menschen den Ereignissen eine subjektive Bedeutung zu und konstruieren so ihre eigene Welt, so daß es neben realistischer Einschätzung von Ereignissen auch zu schweren Fehleinschätzungen kommen kann. Daher wird das Problemlösungsverhalten des Menschen als „beschränkt rational" bezeichnet (Simon, 1981).

Es hat sich gezeigt, daß sowohl Experten als auch Laien in identischen Situationen ganz ähnliche Beurteilungsfehler machen. Das bedeutet, daß man Fehlentscheidungen nicht bloß auf die Menge oder Qualität verfügbarer Information zurückführen kann. Man muß vielmehr davon ausgehen, daß bei der Entstehung von Fehlentscheidungen sowohl kognitive Faktoren als auch Gefühlseinflüsse bzw. emotionale Unzulänglichkeiten eine Rolle spielen. Unerklärte persönliche Ziele und Interessen können zu *„motivierten"* Fehleinschätzungen führen, d. h. daß Situationen nach eigennützigen Interessen bewertet und Entscheidungen tendenziös gefällt werden. Sowohl die natürlichen Grenzen der menschlichen Informationsverarbeitungskapazität als auch die Vernachlässigung hilfreicher Entscheidungstechniken können zu „nicht-motivierten" Fehleinschätzungen führen, aus denen wegen verzerrter Informationsverarbeitung falsche Entscheidungen resultieren (Faust, 1986).

Die Fehler oder Verzerrungen der menschlichen Informationsverarbeitung können folgende Auswirkungen haben (Kanfer et al., 2000):

- *selektive Wahrnehmung* (z. B. werden manche Informationen besonders wahrgenommen, während andere vernachlässigt werden);

- *Dominanz konkreter über abstrakte Information* (d. h. daß anschauliche Informationen mehr Gewicht haben als theoretische);

- *Positionseffekte der Informationsdarbietung* (d. h. daß Informationen, die frühzeitig mitgeteilt werden, als wichtiger angesehen werden);

- *selbsterfüllende Prophezeiungen* (z. B. wenn jemand darauf hinarbeitet, daß seine Zukunftserwartungen auch eintreffen);

- *illusionäre Korrelationen* (d. h. es werden Zusammenhänge gesehen, die in Wirklichkeit gar nicht vorhanden sind);

- *fundamentale Attribuierungsfehler* (d. h. grobe Fehleinschätzungen, falsche Schlußfolgerungen);

- *Illusion der Kontrolle* (d. h. daß jemand einen Vorgang vermeintlich beherrscht, dies aber tatsächlich nicht tut);

- *fehlerhafte Generalisierung* (z. B. Übertragung einer Schlußfolgerung von einer Situation auf eine andere, nicht vergleichbare Situation);

- *Fehler durch emotionalen oder situativen Druck* (z. B. wenn jemand eine Entscheidung treffen muß, die ihn persönlich betrifft);

- *Fehler aufgrund großer Komplexität von Systemen* (z. B. wenn ein Entscheidungsträger die Sachlage nicht vollständig überblickt, aber dennoch entscheidet).

Aufgrund solcher Fehler in der Informationsverarbeitung sind Entscheidungsfehler unvermeidlich. So hängt die Qualität getroffener Entscheidungen im wesentlichen vom einzelnen und seinem individuellen Entscheidungsfindungsprozeß ab.

Adaptives Problemlösen

Doch wie kann der einzelne die Qualität seiner Entscheidungen verbessern und seinen Entscheidungsfindungsprozeß optimieren? Eine erfolgreiche Strategie ist das *adaptive Problemlösen*, mit dem es gelingen kann, individuelle Grenzen der Rationalität zu überwinden (March und Simon, 1976). Beim adaptiven Problemlösen werden Werte, Ziele, Tatsachen und Zusammenhänge, Macht und Entscheidungsprozesse folgendermaßen aufgefaßt (Pfeffer, 1981):

- *Werte* sind durch die Überwindung individueller Rationalitätsbeschränkungen gekennzeichnet;

- *Ziele* werden als mehrdeutig und modifizierbar aufgefaßt;

- *Tatsachen und Zusammenhänge* werden als vereinfachtes, anschauliches Modell der Realität erstellt;

- *Macht und Kontrolle* wird auf die Erfordernisse der angestrebten Ziele begrenzt;

- *Entscheidungsprozesse* laufen demnach geordnet und rational ab.

Dieser Auffassung liegt die Erkenntnis der Grenzen menschlicher Rationalität zugrunde. Als Konsequenz müssen wir die zur Entscheidung anstehenden Sachverhalte vereinfachen, unsere Ansprüche an die eigene Entscheidungskompetenz reduzieren und flexibel in unseren Entscheidungsprozessen sein. So muß jegliche Komplexität nach Möglichkeit so weit reduziert werden, daß dennoch *sinnvolle* Entscheidungen getroffen werden können. Nicht ideale Lösungen werden angestrebt, sondern befriedigende. Probleme werden nicht gleichzeitig gelöst, sondern nacheinander. Durch eine solche Reduktion des Anspruchsniveaus sind wesentlich flexiblere Entscheidungsprozesse möglich, die zu realitätsnäheren Problemlösungen führen (Scholl, 1995).

Reduzierung der Fehlerhäufigkeit

Zur Optimierung des Problemlöseprozesses gehören auch bestimmte Strategien, die der Sensibilisierung gegenüber möglicher Fehler und der Beschäftigung mit Möglichkeiten der Fehlerreduktion dienen (Kanfer et al., 2000). Diese Strategien oder „Entscheidungsheuristiken" (s. auch S. 188) bestehen aus Faustregeln, die der Urteilsbildung in Entscheidungssituationen dienen und dadurch Entscheidungen erleichtern (Starck, 1985). Solche Regeln haben den Vorteil, daß sie zur Komplexitätsreduktion beitragen. Dadurch reduzieren sie die Wahrscheinlichkeit von Fehlentscheidungen und tragen so zu effektivem Selbstmanagement bei. Zu den Strategien gehören (Kanfer et al., 2000):

- *Sensibilisierung für mögliche Fehlerquellen.* Es ist wichtig, sich klarzumachen, daß bei jedem Entscheidungsvorgang Fehlerquellen vorhanden sind und bei jeder Entscheidung ein Fehlerrisiko besteht.

- *Immunisierung gegen Verzerrungen.* Da Menschen aus ihren Fehlern mehr lernen als aus ihren Erfolgen, bedeutet ein Fehler immer auch eine Chance zur Verbesserung der eigenen Entscheidungsfähigkeit. Durch Ausrichtung der Aufmerksamkeit auf gemachte Fehler kann der einzelne die Verzerrung seiner Einschätzung (anhand des Fehlers) selbst erleben und sich auf diese Weise ein Stück weit gegen Urteilsfehler immunisieren.

- *Entautomatisierung von Schlußfolgerungen.* Beurteilungs- und Entscheidungsfehler lassen sich dadurch vermeiden, daß der einzelne sich bewußt seinem Informationsverarbeitungsprozeß zuwendet und diesen sonst automatisch ablaufenden Prozeß auf seine Effektivität hin überprüft (Nisbett u. Ross, 1980). Wenn wir uns nämlich zu sehr auf unsere intuitiven Entscheidungsprozesse verlassen, tendieren wir dazu, das wahrzunehmen, was wir ohnehin schon wissen, und übersehen dadurch inkonsistente Information.

- *Formulierung von Alternativhypothesen.* Es ist sinnvoll, mehrere Annahmen in Entscheidungsprozesse mit einzubeziehen, damit man sich nicht vorschnell auf eine „Lieblingshypothese" festlegt. Der Entscheidungsprozeß kann als Vorgang verstanden werden, bei dem unangemessene Annahmen aufgegeben und durch passende ersetzt werden (Einhorn u. Hogarth, 1982). Daher sollte man sich in jedem Fall überlegen, welche alternativen Annahmen oder Erklärungen zur Beurteilung eines Sachverhaltes sonst in Frage kommen. Stimmen die neuen, alternativen Hypothesen besser mit der Realität überein als die alten, sollten die alternativen Erklärungen vorgezogen werden.

- *Suche nach fundierten Gegenargumenten.* Die gezielte Suche nach Gegenargumenten kann dem einzelnen helfen, beide Seiten einer Fragestellung zu betrachten und so zu einer realitätsnäheren Entscheidung zu kommen. Man sollte sich fragen, welche Annahmen oder Beobachtungen *gegen* die bisherige Einschätzung sprechen. Durch die Berücksichtigung von Gegenargumenten vermeidet man den Fehler, nur diejenige Information wahrzunehmen, die *für* die bisherige Sichtweise spricht.

- *Suche nach fehlender Information.* Entscheidung setzt Information voraus. Daher sollte der einzelne bei der Gestaltung seines Entscheidungsvorgangs stets überlegen, ob seine Information komplett ist, welche weitere Information er für seine Entscheidungsfindung benötigt und wie er sich diese beschaffen kann.

- *Schriftliche Erstellung von Entscheidungshilfen.* Auf das eigene Gedächtnis kann man sich nicht immer verlassen, und jedem unterlaufen Fehler. Daher kann es sinnvoll sein, Entscheidungsprozesse im Verlauf aufzuzeichnen, um sie auf diese Weise festzuhalten. Auf diese Weise können Gedankengänge nachträglich nachvollzogen werden. Bei besonders schwierigen Entscheidungen kann es hilfreich sein, Argumente nach „pro" und „contra" zu sortieren und einander schriftlich gegenüberzustellen (Janis u. Mann, 1977).

- *Kontinuierlicher kollegialer Austausch.* Die Besprechung schwieriger Entscheidungen mit Arbeitskollegen, aber auch Freunden oder Familienangehörigen ist wichtig, um Fehleinschätzungen zu vermeiden und bisher übersehene Argumente ins Blickfeld zu rücken. Gerade bei Entscheidungen, die den beruflichen Bereich betreffen, ist es besonders wichtig, fachkundige Kollegen mit einzubeziehen, um Fehlurteile zu vermeiden und eine optimale Entscheidungsfindung zu gewährleisten.

- *Kontinuierliche Bewertung des eigenen Vorgehens.* Der einzelne sollte sich während des Entscheidungsvorgangs laufend fragen, ob alle Aspekte einer Problemstellung berücksichtigt wurden, ob die Informationen, auf denen die Entscheidung beruht, ausreichen und ob es alternative Entscheidungsmöglichkeiten gibt. Auf diese Weise besteht immer die Möglichkeit, in den laufenden Entscheidungsprozeß einzugreifen, sollte sich beispielsweise herausstellen, daß eine Fehlentscheidung getroffen wurde.

- *Vertrautheit mit der Komplexität von Systemen.* Wie wir oben gesehen haben, findet der gesamte Selbstmanagementvorgang in einem System statt (Kaimer, 1986), so auch der Entscheidungsvorgang. Der einzelne muß sich in solchen Systemen orientieren können, um handlungsfähig zu bleiben. Das ist schwierig, da der einzelne selbst ein Teil des Systems ist. Dazu ist es wichtig, die speziellen Eigenschaften von Systemen zu kennen (Vester, 1984; Schiepek, 1991; Dörner, 1996). Letztendlich dient systemisches Denken der Reduzierung von Komplexität (Schiepek u. Kaimer, 1996) und hilft so dem einzelnen, die Organisation, in der er arbeitet, besser zu durchschauen.

Management von Entscheidungsprozessen in Organisationen

Der Entscheidungsprozeß erfordert, daß wir alle Faktoren, die eine Rolle spielen, berücksichtigen, ob sie nun die eigene Person, die Organisation, in der wir arbeiten, oder andere äußere Umstände betreffen. Ferner muß die Auswirkung dieser Faktoren auf den Entscheidungsprozeß bestimmt werden. Dieser kann konstruktiv, aber auch destruktiv sein. Ein destruktiver Einfluß führt nicht nur zu Fehlentscheidungen, sondern kann auch den Entscheidungsprozeß als solchen derart stark beeinträchtigen, daß überhaupt keine Entscheidungen mehr getroffen werden können. Dann ist der gesamte Entscheidungsprozeß gewissermaßen „lahmgelegt". Andererseits kann ein Umfeld, das Unterstützung gewährt, den Entscheidungsprozeß beträchtlich erleichtern und gegebenenfalls beschleunigen.

Für ein Gelingen des Entscheidungsvorgangs ist ein reibungsloses Zusammenspiel der jeweiligen Organisationskultur und eigener Wertvorstellungen entscheidend. Wenn sich die Werte einer Organisation zu sehr von eigenen Werten unterscheiden, kann es zu Beeinträchtigungen unseres Entscheidungsvorgangs kommen. Dabei können übermäßige Unterschiede in den Wertvorstellungen und Zielen nicht nur Entscheidungsprozesse in der Organisation empfindlich stören, sondern auch den persönlichen Entscheidungsprozeß erheblich beeinträchtigen (De Waele et al., 1993).

Beeinträchtigung des Entscheidungsvorgangs

Zu den Bedingungen, die in Organisationen anzutreffen sind und die den eigenen Entscheidungsprozeß *beeinträchtigen* können, gehören mehrere Faktoren:

- *Fehlende Offenheit und Ehrlichkeit gegenüber Vorgesetzten oder Arbeitskollegen.* Schlechter zwischenmenschlicher Kontakt macht gegenseitige Unterstützung unmöglich, während guter Kontakt die konstruktive Zusammenarbeit fördert, so daß sinnvolle Entscheidungen getroffen werden können. Entscheidungen, die im Konsens getroffen werden, werden der Sache häufig eher gerecht als Entscheidungen, bei denen unausgesprochene persönliche Animositäten eine Rolle spielen.

- *Eine zu starre Einstellung gegenüber Arbeitskollegen, die ebenfalls an einem Entscheidungsprozeß beteiligt sind.* Wenn Kollegen bei einem Entscheidungsvorgang auf ihrer möglicherweise engen Sichtweise beharren und nicht bereit sind, ihre Haltung zu modifizieren und den Gesprächspartnern entgegenzukommen, kommt der Entscheidungsprozeß nicht voran. Auf allen Seiten können Gefühle der Frustration entstehen, die eine sachgerechte Entscheidung verhindern.

- *Kommunikation, die durch Doppelbindung („double-bind") geprägt ist* (s. S. 115). Indem zwei widersprüchliche Sichtweisen eines Problems gleichzeitig ins Spiel gebracht werden (die eine rational, die andere häufig emotional getönt), entstehen Irritationen, die ebenfalls die Entscheidungsfähigkeit des jeweiligen Gesprächspartners untergraben.

Unterstützung des Entscheidungsvorgangs

Im Gegensatz zu beeinträchtigenden Faktoren gibt es Bedingungen in Organisationen, die den Entscheidungsprozeß des einzelnen entscheidend *fördern* und wesentlich zu angemessenen Entscheidungen beitragen können. Dazu gehören:

• *Unterstützung durch mächtige Personen oder Instanzen.* In jeder Organisation gibt es Personen oder Instanzen, die Machtzentren darstellen. Solche Instanzen können einzelne Personen oder ganze Abteilungen in einer Organisation sein. Unterstützung durch eine solche Instanz fördert den Entscheidungsprozeß beträchtlich. Ist eine solche Instanz autoritär und droht mit Bestrafung, fallen Entscheidungen fast automatisch im Sinne der von oben gestellten Erwartungen aus. In solchen Fällen sind Entscheidungen gar keine, da die Freiheit, die eine wirkliche Entscheidung erfordert, nicht gewährt wird. Wenn die Machtinstanz hingegen die Bedürfnisse der Mitarbeiter berücksichtigt und die Erwartungen danach ausrichtet, ist der einzelne in seinen Entscheidungen frei, so daß er den Freiraum konstruktiv nutzen kann.

• *Offenheit hinsichtlich individueller Motivation, bestehender Interessenlagen und Verfügbarkeit wichtiger Informationen.* Für den eigenen Entscheidungsprozeß ist der offene Austausch der Arbeitskollegen untereinander entscheidend. Entscheidungen können nur dann angemessen sein, wenn man selbst weiß, was man will und was die anderen wollen. Das erfordert einen offenen und wohlwollenden Umgang miteinander. Geheime Koalitionen, Konkurrenz oder Intrigen sind in dieser Hinsicht nicht förderlich.

• *Ehrliche Kommunikation mit Arbeitskollegen und gegenseitiges Vertrauen.* Diese Faktoren sind für ein Gelingen des Entscheidungsvorgangs ebenfalls von großer Bedeutung. Entscheidungen müssen auch gefühlsmäßig „stimmen". Fehlen offene Kommunikation und gegenseitiges Vertrauen, entsteht notwendigerweise Unsicherheit darüber, wie die Kollegen einzuschätzen sind. Damit entstehen auch Zweifel darüber, wie der eigene Entscheidungsvorgang zu bewerten ist. Zufriedenheit mit der eigenen Entscheidung stellt sich nur ein, wenn ein Gefühl der Sicherheit und der Unterstützung vorhanden ist.

Zwar beeinflussen organisatorische Faktoren die Entscheidungen des einzelnen, doch natürlich trifft auch das Gegenteil zu: Die Entscheidungen des einzelnen beeinflussen auch die Organisation, und zwar sowohl einzelne Mitarbeiter als auch ganze Gruppen. Daher ist es wichtig, daß Entscheidungen mit einem Gefühl der Verantwortung getroffen werden. Nicht zuletzt die weitreichenden Folgen, die Entscheidungen in Organisationen haben können, verdeutlichen die ethische Dimension von Entscheidungsprozessen.

Voraussetzungen für einen effektiven Entscheidungsprozeß

Obwohl die unmittelbare Umgebung unseren Entscheidungsvorgang beeinflussen kann (z. B. bei der Arbeit oder zu Hause) und wir in gleichem Maße unser Umfeld beeinflussen, richtet sich der Selbstmanagementvorgang in erster Linie an unseren eigenen Bedürfnissen aus und weniger an den Wünschen der anderen. Eine solche Einstellung erfordert Weitsicht, da sonst Fehlentscheidungen drohen. Der Prozeß optimaler Entscheidungsfindung erfordert mehr als genaue Gewinn- und Verlustrechnungen, nämlich die folgenden Einstellungen und Fähigkeiten:

- *Die Gewährung persönlicher Freiheiten unterstützt den Entscheidungsprozeß des einzelnen.* Das Gefühl, Entscheidungen frei treffen zu können, ist für den Entscheidungsprozeß außerordentlich wichtig. Eine Voraussetzung dazu ist das Gefühl genügender persönlicher Autonomie. Diese Autonomie kann der einzelne nutzen, um sich bestimmten Optionen zu nähern (d. h. diese in Erwägung zu ziehen) und sich von anderen Optionen zu distanzieren (d. h. diese zu verwerfen). Echte Entscheidungsfreiheit kann aber nur dann entstehen, wenn sowohl das Wertesystem der Organisation als auch die eigenen Wünsche und Ziele klar sind. Stellt man aber das Wertesystem einer Organisation in Frage, kann dies von anderen als „Fehlverhalten" oder „Quertreiben" aufgefaßt werden, insbesondere wenn die Nützlichkeit „bewährter" Vorgehensweisen angezweifelt wird. Aus diesem Grund setzten sich Verbesserungsvorschläge oder Innovationen in vielen Unternehmen nur langsam durch. Leider fördern viele Organisationen eine Art betriebliche Kurzsichtigkeit, die notwendigerweise Fehlentwicklungen nach sich zieht. Wenn nämlich die Entscheidungsfreiheit einzelner beschnitten wird, etwa um kurz- oder mittelfristige Ziele schnell zu erreichen, leidet der Entscheidungsprozeß dieser Mitarbeiter. Dadurch sind wiederum strategische (langfristige) Unternehmensziele in Frage gestellt.

- *Die Fähigkeit, mit Zweideutigkeiten umzugehen, erleichtert den Entscheidungsprozeß.* Ein gewisses Maß an Uneindeutigkeit muß der einzelne tolerieren, da andernfalls der Entscheidungsprozeß ins Stocken geraten kann. Dies trifft insbesondere dann zu, wenn bestimmte Informationen fehlen oder die Unterstützung durch andere ausbleibt. Ferner ist es hilfreich, den Zugang zu seinen eigenen Emotionen oder unbewußten Impulsen offen zu halten, d. h. in manchen Situationen der eigenen „Intuition" Folge zu leisten. Dies erfordert häufig die offene Auseinandersetzung mit eigenen Ängsten und Befürchtungen, was den einzelnen vor gewisse Probleme stellen kann. Entscheidungsfreude ist unangebracht, wenn wir unter dem Einfluß fremder Meinungen stehen, ein Gefühl der Unsicherheit oder Verzweiflung besteht oder unsere Konzentration nachläßt und Verwirrung sich breitmacht. In solchen Situationen sind wir nicht in der Lage, unsere potentiellen Möglichkeiten voll zu nutzen.

- *Die Möglichkeit, Information zu erhalten und Fragen zu erörtern, vereinfacht den Entscheidungsprozeß.* Die Möglichkeit sich zu informieren und Fragen zu klären, reduziert die Gefahr der Verunsicherung und Hilflosigkeit. Dies kann man fördern, indem man für Lernerfahrung sorgt, die in dem gegebenen Kontext erforderlich ist. Nur so kann man die Informationen erhalten, die zum Treffen einer Entscheidung erforderlich sind. Man sollte sich stets trauen, Fragen zu stellen, wenn man nicht weiterweiß. Es gibt nämlich keine dummen Fragen, sondern höchstens dumme Antworten!

- *Die Fähigkeit, seine Möglichkeiten gezielt auf eine Aufgabe zu konzentrieren, verbessert den Entscheidungsprozeß erheblich.* Entscheidungen sind in der Regel komplex und erfordern die Berücksichtigung verschiedener Aspekte, z. B. inhaltlicher und formaler Art. Es ist besser, wenige Entscheidungen zu treffen, dafür aber richtige, statt viele, die sich im Laufe der Zeit als Fehlentscheidungen herausstellen. Das bedeutet, daß der einzelne die verschiedenen Ebenen, die bei einem Entscheidungsprozeß relevant sind, korrekt identifizieren muß, um entsprechend entscheiden und handeln zu können.

- *Die Möglichkeit, Zugangsweise und Zielrichtung des Entscheidungsvorgangs zu verändern, gestattet einen flexiblen Ablauf.* Um zwischen intensivem Engagement und Distanzierung von einer Aufgabe wechseln zu können, muß man sich darüber im klaren sein, daß man frühere Entscheidungen überdenken und Fehlentscheidungen gegebenenfalls revidieren kann. Dies kann dann erforderlich werden, wenn neue Informationen verfügbar sind, die eine andere Einschätzung der Situation ermöglichen. Auch wenn die Revision einer Entscheidung Schwierigkeiten verursacht, ist sie doch in manchen Fällen erforderlich, um größere Probleme zu vermeiden. Hat der einzelne die Revision einer Entscheidung zu verantworten, muß er sich möglicherweise mit eigenen Schuldgefühlen auseinandersetzen und kann sich auf die Vorwürfe anderer Personen gefaßt machen. Ist der Entscheidungsträger aber zu dem Schluß gekommen, daß die Umentscheidung richtig ist, sollte er sich von dieser nicht ohne triftigen Grund abbringen lassen.

- Ein Zugang zu unbewußten oder emotionalen Aspekten der Psyche mittels Intuition (oder Introspektion) erleichtert das Verstehen von Entscheidungsvorgängen. Wie kann Intuition dabei helfen, Entscheidungen zu treffen? Häufig ist der erste Einfall, den wir zu einer Fragestellung haben, die Antwort unserer Intuition auf die Anforderung. Rationale Überlegungen folgen, und bisweilen geht der intuitive Lösungsansatz durch die rationale Durchdringung eines Problems verloren. Wenn aber der Prozeß des rationalen Überlegens ergebnislos bleibt, kehrt man häufig zu dem ersten „intuitiven" Lösungsansatz zurück. Ein solcher Einfall ist häufig „schlüssiger" und „harmonischer" als das Resultat rationaler Überlegung.

Intuitives Entscheiden

Mittels Intuition können wir ein komplexes Problem häufig besser erfassen als mittels rationaler Überlegung. Intuition bedeutet, daß wir Zusammenhänge erkennen, ohne daß wir die Ursachen und Auswirkungen aller Einzelfaktoren im einzelnen überblicken. Wir können davon ausgehen, daß sich alles, was wir in der Vergangenheit erfahren haben, auf irgendeine Art und Weise auf unser Unterbewußtsein auswirkt, auch wenn wir die Geschehnisse „vergessen" haben, sie also für unser bewußtes Erinnerungsvermögen unzugänglich sind. Mittels Intuition besteht jedoch ein Zugang zu diesen psychischen Inhalten, und auf diese Weise werden Zusammenhänge klar, die durch rationale Überlegung nie zutage getreten wären. Intuition kann man jedoch nicht erzwingen, erst recht nicht durch langes Nachdenken (Volkamer et al., 1996).

Zur Intuition im weitesten Sinne gehört auch die Wechselwirkung zwischen bewußten und unbewußten Inhalten. Ferner meistern wir mittels Intuition Anforderungen, zu deren Bewältigung uns bisher keine Strategien zur Verfügung gestanden haben („intuitive Problemlösung"). Zu den weitreichendsten Fragen im Leben gehören wohl solche, bei denen unsere *materielle Sicherheit* auf dem Spiel steht und bei denen unser *emotionales Wohlbefinden* im Mittelpunkt steht. Solche Fragen (z. B. Entscheidungen über wichtige Investitionen oder Entscheidungen, die unsere Partnerschaft betreffen) müssen unbedingt „richtig" entschieden werden, da so viel auf dem Spiel steht, und so müssen wir alle unsere Ressourcen einsetzen, rationale als auch intuitive.

Scheinbar hängt die *intuitive* Fähigkeit eines Menschen von dem Ausmaß der bisher geleisteten *rationalen* Überlegung ab. Das bedeutet, daß jemand, der viel Zeit in die bewußte Lösung eines Problems investiert hat (d. h. abstrakt, rational, aber auch emotional an einem Problem gearbeitet hat), eher von seiner diesbezüglichen Intuition zusätzliche Hilfe bei der Problembewältigung erwarten kann. Das liegt daran, daß alle bewußten kognitiven Leistungen (d. h. alle bewußten Denkanstrengungen) mit unbewußter psychischer Aktivität verknüpft sind. Diese Aktivität verleiht jedem Gedanken eine emotionale „Tönung", die uns zunächst verborgen bleibt. In umgekehrter Richtung beeinflussen unsere Emotionen unser (scheinbar) rationales Denken, denn unser Denken und Fühlen hängt so eng zusammen, daß eine gegenseitige Beeinflussung nicht ausbleibt (Ciompi, 1982). Allerdings verhindern unsere Verdrängungsmechanismen meistens, daß uns die Emotionen, die unser Denken begleiten, bewußt werden. In manchen Situationen wird die Barriere unserer Verdrängungsmechanismen durchlässig, so daß wahre Emotionen zum Vorschein kommen. Dies kann beispielsweise der Fall sein, wenn die Teilnehmer einer Besprechung körperlich oder psychisch erschöpft sind und neben dem verbal Mitgeteilten auch echte Emotionen geäußert werden. Dann fällt langsam die Barriere des Scheins, und authentische Äußerungen treten zutage. In solchen Situationen ist die intuitive Wahrnehmung der beste Zugang zu den Äußerungen.

Eine lockere und unverkrampfte geistige Haltung fördert die intuitive Umgangsweise mit der Realität. Man sollte die Dinge nicht übermäßig ernst nehmen, wobei der Kontakt zur Realität allerdings nicht verlorengehen darf. So ist man weniger auf eine Position festgelegt, kann flexibler agieren und reagieren und kann auch mal den Standpunkt des anderen verstehen, ohne das eigene Selbstvertrauen und die Selbstsicherheit aufzugeben. Gibt man sich hingegen übermäßig engstirnig, ängstlich und zwanghaft, ist eine „gesunde" Distanz zu den Dingen nicht möglich. Dann ist die eigene Intuition unzugänglich, und eine wichtige Ressource für den Entscheidungsvorgang fällt weg.

6. Handeln und Selbstmanagement

Der Handlungsprozeß

Der Handlungsprozeß dient letztendlich dazu, unsere Vorhaben umzusetzen und gesteckte Ziele zu realisieren. Der Prozeß besteht aus einer fortlaufenden Abfolge von Einzelhandlungen, wobei auf unterschiedlichste Art und Weise gehandelt werden kann. Der Handlungsprozeß durchläuft *Phasen unterschiedlicher Aktivität*. Zeiten großer Aktivität wechseln sich mit Zeiten geringerer Aktivität ab. Dabei geben die Auswirkungen unseres Handelns (z. B. Erfolge oder Mißerfolge) uns laufend darüber Auskunft, ob unser Handeln uns wirklich unseren Zielen näher bringt. Wenn nötig, können wir jederzeit korrigierend in den Prozeß eingreifen.

Der Handlungsprozeß ist allerdings nicht einfach mit pausenloser Aktivität gleichzusetzen. Aktivität ist kein Wert an sich, und unreflektiertes Handeln führt schnell zu blindem Aktionismus. So kann der Handlungsprozeß in manchen Situationen auch Unterlassungen erforderlich machen. Das bedeutet, daß Dinge manchmal ausdrücklich *nicht* getan werden, also nicht gehandelt wird. Für den Einzelfall ergeben sich drei mögliche Konsequenzen (Gebert, 1993):

- *mehr oder besser handeln,*

- *weniger oder nicht mehr handeln,*

- *so handeln wie bisher.*

Effektives Handeln bedeutet also nicht, sich bedingungslos an vorgegebene Pläne zu halten oder bestimmte Regeln strikt einzuhalten. Der Handlungsprozeß ist vielmehr ein dynamischer Vorgang, bei dem Entscheidungen umgesetzt werden. Verschiedene Rückkoppelungsmechanismen und Selbststeuerungsprozesse regulieren diesen Vorgang.

Im Gegensatz zum Planungsprozeß, bei dem ein breites Spektrum verschiedener Handlungsoptionen und eine Vielzahl möglicher Konsequenzen eine Rolle spielen, geht es beim Handlungsprozeß um die Umsetzung von bereits getroffenen Entscheidungen. Erst durch den Handlungsprozeß werden die tatsächlichen Konsequenzen der Entscheidung für alle Beteiligten deutlich. Je weiter der Handlungsprozeß fortgeschritten ist, desto geringer ist die Möglichkeit, das Geschehen zu beeinflussen, und desto schneller erfolgt die Konfrontation mit den Auswirkungen des Handelns. Dies trifft natürlich sowohl für private als auch berufliche Angelegenheiten zu.

Jenseits aller externen Vorgaben sind auch *interne Erfolgskriterien* erforderlich, um Ziele ansteuern zu können. Anhand solcher Erfolgskriterien kann der Handlungsprozeß überprüft werden. In der Wirtschaft werden schon heute solche externen Erfolgskriterien häufig eingesetzt, beispielsweise im Rahmen der betriebsinternen Qualitätssicherung. Doch der einzelne sollte sein Handeln stets auch anhand eigener Erfolgskriterien überprüfen. Dies ist zwar nicht immer einfach, aber erforderlich, um den individuellen Handlungsprozeß effektiv zu gestalten. Beispielsweise kann die Entscheidung, die Arbeit an einem bestimmten Projekt einzustellen, das Resultat der Überprüfung des eigenen Handelns anhand interner Erfolgskriterien sein. Die resultierende Handlung besteht in der Beendigung des Projekts.

Je nach Organisationskultur wird der Vorgesetzte möglicherweise ganz anderer Auffassung sein und den Eindruck gewinnen, daß der Mitarbeiter gar nicht gehandelt hat. Doch diese Sichtweise führt zu einem einseitigen Bild dessen, was stattgefunden hat. Denn auch *nicht zu handeln* ist eine Art des Handelns. Bei der Bewertung von Handlungsabläufen ist es also notwendig, nicht nur die erfolgten Handlungen zu betrachten, sondern *auch* die Unterlassungen, die sehr wohl auf bewußt getroffenen Entscheidungen beruhen können. Nur dann kann man sich ein zutreffendes Bild des Handlungsvorgangs machen und die Folgen des Handelns richtig einschätzen.

Die Kriterien für die Bewertung des Handlungsvorgangs umfassen gerade im Rahmen des Selbstmanagements notwendigerweise mehr *qualitative Aspekte*, als üblicherweise von außen vorgegeben werden (z. B. durch ein Unternehmen oder eine Organisation). Eine große Bedeutung hat auch der *rhythmische Charakter* des Handlungsvorgangs, der zwischen großer Aktivität und geringerer Aktivität hin- und herpendelt. Bei der Bewertung des Handlungsvorgangs ist es also wichtig, sowohl kurze als auch längere Zeitabschnitte zu überblicken und gewisse Verzögerungen, die durch den Rückkoppelungsprozeß bedingt sind, zu berücksichtigen („feed-back").

Wenn der Handlungsvorgang nicht mehr flexibel abläuft, ist auch keine gute Anpassung an die gegebenen Bedingungen möglich. Das Handeln erfolgt dann nur noch automatisch nach einem bestimmten Schema und verliert so seine Dynamik. Die Unfähigkeit, verschiedene Abläufe in eine angemessene zeitliche Perspektive zu bringen, verschärft die Probleme zusätzlich. Schwierigkeiten im Ablauf eines Vorgangs kann zu kurzsichtigen Handlungsweisen führen, die den Charakter von Automatismen haben und längerfristigen Handlungsabläufen in keiner Weise gerecht werden. So kann ein akut auftretendes Problem eine sofortige Lösung erfordern (z. B. um ein regelmäßiges Einkommen zu sichern), während längerfristige Ziele (z. B. die Berufszufriedenheit oder eine berufliche Umorientierung) vernachlässigt werden. Entsprechend groß ist die

Gefahr, daß im Laufe des Handlungsvorgangs Angst oder Verunsicherung auftritt (Riemann, 1995). Dies ist ein Hinweis darauf, daß es dem einzelnen schwerfällt, seine eigentlichen Wünsche zu äußern oder zu verwirklichen, seien sie lang- oder kurzfristiger Art.

Allgemeine Strategie für den Handlungsprozeß

Aspekte der Selbstreflexion und Ethik

Den Handlungsprozeß fördern heißt, die Persönlichkeitsentwicklung aktiv zu betreiben. Das setzt natürlich ein gewisses Maß an Reflexionsfähigkeit voraus, ohne die keine kritische Betrachtung der eigenen Persönlichkeit möglich ist. Eine konstruktive Auseinandersetzung mit der eigenen Persönlichkeit bedeutet unter anderem (Rudolf, 1995):

- sich über die eigene psychische Realität klarwerden

- sich mit der eigenen Lebensgeschichte befassen

- Selbstreflexion betreiben durch
  - Denken
  - Empfinden
  - Erinnern
  - Einsicht gewinnen

- Aushalten von Ängsten, Zweifeln, Kränkungen

- Akzeptieren der eigenen psychischen Realität

- Akzeptieren eigener Gefühle und Bedürfnisse

- Konfrontation mit
  - der eigenen Persönlichkeit
  - eigenen „Schattenseiten"
  - unerfüllten Bedürfnissen
  - der Begrenztheit vorhandener Möglichkeiten
  - den Grenzen der Veränderbarkeit
  - den Grenzen der Zeit

- Abschiednehmen von unrealistischen Idealvorstellungen

- Auseinandersetzung mit dem Gewissen

- Realisieren eigener Gefühle und Bedürfnisse

- Übernahme der Verantwortung für die eigene Persönlichkeit

- Arbeit an der persönlichen Weiterentwicklung

Die gelungene Auseinandersetzung mit der eigenen Persönlichkeit führt normalerweise zur Entwicklung eines stabilen Selbstwertgefühls, das sich aus den eigenen Fähigkeiten und Entwicklungsmöglichkeiten speist. Selbstentfaltung bedeutet jedoch *nicht* eine Konkurrenz, deren Ziel es ist, andere zu beeinträchtigen. Ziel ist vielmehr ein konstruktives Miteinander. Dabei sollte die Selbstentfaltung eine Bereicherung für alle Beteiligten darstellen. Andererseits sollte auch das eigene Selbstwertgefühl nicht durch die Selbstentfaltung anderer Personen beeinträchtigt werden.

Eine wichtige Grenze jeder Selbstentfaltung stellen *ethische Maßstäbe* dar. Grundfragen der Ethik betreffen das Gute, das die innere Einstellung und das Handeln des Menschen bestimmen soll (Kunzmann et al., 1991). Ethische Fragen spielen daher bei der Planung von Handlungsstrategien eine wichtige Rolle („Darf ich alles, was ich kann?"). Für die Planung von Vorgehensweisen spielen ferner die Faktoren *Information* und *Handlungskompetenz* eine Rolle. Jeder dieser drei Einflußfaktoren hat sowohl eine inhaltliche („epistemische") als auch eine prozessuale („heuristische") Seite. Das bedeutet, daß Fragen der Information, Handlungskompetenz und Ethik unterschiedlich beantwortet werden können, je nachdem, welche Maßstäbe man zugrunde legt (s. Tabelle 1).

Tabelle 1: Inhaltliche („epistemische") und prozessuale („heuristische") Aspekte von Information, Handeln und Ethik (nach Kanfer et. al. 2000)

Information	Handeln	Ethik
Epistemische Faktoren		
Information, theoretisches Änderungswissen *(reproduktives Wissen)*	Fähigkeit, Wissen in Handeln umzusetzen, praktische Änderungskompetenz *(reproduktives Handeln)*	Kategorischer Imperativ (Kant, 1788), Menschenrechte, Grundrechte, Gesetze *(allgemeine Ethik)*
Heuristische Faktoren		
Kreativität, Originalität *(produktives Wissen)*	Flexibler Umgang mit neuen Situationen, Handeln in ungewohnten Situationen *(produktives Handeln)*	Persönliche Werte, subjektive Maximen *(persönliche Ethik)*

So werden auch unsere ethischen Maßstäbe von verschiedenen Faktoren beeinflußt, die sich auf diese Weise auf unser Handeln auswirken. Daher sollten wir uns der ethischen Maßgaben, auf die wir unser Handeln gründen, stets bewußt sein.

Schritte der Selbstregulation („Kontingenzmanagement")

Die Fähigkeit zur Selbstregulation spielt beim Selbstmanagementprozeß eine entscheidende Rolle (Kanfer et al., 2000), und so ist die Optimierung der eigenen Selbstregulation für effektives Handeln außerordentlich wichtig. Die Effektivität des Handlungsvorgangs läßt sich durch Strukturierung verbessern, und zwar am besten mittels „Kontingenzmanagement", das aus folgenden Schritten besteht:

● Selbstbeobachtung,

● Selbstbewertung,

● Selbstverstärkung.

Diese drei Punkte sind für eine effektive Selbstregulation unerläßlich und werden daher im Folgenden näher erläutert:

Selbstbeobachtung. Die Fähigkeit zur Selbstregulation spielt bei jedem Grundprozeß des Selbstmanagements eine wichtige Rolle, besonders aber bei der Steuerung des eigenen Handelns. Dazu ist das notwendige Maß an *Selbstbeobachtung* (Aneignung) erforderlich. Die Selbstbeobachtung ist jedoch nicht nur eine Datenquelle, sondern eignet sich gerade auch dafür, ein Gefühl der Kontrolle über das eigene Verhalten (Handlung) zu entwickeln. Wenn beispielsweise einer Person klar wird, welche aggressiven Gefühle sie gegenüber anderen Personen hat, kann dies zur Lösung von Konflikten und Korrektur von Feindseligkeiten entscheidend beitragen (Kanfer et al., 2000).

Selbstbewertung. Zusätzlich zur Selbstbeobachtung sind weitere Schritte erforderlich, um zu einer effektiven Selbstregulation zu kommen, nämlich Selbstbewertung und Selbstverstärkung. Ein wichtiges Element der Stabilisierung von Änderungsprozessen ist die *kontinuierliche Bewertung* von Handlungen. Die Bewertung des eigenen Verhaltens als „relevant" oder „irrelevant", „angemessen" oder „problematisch", „veränderbar" oder „unveränderbar" bestimmt, ob man die Notwendigkeit einer Veränderung des eigenen Verhaltens wahrnimmt oder nicht (Kanfer et al., 2000). Die Selbstbewertung wirkt sich unmittelbar auf den Handlungsprozeß aus und kann diesen entweder fördern oder behindern. Idealerweise sollte die Selbstbewertung dazu beitragen, daß potentielle Veränderungsziele entwickelt werden können (Planung) und effektives Handeln möglich wird.

Selbstverstärkung. Wenn es dem einzelnen gelingt, einen effektiven Handlungsprozeß aufrechtzuerhalten, ist es hilfreich, diesen mittels Selbstverstärkung zu unterstützen und weiter zu fördern (Kanfer et al., 2000). Konkret kann das so aussehen, daß man sich selbst *lobt* oder *belohnt*, wenn man eine bestimmte Aufgabe oder Anforderung erfolgreich bewältigt hat (z. B. „Das habe ich aber gut gemacht" oder „Darauf bin ich jetzt stolz" oder „Ich gönne mir heute ein gutes Essen"). Auf diese Weise belohnt man seine eigenen positiven Denkweisen oder Handlungen und trägt so dazu bei, daß man seine positive Einstellung in Zukunft beibehält.

Grundregeln der Veränderung

Es gibt *sechs Grundregeln*, die dem einzelnen helfen können, den Selbstmanagementprozeß zu verbessern. Diese Grundregeln haben sich insbesondere als Grundlage für effektives Handeln als nützlich erwiesen und umfassen folgende Punkte (Kanfer et al., 2000):

- *Verhaltensorientiert denken („think behavior").* Meistens weisen wir die Verantwortung für Mißerfolge weit von uns oder machen andere dafür verantwortlich. Selten führen wir sie auf unsere eigenen Verhaltensweisen zurück. Bestenfalls schreiben wir sie scheinbar feststehenden Facetten unserer eigenen Persönlichkeit zu: Wir beklagen, daß wir „zu dick" seien oder „keine Zeit" hätten, wir fühlen uns dauernd als „Pechvögel" oder haben den Eindruck, wir wären „erfolglos im Beruf". Dabei lassen wir das Verhalten unberücksichtigt, das zu dem beklagten Ergebnis führt. Es ist unproduktiv, sich so auf die Resultate bzw. Konsequenzen oder Begleiterscheinungen unseres Handelns zu konzentrieren. Besser ist es, auf das Verhalten selbst zu achten und die eigene Rolle bei der Entstehung von Problemen hinreichend zu berücksichtigen. So werden die Einflußmöglichkeiten klar, die wir auf bestimmte Situationen haben. Dadurch eröffnen sich dann Perspektiven für die konkrete Problembewältigung durch gezielte Verhaltensänderung.

- *Lösungsorientiert denken („think solution").* Häufig konzentriert man sich angesichts einer Aufgabe oder eines Problems ausschließlich auf die negativen Aspekte, d. h. man läßt positive Ansätze außer acht. Für die konstruktive Problembewältigung ist es allerdings ausgesprochen hinderlich, die Aufmerksamkeit *nur* auf die negativen bzw. problembeladenen Aspekte einer Aufgabe zu richten. Mit der Erfassung eines Problems ist es noch nicht gelöst, man muß vielmehr die Initiative ergreifen und aktiv auf eine Lösung hinarbeiten. Dabei sollte jede alternative Handlungsweise, jede minimale Neugestaltung und jeder neue Versuch, ein Problem anzugehen, als wertvoll erachtet werden. („Welchen minimalen Versuch kann ich unternehmen, um einer Lösung näher zu kommen?")

- *Positiv denken („think positive")*. Für den Selbstmanagementprozeß ist es überaus wichtig, die eigenen Stärken und positiven Fähigkeiten zu kennen und sie auch einzusetzen. In diesem Zusammenhang ist es hilfreich, die Aufmerksamkeit vornehmlich auf positive Resultate des eigenen Handelns zu richten und sich die Frage zu stellen, welche Strategien, Pläne oder Handlungsweisen zum Erfolg und zur persönlichen Weiterentwicklung beitragen können. Sollten einmal negative Ereignisse dominieren, ist es wichtig, daß der einzelne wenigstens die Bereiche benennen kann, die *weniger negativ* als andere Bereiche sind.

- *In kleinen Schritten denken („think small steps")*. Manchmal ist man geneigt, bestimmte Vorhaben oder Pläne zu plötzlich umsetzen zu wollen. Dabei kann man sich leicht übernehmen, so daß aus der geplanten Veränderung letztendlich nichts wird. Wer beispielsweise körperlich aktiver werden will, sollte *allmählich* mehr Sport machen und nicht etwa gleich einen Marathonlauf auf sich nehmen. Große Pläne sollten demnach in kleinere Teilschritte zerlegt werden, die realistischerweise zu bewältigen sind, und die dazu erforderliche Zeit muß berücksichtigt werden.

- *Flexibel denken („think flexible")*. Oft sind wir außerstande, uns von überholten Vorstellungen und Sichtweisen zu lösen. Wenn wir aber nicht flexibel sind und neue Denk- und Handlungsweisen entwickeln, ist auch unsere Fähigkeit, auf neue Anforderungen zu reagieren, beeinträchtigt. Unvorhersehbare Ereignisse können die Dinge erschweren oder bestimmte Vorhaben verunmöglichen. Daher ist es wichtig einzusehen, daß es verschiedene Wege gibt, ein Ziel zu erreichen, und daß manchmal eine Strategie geändert werden muß, um ein Problem zu lösen („Versuch und Irrtum"). Das erfordert eine gewisse Flexibilität.

- *Zukunftsorientiert denken („think future")*. Viele Menschen tendieren dazu, zuviel über die Vergangenheit nachzudenken, anstatt sich mit ihrer eigenen Zukunft zu befassen. Durch den ständigen „Blick in den Rückspiegel" kommt die „weise Voraussicht" zu kurz, die jedoch für das weitere Zurechtkommen oft viel wichtiger ist. Für erfolgreiches Planen und Handeln ist es daher von größter Wichtigkeit, seine Pläne, Vorsätze und Erwartungen an der Zukunft auszurichten.

Besondere Eigenschaften des Handlungsprozesses

Während Entscheidungen in der Vorstellung des einzelnen getroffen werden, sind Handlungen nach außen sichtbare Äußerungen, deren Folgen sowohl von einem selbst als auch von anderen gesehen und bewertet werden können. So schreibt der Evangelist Matthäus: „An ihren Früchten sollt ihr sie erkennen." Doch obwohl Taten in der Regel für alle sichtbare Äußerungen sind, ist der Zusammenhang, in dem sie stattfinden, also die *Bedeutung* der Taten, nicht immer offenkundig – weder für uns selbst noch für andere. Wie unser Handeln mit unserem Umfeld zusammenhängt und ob es wirklich unseren Zielen dient, ist häufig unklar. Fest steht jedoch, daß unser Handeln immer mit den anderen Grundvorgängen zusammenhängt und auch die Grundvorgänge anderer Menschen betrifft.

Der Handlungsprozeß kann als mehr oder weniger schneller Wechsel zwischen Phasen ausgeprägter Aktivität und größerer Ruhe betrachtet werden, als Wechsel zwischen nach außen gerichteter Aktivität und innerem Rückzug. Dabei werden laufend verschiedene Handlungsmöglichkeiten erwogen und Entscheidungen getroffen, Kontakt mit anderen aufgenommen, kommunikative Signale ausgesendet und empfangen usw. Anhand der Folgen des eigenen Handelns und der Reaktionen der anderen kann man die Richtigkeit seiner Entscheidungen laufend überprüfen. So gibt es mehrere Aspekte des Handlungsvorgangs, und es lohnt sich, jeden näher zu betrachten.

- Beim Handeln stellt sich die Frage des *richtigen Zeitpunkts*, denn wir handeln nicht nur in einem räumlichen, sondern stets auch in einem zeitlichen Kontext. Unabhängig von den bereits erwähnten Phasen der Aktivität und Erholung bedeutet der zeitliche Kontext, daß zum richtigen Zeitpunkt gehandelt wird. Darüber hinaus muß am richtigen Ort gehandelt werden, wenn die geplanten Handlungsschritte für alle Beteiligten optimal verwirklicht werden sollen. Bei einem komplexen Handlungsprozeß ist es wichtig, daß jeder einzelne zum richtigen Zeitpunkt seine Rolle erfüllt. Ein solcher Prozeß ist natürlich nicht in jeder Einzelheit steuerbar, denn es gibt viele Variablen, über die wir gar keine Kontrolle haben: die Struktur des Arbeitsumfelds, die Zusammensetzung des Arbeitsteams, die eingesetzten technischen Mittel, die wirtschaftlichen Rahmenbedingungen usw. (Semmer u. Udris, 1995). Alle diese Variablen bringen zeitliche Unwägbarkeiten mit sich, aber trotz dieser Unwägbarkeiten sollte die Frage des richtigen Zeitpunkts nicht grundsätzlich dem Zufall überlassen werden. Vielmehr ist die Wahl des Zeitpunkts eine Angelegenheit des einzelnen, und die Wahl kann glücklich oder weniger glücklich sein. Letztendlich geht es darum, die eigenen Ressourcen zum richtigen Zeitpunkt zu mobilisieren.

- Handeln bedeutet immer auch *Interaktion* mit anderen. Sowohl im Arbeitsumfeld als auch im Privatleben ruft unser Handeln zwangsläufig Kommen-
  tare und Bewertungen durch andere hervor (z. B. durch Vorgesetzte, Kollegen, Familienangehörige, Freunde). Diese können potentiell positiv oder
  negativ ausfallen. Solche Einschätzungen sollten Teil eines größeren Vorgangs sein, in dem die Auswirkungen unseres Handelns zurückgemeldet
  werden („feed-back"). Das ist allerdings nicht immer der Fall. Wenn uns
  nämlich bewußt wird, wie sehr wir aufgrund unseres Handelns beurteilt
  werden und wie viel davon abhängt, kann es schwierig sein, unbefangen zu
  handeln. Dann fällt es schwer, ein angemessenes *Gleichgewicht* zwischen der
  Erfüllung von Anforderungen und der Verwirklichung eigener Vorstellungen aufrechtzuerhalten. Gelingt es uns nicht, dieses Gleichgewicht herzustellen, können zwischenmenschliche Schwierigkeiten mit Kollegen oder
  Familienangehörigen entstehen, die plötzlich unser gesamtes Handeln in
  Frage stellen.

- Manchmal ist ein beträchtliches Urteilsvermögen erforderlich, um die
  Auswirkung unseres Handelns richtig einzuschätzen, insbesondere wenn es um
  die Auswirkungen auf andere Personen geht. Leider können unsere Worte
  oder Taten leicht fehlinterpretiert werden. Das können wir beispielsweise
  daran erkennen, daß die Reaktionen der anderen nicht oder nicht ganz unseren Erwartungen entsprechen („So habe ich es aber nicht gemeint"). Unser Handeln bedingt also nicht nur die Reaktionen anderer Menschen, sondern konfrontiert uns direkt mit den Folgen. Eine solche Konfrontation
  mit den Folgen unseres Handelns kann mitunter unangenehm sein. Manche Menschen neigen in solchen Situationen dazu, die Folgen ihres Handelns anderen zuzuschreiben und ihre eigene Verantwortung abzustreiten.
  Daher sollte man gut überlegen, wer für eine gegebene Situation verantwortlich ist, bevor man andere für die Auswirkungen des eigenen Handelns
  verantwortlich macht.

- Gerade wenn man andere Menschen anhand ihres Handelns bewertet,
  sollte man stets im Auge behalten, daß Handeln immer im *Kontext* verschiedener Einflußfaktoren steht. Diese Faktoren müssen bei der Einschätzung berücksichtigt werden. Unser Handeln hängt stets von unseren
  Wünschen und Zielen ab, sowohl vergangenen als auch zukünftigen. Auch
  die Äußerungen und Taten von Kollegen, Familienangehörigen oder anderen Menschen, mit denen wir etwas zu tun haben, beeinflussen unser Handeln. Daher kann es kein von allen Umständen losgelöstes Handeln geben.
  So hat unser Handeln immer sowohl Ursachen als auch Auswirkungen,
  denn es findet in einem größeren Zusammenhang statt. Die *Ursachen* unseres Handelns liegen grundsätzlich in den anderen Grundvorgängen. Es

entsteht auch Fehlverhalten aus den Grundvorgängen (z. B. Fehler aufgrund falscher Planung oder Mobbing als Ausdruck von Schwierigkeiten auf der Beziehungsebene). Im Gegenzug betreffen die *Auswirkungen* unseres Handelns ganz unmittelbar die anderen Grundvorgänge (z. B. beeinflußt unverschämtes Verhalten den Beziehungsprozeß negativ, und effizientes Handeln ist eine gute Grundlage für einen erfolgreichen Planungsprozeß).

- In der Regel hängt unser Handeln eng mit unseren eigenen Wünschen und Zielen zusammen. Der Handlungsvorgang selbst kann als Abfolge kleinerer Zwischenschritte auf dem Weg zur Realisierung eigener Wünsche oder Ziele betrachtet werden. Doch mit jedem Schritt muß die Person auch Ziele des Betriebes oder der Organisation, in der sie arbeitet, verfolgen. Das setzt voraus, daß diese Person ein *Gleichgewicht* zwischen den eigenen Wünschen und Zielen und denen des Betriebs herstellt. Nur so kann sie vor sich und anderen glaubwürdig bleiben und das Gefühl der Entfremdung von der Arbeit vermieden werden.

- Auch die Frage, wann das Verhältnis zwischen einer Person und ihren Aufgaben *angemessen* ist, ist eine des Gleichgewichts. Kein vernünftiger Vorgesetzter wird jemanden dazu zwingen, eine Tätigkeit auszuüben, der er gänzlich abgeneigt ist. Ganz automatisch wird sich nämlich ein innerer Widerstand entwickeln, aus dem sich durchaus auch offener Widerstand entwickeln kann. Widerstand weist immer auf eine Diskrepanz zwischen vorgegebenen Anforderungen und innerer Haltung hin. Eine solche Diskrepanz bedeutet ein Ungleichgewicht, aus dem in der Regel Vermeidungsverhalten resultiert, das jedes konstruktive Handeln unterläuft. Leider ist das Arbeitsumfeld oft nicht sonderlich hilfreich, wenn es darum geht, ein konstruktives Gleichgewicht herzustellen. Dann ist der einzelne gefordert, sich mit dem Umfeld auseinanderzusetzen (Aneignung). Nur so kann er die Veränderungen herbeiführen, die es ihm ermöglichen, die vorgegebenen Ziele *und* seine eigenen Ziele zu verfolgen.

- Häufig sind die einzelnen Schritte unserer Arbeit vorgegeben. Beispielsweise gehört es zu den Aufgaben einer Sekretärin, Schreibarbeiten zu leisten, während sich ein Bankangestellter mit Buchungsvorgängen befassen muß und ein Programmierer Programme zu schreiben hat. Doch zu dieser ausschließlich funktionellen Seite des Handelns gehört immer auch die persönliche Seite. Was mache ich gerne? Macht die Arbeit wirklich Spaß? Komme ich durch meine Tätigkeit auch meinen persönlichen Zielen näher? Bevor man also als *ganze Person* aktiv werden kann, müssen sowohl berufliche als auch private Aspekte des Handelns geklärt werden. Nur so kann der Handlungsprozeß reibungslos ablaufen.

- Es gibt einen klaren Zusammenhang zwischen Handeln und Lernen. Über-
zeugtes Handeln erleichtert nicht nur das Lernen („learning by doing"),
sondern es fällt einem leichter zu handeln, wenn man eine gewisse
Lernbereitschaft mitbringt. Auch wenn Handeln nicht immer zum gewünschten Erfolg führt, sagt man sich nach einem Mißerfolg häufig, daß man wenigstens etwas dabei gelernt habe. Indem wir unsere Handlungsmöglichkeiten ausloten, entwickeln wir allmählich ein zuverlässiges Gespür für unsere
Möglichkeiten. Dadurch werden wir in unserem Handeln selbstsicherer
und zuversichtlicher. Die ständige Wiederholung der gleichen Handlungsabläufe kann aber auch zu einem Gefühl der Langeweile führen. Monotone
Handlungsabläufe stellen keine Herausforderung dar, und der Lerneffekt
bleibt dabei sehr begrenzt. Wer gar nicht handelt und nur über den Sinn
der Welt philosophiert, kann auch nichts dazulernen, denn die konkrete
Auseinandersetzung mit der Welt findet auf der Ebene des Handelns statt.
Nur durch Handeln in der Realität kann man die eigene Weltsicht überprüfen, Vorstellungen und Theorien relativieren und Vorurteile korrigieren.

- Handeln hat oft etwas mit *Effizienz* zu tun. Effizienz wird häufig mit
schnellem Handeln gleichgesetzt. Die Effizienz einer Person scheint sich
demnach auf die Zahl der Handlungsschritte zu beschränken, die sie in einer gegebenen Zeit ausführen kann. Eine solche Einstellung entsteht aus
dem Wertesystem einer Organisation und kommt in Sprichwörtern wie
„Zeit ist Geld" zum Ausdruck. Die Botschaft an den einzelnen lautet: „Laß
die Zeit nicht verstreichen, sonst entgehen uns wichtige Chancen." Diese
Vorstellung ist aber ein Mißverständnis, denn die Tatsache, daß der zeitliche Ablauf des individuellen Handlungsvorgangs eine erhebliche Rolle für
das Gelingen eines Gesamtvorgangs spielt, wird dabei übersehen. Zeitdruck und übertriebene Hektik führen meistens zu blindem Aktionismus
und damit zu ineffizientem Handeln. Effizienz erfordert handlungsrelevante Entscheidungen zum richtigen Zeitpunkt und nicht etwa die größtmög-
liche Zahl von Handlungen in einer vorgegebenen Zeit.

- Das Wesen des Handelns besteht in der unmittelbaren Auseinandersetzung
mit der materiellen und sozialen Realität. Daher birgt Handeln immer auch
Risiken. Der Begriff Risiko beinhaltet die Möglichkeit, daß etwas geschieht,
was nicht geschehen soll. Häufig sind solche unerwünschten Vorkommnis-
se nicht vorhersehbar und ziehen unangenehme Folgen nach sich. Gerade
die längerfristigen Folgen sind in der Regel nicht absehbar.

Die Risiken, die man eingeht, können beispielsweise finanzielle Dinge betreffen, sie können aber auch das emotionale Befinden, das Selbstbewußtsein oder
das Verhältnis zu anderen Menschen gefährden. Dem einzelnen mag klar sein,
daß manche Risiken sich erst dann auswirken, wenn im Rahmen des eigenen

Handlungsvorgangs die – möglicherweise negativen – *Reaktionen* anderer Menschen zu erwarten sind.

Wie man Risiken *wahrnimmt*, hängt stark von der eigenen Fähigkeit ab, vorauszuschauen und die Ambivalenzen und Ängste auszuhalten, die mit Risiken verbunden sind. Manche Menschen sind sehr viel ängstlicher als andere. Das führt zu völlig unterschiedlichen Bewertungen der gleichen Risiken („No risk, no fun!"). Manche Menschen sehen große Risiken, wo andere überhaupt keine ausmachen können.

Auch die *Gefühle*, die mit unserem Handeln verbunden sind, stellen einen Risikofaktor dar. Sowohl das Handeln selbst als auch die Folgen unseres Handelns können Gefühle auslösen (z. B. Angst, Scham, Traurigkeit, Schuldgefühle), auf die wir nicht gefaßt sind oder mit denen wir nicht fertig werden. Ob wir in der Lage sind, aus einer intensiven emotionalen Erfahrung zu lernen, läßt sich natürlich nie mit Sicherheit voraussagen.

Ein konstruktiver Umgang mit Risiken verlangt, daß man durch das eigene Handeln lernt, ohne sich dabei völlig zu verausgaben. Es ist sicherlich sinnvoll, sich seiner Fähigkeiten zu vergewissern und sich Gedanken über mögliche Risiken zu machen, aber ein gewisses Maß an Angst vor Unwägbarkeiten wird der einzelne tolerieren müssen, wenn er konstruktiv handeln will. Das rechtfertigt aber keinen Leichtsinn. Gutes Selbstmanagement erfordert vielmehr ein Abwägen der vorhandenen Information, einschließlich der Information, die man sich im Laufe des Handelns aneignet, um sein Handeln optimal an den gegebenen Bedingungen ausrichten zu können.

Anzeichen der Beeinträchtigung

Wenn der Handlungsprozeß nicht optimal abläuft, können wir auch nicht effektiv auf unsere Ziele hinarbeiten. Ein ineffektiver Handlungsprozeß läßt sich typischerweise an einer Reihe von Anzeichen erkennen (De Waele et al., 1993). Einige typische Anzeichen der Beeinträchtigung werden im Folgenden aufgeführt und näher erläutert.

- *Der falsche Zeitpunkt.* Der Handlungsvorgang kann durch fehlende zeitliche Abstimmung einzelner Handlungen oder Handlungsschritte beeinträchtigt werden. Beispielsweise wählen manche Menschen oft den falschen Zeitpunkt, wenn sie etwas Neues in Angriff nehmen wollen. So kann es geschehen, daß die Initiative einer Person ins Leere läuft oder zu unerwünschten Reaktionen führt. Lernt diese Person nicht, solche Reaktionen aus der Umgebung wahrzunehmen und richtig zu interpretieren, wird sie immer wieder den Fehler begehen, die gleichen Handlungsweisen zu wiederholen. Gelingt es der Person nicht, die Signale der Umgebung zu deuten und den Zeitpunkt ihres Handelns danach auszurichten, kommt es zur stereotypen Wiederholung sinnloser Handlungsmuster. Die ständige Wiederholung ist frustrierend und weist auf einen unzulänglichen Lernprozeß hin.

Ein Problem ist der Wechsel zwischen Phasen intensiver *Aktivität* und Phasen der *Erholung*. Dieser muß zum richtigen Zeitpunkt erfolgen, da er sonst den Handlungsablauf stören kann. Wenn beispielsweise jemand nicht merkt, wann er seine Aktivität etwas reduzieren sollte, geht er das Risiko ein, in einen Zustand körperlicher und seelischer Erschöpfung zu geraten, durch den der gesamte Handlungsprozeß beeinträchtigt würde. Umgekehrt kann jemand eine große Chance verpassen, wenn es ihm nicht gelingt, aus einer Phase geringer Aktivität heraus auf einmal sehr aktiv zu werden. In beiden Fällen rücken die langfristigen Ziele des Betreffenden nicht gerade näher.

Der richtige Zeitpunkt ist auch wichtig, wenn es darum geht, zwischen verschiedenen Formen der Aktivität hin- und herzuwechseln. Sowohl unsere Berufstätigkeit als auch das Privatleben erfordern ganz verschiedene Formen des Handelns. Wir bewegen uns ständig zwischen diesen Formen der Aktivität. Der Wechsel von einer Tätigkeit zur anderen muß reibungslos gelingen, wenn der Handlungsprozeß als ganzer problemlos ablaufen soll. Wir müssen also lernen, zum richtigen Zeitpunkt eine Tätigkeit zu beenden und eine andere Tätigkeit aufzunehmen.

• *Fehlende Echtheit.* Manche Menschen neigen in ihrer Interaktion mit anderen zu mangelnder Ehrlichkeit oder Authentizität. Das weckt bei anderen schnell den Anschein von Unaufrichtigkeit oder Künstlichkeit. Wenn jemand nicht voll hinter dem steht, was er tut, kann sein Handeln in eine Art Schauspiel ausarten. Dann ist das Handeln nicht auf authentische Ziele ausgerichtet, sondern dient vielmehr als Vorwand für die Befriedigung anderer Bedürfnisse (z. B. Eitelkeit, finanzielle Vorteile, Karrieredenken). In einem Betrieb kann sich diese Problematik durch Aktivitäten äußern, die keinem wirklich weiterhelfen (z. B. zähe Diskussionen, überflüssige Sitzungen oder aufgeblähte Berichte). Dem Außenstehenden wird schnell klar, daß es dabei weniger um die Erledigung von Aufgaben als um Selbstdarstellung geht. Die Motive dafür sind unterschiedlich: Vorgesetzte oder Kollegen zu beeindrucken, ein Gefühl der Selbstsicherheit zu bekommen, Schwächen zu überspielen, Kompetenz zu vermitteln, bestimmte Defizite zu kompensieren usw. Das Ergebnis ist ein kompliziertes Ablenkmanöver, das nicht nur andere irritiert, sondern denjenigen, der das Ganze inszeniert, von seinen eigenen Schwierigkeiten ablenkt. Denn häufig verbirgt sich hinter dem unkoordinierten Aktionismus die Unfähigkeit, wirkliche Problemstellungen zu erkennen und diese durch effektives Handeln zu bewältigen.

- *Innere und äußere Hemmnisse.* Um effektiv handeln zu können, muß der einzelne innere und äußere Hemmnisse überwinden. Der einzelne wird immer wieder auf Hindernisse treffen, die seinen Handlungsvorgang beeinträchtigen. Diese können im einzelnen selbst liegen (z. B. Ängste, innere Zwänge) oder von außen wirksam werden (z. B. vorgegebene Regeln, Behinderung durch andere). Solche Hemmnisse bringen den Handlungsvorgang häufig ins Stocken. Während äußere Hindernisse einigermaßen leicht zu identifizieren sind, werden uns innere Hemmnisse wie beispielsweise Unsicherheit oder Angst häufig nicht bewußt (Riemann, 1995).

Angst ist ein an sich völlig normales Phänomen. Sie entsteht durch die Erwartung unangenehmer Konsequenzen. Beispielsweise kann man Angst vor der Beurteilung durch andere haben. Eine solche Angst kann angemessen oder unangemessen sein. Ist die Angst berechtigt, weil eine tatsächliche Gefahr droht, spricht man von realer Angst. Droht keine solche Gefahr, ist die Angst unberechtigt, man spricht von irrationaler Angst. In beiden Fällen hemmt die Angst den Handlungsablauf (daher auch die Redewendung „steif vor Angst").

Angst tritt insbesondere dann auf, wenn man sich in einer ungewohnten Situation befindet und keine bekannten Verhaltensmuster zur Verfügung stehen. So fühlen sich die meisten Menschen unwohl, wenn sie das erste Mal einen Vortrag halten müssen. Jede neue Handlungssituation kann Angst hervorrufen (z. B. Versagensangst: „Das kann ich nicht"), aber auch unsere Gefühle (z. B. Schuldgefühle, Ärger) können Angst auslösen bzw. aufrechterhalten.

Äußere Ursachen der Angst können im Laufe der Zeit zu inneren Ursachen der Angst werden. Manche Menschen übernehmen ohne jede Relativierung die von den Eltern vorgegebenen Prinzipien und Erwartungen an sich selbst („Internalisierung"). Diese Prinzipien und Erwartungen beeinflussen dann im Laufe des weiteren Lebens das eigene Handeln. Weicht man von ihnen ab, entsteht Verunsicherung oder Angst, denn feste Prinzipien vermitteln immer eine gewisse Sicherheit. Allerdings können Prinzipien auch das Repertoire möglicher Handlungsweisen erheblich einschränken. Dann ist Angst natürlich ein schlechter Ratgeber, denn sie beeinträchtigt unsere Flexibilität und Anpassungsfähigkeit, so daß wir uns schlechter auf neue Situationen einstellen können.

Es ist wichtig, die eigenen Ängste zu verstehen, um sie zu überwinden. Dazu muß man sie erst einmal wahrnehmen und sie sich selbst eingestehen, bevor man versuchen kann, ihre wahren Ursachen herauszufinden. Dies setzt häufig eine Auseinandersetzung mit den Ursachen und Folgen der Erwartungen, die man an sich selbst stellt, voraus. Mit der Zeit sollte man lernen, die eigenen Ängste zu akzeptieren. Dann wird man sehen, daß sie den Handlungsprozeß sehr viel weniger beeinträchtigen.

- *Unzureichende Anpassung.* Angemessenes Handeln setzt eine gewisse *Anpassung an situative Gegebenheiten* voraus. Unser Handeln muß der jeweiligen Situation angemessen sein und bestimmten Erwartungen bzw. Anforderungen entsprechen. Dabei sollte die Art und Intensität des Handelns auf die Erfordernisse der jeweiligen Situation abgestimmt sein. Beispielsweise wäre es unangemessen, jemanden wegen vermeindlichem Fehlverhalten (z. B. Abwesenheit von der Arbeit) zu maßregeln, ohne vorher die Gründe für das Fehlverhalten in Erfahrung gebracht zu haben. Andererseits wäre es auch falsch, als Vorgesetzter jede Art von Fehlverhalten bei Mitarbeitern zu dulden.

  Häufig sind es impulsive Personen, die unangemessen auf bestimmte Gegebenheiten reagieren. Sie handeln oft überstürzt und ohne die jeweilige Sachlage zu überblicken. In solchen Situationen ist eine Schärfung der Wahrnehmung erforderlich, damit der Betreffende aus dem Wahrgenommenen die richtigen Schlüsse ziehen kann. Nur wenn er es vermag, die Gegebenheiten richtig einzuschätzen, kann er seine Ressourcen auf angemessene Weise einsetzen. Auf diese Weise kann er flexibler reagieren und sich den Gegebenheiten optimal anpassen.

  Aber auch übermäßige Trägheit oder Tatenlosigkeit zeigt, daß die Anpassung des eigenen Handelns an die situativen Gegebenheiten nicht gelingt. Wer träge ist, hat sich bereits von dem Handlungsprozeß verabschiedet. Ist ein solcher Zustand erreicht, verliert jegliche Aktivität ihren Reiz, und alles Handeln wird zur Last. Eine solche Einstellung ist insgesamt unerquicklich und bringt niemanden weiter. Sie ist eher geeignet, anderen Mitarbeitern die Freude am Handeln zu verderben und den gesamten Handlungsprozeß zu behindern.

- *Verzögern und Aufschieben.* Unentschlossenheit, übertriebenes Zögern und das Aufschieben notwendiger Handlungsschritte beeinträchtigen den gesamten Handlungsprozeß. Wenn sich jemand über seine eigentlichen Absichten im unklaren ist, wird er dementsprechend unentschlossen handeln. Manchen Menschen fällt es ausgesprochen schwer, sich für eine Sache wirklich zu interessieren. Dementsprechend unwichtig erscheint ihnen auch jeder konkrete Handlungsschritt in diese Richtung („Was du heut nicht kannst besorgen, das verschieb getrost auf morgen"). Häufig weiß der Betreffende gar nicht, was er eigentlich will. In solchen der Betreffende gar nicht, was er eigentlich will. In solchen festgefahrenen Situationen kann es erforderlich sein, einen Schritt zurückzugehen und den Entscheidungsvorgang wieder aufzugreifen. Dadurch gelingt es häufig, die Aufmerksamkeit auf die eigenen Prioritäten zu richten, die Motivation zu prüfen und Werte und Ziele zu identifizieren. Nur dann ist es dem einzelnen möglich, effektive Handlungsschritte zu planen und durchzuführen. Andernfalls kann er in einem Zustand quälender Unentschlossenheit gefangen bleiben. Eine derartige Ambivalenz verunmöglicht jeden Handlungsschritt und hält den gesamten Handlungsprozeß auf.

- *Negative Folgen.* Wenn unser Handeln negative Folgen für uns oder andere Personen hat, ist der weitere Ablauf des Handlungsvorgangs gefährdet. Negative Folgen wirken als negative Rückkoppelung und hemmen den weiteren Handlungsablauf. Sie können einen persönlich teuer zu stehen kommen, sie können aber auch dem Unternehmen schaden, wenn nämlich Engagement und Motivation der Mitarbeiter leiden. Fehlentscheidungen auf Leitungsebene können negative Folgen für eine große Zahl von Mitarbeitern haben (z. B. Umstrukturierungsmaßnahmen mit Stellenabbau). Fehlentscheidungen auf persönlicher Ebene können ebenfalls erhebliche Auswirkungen auf andere haben, sowohl im beruflichen wie auch im privaten Bereich (z. B. Annahme einer neuen Arbeitsstelle). Wer hingegen die potentiellen negativen Folgen seines Handelns überblickt, läuft weniger Gefahr, einen gut laufenden Handlungsprozeß unverhofft zu torpedieren und andere zu demotivieren. Dazu muß gelegentlich der Aneignungsprozeß bemüht werden, um sich der negativen Folgen mancher Handlungsschritte bewußt zu werden.

- *Verzerrte Wahrnehmung.* Falsche Annahmen, ungerechtfertigte Ängste oder Vorurteile können unsere Einschätzung von bestimmten Personen oder Situationen verzerren. Das hat automatisch Auswirkungen auf unser Handeln. Vorurteile führen in der Regel zu unflexiblen Handlungsweisen, die an den realen Gegebenheiten vorbeigehen. Solche Handlungsweisen sind nicht geeignet, uns unseren Zielen näher zu bringen. Wenn man den Verdacht hat, daß man möglicherweise die Realität verzerrt wahrnimmt, kann es hilfreich sein, die Meinung einer anderen Person einzuholen, deren Urteilsvermögen man unbedingt vertraut („vier Augen sehen mehr als zwei"). Wenn es gelingt, bestimmte Sachverhalte zu entmystifizieren (Laing, 1969), sieht man den Realitätsgehalt häufig sehr viel klarer. Das eröffnet Handlungsmöglichkeiten, die einem bisher aufgrund der falschen Annahmen verschlossen waren.

Management von Handlungsprozessen in Organisationen

Selbstmanagement dient der Verbesserung der psychologischen Funktionsfähigkeit (Kanfer et al., 2000). Das heißt jedoch *nicht*, daß es immer der einzelne ist, der sich verändern und sich jeder Situation kritiklos anpassen muß, selbst wenn sie destruktiv ist. Effektives Handeln schließt vielmehr die Frage ein, inwieweit der einzelne in der Lage ist, sein äußeres Umfeld zu verändern, d. h. positiv zu beeinflussen. Selbstmanagement zielt also häufig auch auf die Veränderung der Umgebung ab. Natürlich lassen sich nicht alle Umstände verändern, aber einige situative Bedingungen lassen sich so gut wie immer modifizieren (von Rosenstiel, 2000). In diesem Zusammenhang bedeutet Handeln auch, daß der einzelne zur *Veränderung seiner Umgebung* beiträgt.

Ein ganz wichtiger Punkt bei jedem Handlungsprozeß ist das Zeitmanagement. Ein effektiver Umgang mit der Zeit kann eine große Herausforderung an den einzelnen darstellen. Wie gut jemand in seine Arbeit integriert ist, wie er mit seinen Aufgaben zurechtkommt und wie sich die Zusammenarbeit mit Kollegen gestaltet, hängt wesentlich von seinem Zeitmanagement ab. Der Umgang mit der Zeit hat erhebliche Auswirkungen auf die Fähigkeit des einzelnen, seine Möglichkeiten sinnvoll einzusetzen, neue Chancen zu nutzen und den Arbeitsprozeß kreativ mitzugestalten.

Um effektiv zu handeln sollte der einzelne alle Möglichkeiten, die in einer Organisation gegeben sind, nutzen (Böning, 1999). Während die Arbeit in einer Organisation auch Einschränkungen mit sich bringt, bieten die meisten Organisationen ein anregendes Arbeitsumfeld, das vielfältige Betätigungsmöglichkeiten mit sich bringt. Es kommt oft auf den einzelnen an, diese Handlungsoptionen zu nutzen (Linneweh u. Hofmann, 1999). Leider sind häufig weder die Einschränkungen noch die Möglichkeiten auf den ersten Blick transparent, so daß sich der einzelne mit dem Arbeitsumfeld erst vertraut machen muß (Aneignung). Dazu muß der einzelne gewisse Risiken eingehen, um anschließend die Folgen seines Handelns zu bewerten und die entsprechenden Schlüsse daraus zu ziehen. Dadurch wird mit der Zeit deutlich, welche Handlungsweisen in der jeweiligen Organisation „belohnt" und welche „bestraft" werden (d. h. welche Handlungsweisen positive und welche negative Konsequenzen nach sich ziehen). Auf diese Weise verschafft sich der einzelne handlungsrelevante Information, an der er sich orientieren kann. Je nach den gegebenen Möglichkeiten und Grenzen kann er sein Handeln ausrichten.

Während enge Grenzen auch Sicherheit und Halt bieten können, kann völlige Handlungsfreiheit auch Ratlosigkeit hervorrufen. Wir haben es hier mit zwei Seiten der gleichen „Medaille" zu tun, deren Bewertung von der Perspektive des jeweiligen Individuums abhängt. So muß beispielsweise jeder selbst entscheiden, ob er die vorgegebenen Regeln in einem Betrieb als hilfreich oder als zu eng empfindet. Jemand, der überlegt, einer selbständigen Tätigkeit nachzugehen, muß sich überlegen, ob die zahlreichen Handlungsmöglichkeiten der Selbständigkeit eher eine Chance darstellen oder eine Unterminierung seines Sicherheitsbedürfnisses bedeuten. Je nach Bewertung des jeweiligen Individuums wird die Entscheidung so oder anders ausfallen.

Der Handlungsprozeß kann als Abfolge verschiedener Phasen verstanden werden. Jede Phase erfordert die genaue Einschätzung der Situation, die Wahrnehmung relevanter Hinweise und die Aktivierung derjenigen Handlungsschemata, die in der gegebenen Situation angemessen sind. So erfordert der Handlungsprozeß eine gewisse Aufmerksamkeit, differenzierte Wahrnehmung, sicheres Urteilsvermögen und die Bereitschaft, entschlossen zu handeln. Doch um effektiv zu handeln, muß der einzelne auch einen für ihn *angemessenen Handlungsstil* entwickeln. Dieser Stil ist das Ergebnis eines längeren Lernvorgangs.

Während der Handlungsstil zunächst nur bedingt auf Gegebenheiten eingespielt ist, entwickelt der einzelne mit zunehmender Übung seinen Handlungsstil weiter, so daß er immer differenzierter handeln und auch komplexe Situationen problemlos bewältigen kann. Auf diese Weise etabliert sich ein routinierter und effizienter Handlungsstil, der die Arbeit sehr viel leichter macht. Wenn sich der einzelne mit diesem neuen Stil voll und ganz identifiziert und ihn verinnerlicht hat, läßt er sich ohne größere Schwierigkeiten auf alle möglichen Situationen anwenden. Durch die häufige Anwendung entstehen individuelle Handlungsschemata, die das alltägliche Handeln bedeutend erleichtern. Dem einzelnen bleiben dennoch ausreichend Freiräume für kreatives Handeln in neuen Situationen, so daß er auf der Grundlage seiner bewährten Handlungsschemata agieren und seinen Handlungsstil fortlaufend weiterentwickeln kann.

Hinderliche Bedingungen bei der Arbeit

Bestimmte Gegebenheiten können entschlossenes Handeln beeinträchtigen und den Handlungsprozeß hemmen (Semmer u. Udris, 1995). Ob die Gegebenheiten im Arbeitsumfeld den Handlungsvorgang beeinträchtigen oder fördern, hängt stark vom einzelnen ab. Einige Situationen haben sich jedoch als typisch für die Beeinträchtigung des Handlungsvorgangs erwiesen. Sie treten im Arbeitsumfeld relativ häufig auf, so daß im Folgenden näher auf sie eingegangen wird.

- *Kontrolle als Mittel der Machtausübung und nicht der Information (unzulängliche Rückmeldung).* Das Handeln in Organisationen wird normalerweise auf irgendeine Art und Weise überprüft. Die Überwachung („controlling") dient dazu, daß der Handlungsprozeß der Organisation nicht außer Kontrolle gerät. So wird sichergestellt, daß Arbeitsergebnisse im Erwartungsbereich liegen und Unternehmensziele zuverlässig verfolgt werden. Eine solche Überwachung sollte der Rückmeldung („feed-back") dienen und nicht als Machtmittel mißbraucht werden. Doch leider üben manche Personen unangebrachte Kontrolle aus, nur um andere an beruflichen Fortschritten zu hindern oder um sich selbst in ein gutes Licht zu stellen. Daher sollte man zwischen angemessenen und unangemessen Arten der Überwachung oder Kontrolle unterscheiden können. Erstere dienen dem Handlungsprozeß, indem sie dem einzelnen zusätzliche Information über die Auswirkungen seines Handelns bieten, während letztere den Handlungsprozeß des einzelnen ernsthaft gefährden können.

- *Ungerechtigkeiten wie z. B. willkürliche Bevorzugung („Vetternwirtschaft").* Ungerechtigkeit kann die unterschiedlichsten Formen annehmen, beispielsweise als willkürliche Bevorzugung einzelner Mitarbeiter. Diese Art von Ungerechtigkeit kann zum Verlust der Handlungsfähigkeit der anderen Personen führen, die nur unzureichende Anerkennung ihrer Leistung erfahren und erleben müssen, wie jemand anderes unverdienterweise Vorteile erhält. Eine weitere Form der Ungerechtigkeit ist *fehlende Anerkennung.* Wenn beispielsweise jemand einen bedeutenden Beitrag zu einem Projekt leistet, diese Leistung aber nicht gewürdigt wird, wird er keinen Grund für ein weiteres Engagement sehen können, denn Leistung scheint sich nicht zu lohnen. Mit einer Ungerechtigkeit geht immer eine Verzerrung der Bewertungsmaßstäbe einher. Damit sind die Folgen des eigenen Handelns nicht mehr klar, und die Motivation zum aktiven Handeln muß schwinden.

- *Fehlende Unterstützung.* Wer die Verantwortung für eine Angelegenheit trägt, muß über die entsprechenden Handlungsmöglichkeiten verfügen und benötigt den Rückhalt seines Auftraggebers. Wenn beispielsweise eine Mitarbeiterin die volle Verantwortung für ein Projekt trägt, muß sie auch die Möglichkeit haben, souverän zu planen und zu entscheiden, denn sonst kann sie nicht effektiv handeln. Dazu ist der Rückhalt des Auftraggebers erforderlich, der die nötige Entscheidungsfreiheit gewähren muß. Fehlt der Rückhalt, wird die Mitarbeiterin feststellen, daß sie mit ihrer Verantwortung allein gelassen wird und nicht wirklich handlungsfähig ist.

- *Überflüssige Hierarchiestufen (verschlungene Dienstwege).* Jede Hierarchiestufe bedeutet eine Hürde für denjenigen, der etwas aktiv in die Tat umsetzen will. Je mehr Hürden es zu überwinden gibt, desto unwahrscheinlicher wird der Erfolg. Eigeninitiative kann schnell durch eine Vielzahl von Anträgen, Maßregelungen oder Rückfragen erstickt werden. Wenn zahlreiche Personen von einem Vorhaben erst überzeugt werden müssen, besteht die Gefahr, daß keiner die Initiative ergreift und das notwendige Durchhaltevermögen aufbringt. Statt dessen wird der einzelne demotiviert, und Frustration breitet sich aus. Wer frustriert ist und sich ohnmächtig fühlt, bekommt rasch den Eindruck, nicht gebraucht zu werden. Seine Energie wird in der Auseinandersetzung mit den hierarchischen Strukturen der Organisation verschlissen, und Chancen für effektives Handeln bleiben ungenutzt.

Hilfreiche Bedingungen bei der Arbeit

Manche Gegebenheiten fördern hingegen den Handlungsprozeß des einzelnen (Semmer u. Udris, 1995). An dieser Stelle werden einige Beispiele für solche förderlichen Bedingungen aufgeführt.

- *Entscheidungsspielraum und Verantwortung.* Mitarbeiter sollten auf ihrer jeweiligen Hierarchieebene über ein ausreichendes Maß an Entscheidungsbefugnis verfügen. Das setzt einerseits Entscheidungsfreiheit voraus, erfordert aber auch die Bereitschaft, Verantwortung für das Handeln zu tragen. Solche Handlungsspielräume sind eine wichtige Voraussetzung für die Anpassung des Handlungsvorgangs an die gegebene Situation. Wenn nämlich der einzelne Mitarbeiter das Gefühl hat, bestimmte Vorgänge beeinflussen zu können, steigt die Handlungsmotivation. Das erfordert allerdings die *Dezentralisierung von Macht*, aber nur durch das Zugeständnis von Entscheidungsspielraum und die Delegation von Verantwortung an den einzelnen kann der Handlungsprozeß gedeihen.

- *Freiräume zum Handeln.* Um überhaupt handeln zu können, müssen entsprechende Freiräume gegeben sein. Dies trifft ganz besonders dann zu, wenn *effektiv* gehandelt werden soll. Eine Organisation muß in der Lage sein, den Mitarbeitern solche Freiräume zu bieten. Das kann nur geschehen, wenn die Initiative der Mitarbeiter von der Leitungsebene nicht als Gefahr, sondern als Chance für den Betrieb angesehen wird. Das verlangt von denjenigen, die solche Freiräume gewähren, eine gewisse Großzügigkeit und Risikobereitschaft. Das bedeutet beispielsweise, daß Vorgesetzte ihre Mitarbeiter darin unterstützen sollten, von sich aus Initiative zu zeigen, Vorschläge zu machen und selbständig zu handeln. Nur durch einen Vertrauensvorschuß wird den Mitarbeitern die Möglichkeit eröffnet, ihre Möglichkeiten auszuschöpfen. Wer hingegen immer das letzte Wort haben will, behindert den Handlungsprozeß.

- *Positive Kommunikation („konstruktive Kritik")* statt Kontrolle. Wenn Kontrolle nicht der Verbesserung eines Handlungsvorgangs dient, sondern nur auf die Bestrafung von vermeintlichem Fehlverhalten ausgerichtet ist, wirkt sie demotivierend. Positive Kommunikation trägt hingegen zum Lernprozeß des einzelnen bei. Damit ist ausdrücklich auch jede konstruktive Kritik oder Vorschlag zur Verbesserung von Handlungsabläufen gemeint. Durch Fehler kann man lernen, allerdings nur, wenn der Fehler mit der Möglichkeit der Korrektur einhergeht und nicht bloß zur Bestrafung führt. Durch den Lernprozeß erschließt der einzelne neue Ressourcen, und seine Motivation bleibt erhalten. Das kommt dem Handlungsprozeß zugute.

- *Zukunftsorientierung und Innovationskraft.* Die zukunftsorientierte und innovative Struktur eines Unternehmens kann den Handlungsprozeß des einzelnen in hohem Maße fördern. Das trifft beispielsweise zu, wenn jemand in einem Unternehmen tätig ist, das an neuen gesellschaftlichen Entwicklungen, expandierenden Märkten, innovativen Technologien oder anderen zukunftsträchtigen Trends beteiligt ist. Moderne Entwicklungen erfordern flexibles Management, und so gibt es in diesen Bereichen häufig Strukturen, die durch klare Verantwortlichkeit, flache Hierarchien, offene Kommunikation und persönliches Engagement gekennzeichnet sind. Eine solche Umgebung unterstützt den Handlungsprozeß des einzelnen.

Die effektive Gestaltung des Handlungsvorgangs

Handeln ist eine Art, sich mitzuteilen. Damit ist Handeln auch eine Art der Kommunikation. Durch unser Handeln senden wir Signale an andere Personen, die durch ihre Reaktion Signale an uns zurücksenden. So erhalten wir durch unser Handeln Information über die Intentionen und Handlungsimpulse unserer Mitmenschen. Gleichzeitig werden wir auch unserer eigenen Intentionen und Impulse gewahr. Unsere Vorstellungen und Hypothesen über die Welt und die Menschen, mit denen wir zu tun haben, können wir durch Handeln überprüfen und gegebenenfalls korrigieren.

Durch Handeln nähern wir uns unseren Wünschen und Zielen, so daß Handeln ein wichtiger Schritt zur Selbstverwirklichung ist. Wir sehen, welch große Bedeutung aktives Handeln für alle Lebensbereiche hat. Die Art und Weise, wie wir handeln, kann jedoch effektiv oder weniger effektiv sein. Manchmal ist sie sogar hinderlich. Generell fördert effektives Handeln den Handlungsprozeß als ganzen und steigert die Zufriedenheit mit dem eigenen Handeln.

Der einzelne kann einiges tun, um günstige Bedingungen für sein Handeln in seinem Arbeitsumfeld herbeizuführen. Um den Handlungsprozeß effektiv gestalten zu können, sollten bestimmte Bedingungen gegeben sein. Im Folgenden sind einige aufgeführt (De Waele et al., 1993).

- *Einer Arbeit nachgehen, die man gerne tut.* Für den einzelnen ist es außerordentlich wichtig, daß er einer Arbeit nachgeht, die ihm liegt und die ihm Freude bereitet. Eine Arbeit, die zu Frustration führt, kann auf lange Sicht den Handlungsvorgang gefährden. Nur eine Arbeit, die für den einzelnen befriedigend ist, kann auf Dauer gut gemacht werden. Fehlt das Engagement, kann keine überzeugende Arbeit geleistet werden. Der einzelne sollte sich daher stets die Frage stellen, ob seine derzeitige Tätigkeit ihn weiterhin befriedigt. Ist dies nicht der Fall, wird die Arbeit zu subjektiver Überlastung und auf die Dauer zu körperlicher und seelischer Erschöpfung führen („burn-out"). Darüber hinaus kann man durch eine Arbeit, die man gerne tut, viel mehr lernen als durch eine frustrierende Tätigkeit. Wer mit einer positiven Einstellung ans Werk geht, ist weitaus offener für neue Erfahrungen und lernt auf diese Weise schneller. Wer hingegen lustlos und gelangweilt arbeitet, wird es sehr viel schwerer haben, Neues dazuzulernen („fehlende Appetenz").

- *Die eigenen Möglichkeiten und Grenzen erkennen.* Es ist wichtig, die eigenen Möglichkeiten und Grenzen richtig einzuschätzen, um keine Energie auf unrealistische Ziele zu verschwenden. Das Mögliche sollte in Angriff genommen werden, während das Unmögliche am besten gar nicht versucht wird. Beides zuverlässig voneinander unterscheiden zu können erfordert etwas Erfahrung, doch diese macht sich auf lange Sicht bezahlt. Die eigenen Möglichkeiten und Grenzen richtig einzuschätzen setzt ein gewisses Maß an Selbsterkenntnis voraus. Es kann schwierig sein, die eigenen Grenzen realistisch zu akzeptieren, doch hilft es auf die Dauer nicht, Illusionen vor sich selbst aufrechtzuerhalten. Durch eine Änderung des Anspruchs können sich neue Möglichkeiten ergeben, die andernfalls nie aufgetaucht wären. Vermeintliche Grenzen können sich plötzlich in Chancen verwandeln. So eröffnet ein realistisches Bewußtsein für die eigenen Möglichkeiten völlig neue Wege. Etwas Ähnliches ist mit der Redewendung „aus der Not eine Tugend machen" gemeint.

- *Zwischen Stärken und Schwächen unterscheiden.* Die Stärken eines Menschen sind häufig auch seine Schwächen. Aber jeder muß mit diesen Stärken und Schwächen zurechtkommen, mit ihnen angemessen umgehen und sie nach Möglichkeit in konstruktive Bahnen lenken. Wer nur über seine Schwächen nachdenkt, droht, sich in nutzlosem Grübeln zu verlieren. Auf diese Weise kommt der Handlungsprozeß nicht voran, Ziele scheinen in unerreichbare Ferne zu rücken, und die Motivation zu aktivem Handeln nimmt ab. Es ist wichtig, solchen negativen Gedanken etwas entgegenzusetzen und den Versuch zu unternehmen, Negatives in Positives zu überführen („kognitive Umstrukturierung"). Denn negative Gedanken hemmen den Handlungsvorgang, während eine positive Einstellung ihn fördert. Darüber hinaus hat eine positive Einstellung auch eine positive Wirkung auf die Mitmenschen, was sich auch auf die Zusammenarbeit bei der Arbeit auswirkt. Eine positive Einstellung ist produktiver als eine negative. Erstere überträgt sich auf andere und fördert auch deren Handlungsprozeß.

• *Zwischen angemessenem und unangemessenem Handeln unterscheiden.* Mit dieser Fähigkeit kann man stets entscheiden, ob eine Handlung für den Zeitpunkt, den Ort und die gegebene Situation angemessen ist oder nicht. („Sollte ich meinem Handlungsimpuls jetzt nachgeben? Sollte ich mein Vorhaben unter diesen Umständen in die Tat umsetzen? Ist dies der richtige Ort?") Wer ein Gefühl für den Unterschied zwischen angemessenem und unangemessenem Handeln hat, wird seinen Handlungsprozeß effektiver gestalten können, weil er mit weniger Widerstand von außen rechnen muß. Ohne solche Kriterien wird das eigene Handeln durch alle möglichen Hemmnisse behindert (z. B. Angst, Schuldgefühle, Unsicherheit). Doch auch die „Flucht nach vorne" oder der „Sprung über den eigenen Schatten" kann unter Umständen völlig unangebracht sein und manche Peinlichkeit nach sich ziehen. Destruktiv sind auch Handlungsimpulse, die aus Ärger, Neid oder Rachegefühlen heraus entstehen. Wer solchen Impulsen nachgibt und sich zu sinnlosen oder sogar destruktiven Handlungen hinreißen läßt, muß möglicherweise mit unangenehmen Folgen rechnen.

Die Fähigkeit, zwischen angemessenem und unangemessenem Handeln zu unterscheiden, kann nur entstehen, wenn der einzelne das Gefühl hat, frei handeln zu können. Wer keine Wahl hat, muß sich nicht entscheiden und kann auch keine Kriterien entwickeln, anhand derer er entscheiden könnte. Solche Entscheidungskriterien lassen sich an der Frage entwickeln, ob eine bestimmte Handlungsweise im eigenen Interesse liegt oder im Interesse anderer Personen.

Weitere Fragen sind: Steht mir genügend Information zur Verfügung, um überhaupt eine Entscheidung treffen zu können? Unter welchen Bedingungen bin ich bereit zu handeln? In welcher Funktion kann ich handeln? Will ich überhaupt in Aktion treten? Die Beantwortung dieser Fragen kann einem dabei helfen, zwischen angemessenem und unangemessenem Handeln zu unterscheiden. Manchmal ist es besser, andere handeln zu lassen, als selbst zu handeln. Dies trifft insbesondere dann zu, wenn man nicht über genügend Information verfügt, um die Entscheidung zum Handeln treffen zu können. Dann ist aufmerksames Abwarten häufig sinnvoller als blinder Aktionismus.

- *Die eigenen Ressourcen bei Bedarf mobilisieren.* Es ist wichtig, seine Energie in sinnvolle Bahnen zu lenken. Nur dann ist effektives Handeln möglich. Das bedeutet, in manchen Situationen selbstbewußt aufzutreten, in anderen Situationen aber sich zurückzuhalten und die eigenen Ressourcen zu schonen. Im allgemeinen ist kontrolliertes Handeln effektiver als unkoordinierter Aktionismus. Man lernt mehr aus seinem Handeln, wenn man den Handlungsprozeß aufmerksam begleitet und jeden Handlungsschritt reflektiert. So kann man während des Handlungsvorgangs alle Facetten des Handelns bewußt erleben und mitgestalten. Dadurch gerät der Prozeß nicht außer Kontrolle, und es entstehen keine Gefühle der Ohnmacht und Hilflosigkeit. Statt dessen entsteht ein Gefühl für die eigene Kompetenz. Um die eigenen Ressourcen zu mobilisieren, ist es hilfreich, eine klare Vorstellung von der unmittelbaren Zukunft zu haben („Antizipation"). Verschiedene Möglichkeiten oder Szenarien werden auf diese Weise in der Vorstellung vergegenwärtigt, um Handlungsmöglichkeiten zu prüfen. Die zur Verwirklichung der aussichtsreichsten Handlungsoption erforderlichen Ressourcen werden daraufhin mobilisiert und im Hinblick auf die konkrete Handlung aktiviert.

- *Flexibel sein und das Handeln auf die jeweiligen Gegebenheiten abstimmen.* Wenn die Folgen einer Handlung nicht den Erwartungen entsprechen, ist es besser, die Situation gleich zu klären, statt tatenlos zuzusehen („Abwarten und Tee trinken"). Um sich an laufend verändernde Bedingungen einzustellen, ist es erforderlich, schnell und flexibel zu reagieren. Wer länger in einem Zustand der Enttäuschung oder Kränkung verharrt, verliert den Anschluß an die Handlungsprozesse, die um ihn herum ablaufen. Darüber hinaus kann ihm die Kontrolle über den eigenen Handlungsprozeß entgleiten. Das kann dazu führen, daß man zukünftige Enttäuschungen befürchtet und wegen dieser Befürchtung die Zukunft gar nicht in Angriff nimmt. Negative Zukunftserwartungen können auf diese Weise lähmend wirken oder im Extremfall sogar depressiv machen (Kipp et al., 1996). Die Antwort darauf ist größere Flexibilität. Es ist wichtig, flexibel auf neue Herausforderungen antworten zu können und auf diese Weise Beeinträchtigungen des Handlungsvorgangs zu überwinden.

7. Schritte zu effektivem Selbstmanagement

Beim Selbstmanagement geht es darum, herkömmliche Sichtweisen zu relativieren und die zahlreichen Annahmen, von denen im allgemeinen ausgegangen wird, genauer zu überprüfen. An deren Stelle treten Überlegungen, die dahin gehen, wie die Wahrnehmung der eigenen inneren und äußeren Realität verbessert werden kann und welche Handlungsmöglichkeiten sich daraus ergeben. So kann Selbstmanagement dem einzelnen dabei helfen, sich im Geflecht zwischenmenschlicher Beziehungen zu orientieren, seine Energien auf positive Ziele auszurichten und Zukunftsplanung in konkrete Handlungsschritte umzusetzen. Doch was sind die Voraussetzungen für ein optimales Selbstmanagement?

- Um genügend Kontrolle über den Selbstmanagementvorgang zu haben, muß der Betreffende die *gegebenen Umstände verstehen und akzeptieren*. Wenn es darum geht, effektives Selbstmanagement zu betreiben, müssen wir einsehen, daß nicht jeder Mensch gleich ist. Jeder ist einzigartig und hat seine individuellen Möglichkeiten und Grenzen. Es ist wichtig, diese persönlichen Eigenschaften als „gegebene Umstände" aufzufassen und zu akzeptieren. Genauso wichtig ist es für gutes Selbstmanagement, die eigenen Eigenschaften zu kennen und zu akzeptieren.

- Selbstmanagement muß trotz gegebener Schwierigkeiten und Grenzen betrieben werden. Das heißt, daß Selbstmanagement die *fortlaufende Auflösung von Konflikten* erfordert. Selbstmanagement bedeutet in diesem Fall eine Versöhnung zwischen festen Verhaltensweisen, bestimmten Rollenvorstellungen, sozialem Druck oder kulturellen Trends auf der einen Seite und dem Wunsch nach Entfaltung der Persönlichkeit auf der anderen Seite. Bei der Auflösung dieser Art von Konflikt wird der Betreffende idealerweise solche Situationen herbeiführen, die dem harmonischen Zusammenspiel der Grundvorgänge dienlich sind. So fördert er den unbeeinträchtigten Selbstmanagementprozeß.

- Selbstmanagement selbst ist ein Vorgang, der sich aus den fünf Grundvorgängen (Beziehung, Aneignung, Planung, Entscheidung, Handlung) zusammensetzt. Effektiv ablaufende Grundvorgänge sind eine Voraussetzung für gutes Selbstmanagement. Das bedeutet für den Betreffenden, daß er sich als *Teil von Vorgängen* versteht und sich nicht isoliert oder entfremdet fühlt. Gleichzeitig muß er eine ausreichende Distanz zu den Abläufen einhalten und einen selbstsicheren Standpunkt haben. Um innere Harmonie und ausgewogene Interaktion mit äußeren Vorgängen herbeizuführen (oder wiederherzustellen), muß der Betreffende sowohl die äußeren Abläufe seiner Umwelt als auch eigene Erlebnisweisen wahrnehmen.

• Selbstmanagement ist auch die *Gestaltung von Veränderungsprozessen*. Alle Vorgänge, die zu Veränderungen führen, finden wir auch beim Selbstmanagement:

- äußere Umstände, Erfahrungen, Gefühle, Bestrebungen, Pläne, Ziele usw. ändern sich laufend;

- wir selber setzen Dinge in Bewegung und werden von Dingen in Bewegung gesetzt. Dabei treffen wir auf Widerstände oder leisten selbst Widerstand;

- in den Abläufen werden Muster und Gesetzmäßigkeiten erkennbar, aber es können auch unvorhersehbare und plötzliche Ereignisse auftreten;

- Veränderungen können uns auf unterschiedliche Weise und in unterschiedlichem Maße betreffen;

- das Management von Veränderungsvorgängen erfordert die Fähigkeit, Veränderungen wahrzunehmen, ihre Bedeutung zu verstehen und die Wechselwirkungen zu erkennen, in denen sie stehen;

- die Zeit ist ein wichtiger Faktor. Management von Veränderung ist gleichzeitig auch Zeitmanagement;

- Handeln wirkt sich auf die Fließrichtung eines oder mehrerer Vorgänge aus und verändert diese. Es gilt zu bedenken, warum, wann und wie man handelt. *Ob* man in einer bestimmten Situation überhaupt handelt, ist letztendlich eine ethische Frage (s. S. 190).

Wenn die Selbstmanagement-Perspektive zur Lebensphilosophie wird, ergeben sich daraus automatisch typische Verhaltensweisen und Einstellungen. Eine Person, die sich um effektives Selbstmanagement bemüht, wird gewisse Standpunkte einnehmen und Denk- und Verhaltensweisen zeigen, die für gutes Selbstmanagement kennzeichnend sind. Welche Einstellungen und Verhaltensweisen gemeint sind, wird in folgenden Punkten verdeutlicht. Sie kennzeichnen effektives Selbstmanagement und können daher als handlungsanleitende Merksätze dienen (De Waele et al., 1993):

• Kümmern Sie sich genügend um sich selbst, und zwar nicht aus Egoismus, sondern um zu erfahren, wo Ihre eigenen Grenzen liegen. Vernachlässigen Sie sich nicht selbst, und unterwerfen Sie sich nicht bedingungslos den Anforderungen der Umgebung. Lernen Sie zu unterscheiden, wann den Anforderungen ihrer Umgebung nachzukommen ist und wann eigene Bedürfnisse den Vorrang haben. Billigen Sie Ihren eigenen Bedürfnissen einen genügend hohen Stellenwert zu. Sorgen Sie dafür, daß ihre Anstrengungen nicht ins Leere laufen.

- Arbeiten Sie darauf hin, eine Quelle physischer, intellektueller und emotionaler Gesundheit zu sein. Lernen Sie, auf Ihren Körper, Ihren Verstand, Ihre Gefühle und Ihre zwischenmenschlichen Beziehungen zu achten, da all diese Aspekte Ihrem eigenen Wohlbefinden dienen und auch anderen Menschen zugute kommen.

- Machen Sie sich bewußt, welche Veränderungen sich in Ihrem Leben abspielen. Machen Sie sich mit ihnen vertraut, und lernen Sie, die Veränderungen zu akzeptieren. Auf diese Weise ergreifen Sie eine aktive Rolle bei der Auseinandersetzung mit der Realität und der weiteren Entwicklung Ihrer Persönlichkeit.

- Der Lernprozeß, den Sie im Leben durchlaufen, wird von Ihnen selbst gestaltet. Auch in einem neuen Umfeld, in dem es schwerfällt, Lernerfahrungen anzunehmen, sind Sie für die Auseinandersetzung mit dem Neuen selbst verantwortlich. Darüber hinaus sind Sie für die Revidierung Ihrer bisherigen Lernerfahrung zuständig.

- Entwickeln Sie eine realistische Haltung gegenüber existenziellen Fragen wie beispielsweise Leben und Tod oder plötzlichen und schwerwiegenden Veränderungen im Leben. Überlegen Sie, welche Emotionen durch solche Veränderungen entstehen. Nach Verlusten jeglicher Art können Phasen des Schocks, der Verleugnung, der Wut, der Resignation und schließlich der Akzeptanz auftreten. Lernen Sie, diese Phasen der Trauerreaktion zu erkennen.

- Lassen Sie sich nicht auf eine Hierarchiestufe befördern, auf der Sie nicht kompetent arbeiten können. Dies betrifft insbesondere die Anforderungen an Ihre Qualifikation, Fertigkeiten, Motivation und zeitliche Belastbarkeit. Achten Sie darauf, daß Ihre Aufgaben und Ziele mit der Verantwortung übereinstimmen, die Sie übernehmen wollen.

- Konzentrieren Sie sich lieber auf die Veränderung Ihrer eigenen Einstellung, als zu versuchen, die Mitmenschen oder die Welt als ganze zu verändern. Lassen Sie sich nicht von Unzulänglichkeiten in ihrem Umfeld enttäuschen – es gibt Dinge, die man ändern kann, andere Dinge sind nicht zu ändern. Setzen Sie niemanden anderen dahingehend unter Druck, seine Wertvorstellungen zu ändern.

- Selbstmanagement bezieht sich nicht nur auf die Gegenwart, sondern auch auf die Vergangenheit. Zeigen Sie die Bereitschaft, bisherige Erfahrungen zu akzeptieren, auch wenn es schmerzlich ist und zum Auftreten starker Emotionen führt. Selbstmanagement bezieht sich aber auch auf die Zukunft: bereiten Sie sich durch den Erwerb neuer Fähigkeiten auf zukünftige Herausforderungen vor.

- Versuchen Sie, die Energie, die Sie in verschiedene Bereiche Ihres Lebens investieren, im Gleichgewicht zu halten. Das betrifft körperliche Aktivität, die Gefühle, den Verstand, die Beziehungen zu Mitmenschen, finanzielle Belange usw. Nehmen Sie die vielen Facetten der Realität wahr. Versuchen Sie, Bereiche zu erkunden, die Sie in der Vergangenheit möglicherweise vernachlässigt haben.

- Machen Sie sich klar, daß Ihr Bemühen um die Entwicklung Ihrer eigenen Persönlichkeit eine wichtige Voraussetzung für gute und reichhaltige zwischenmenschliche Beziehungen darstellt.

- Sehen Sie Selbstmanagement als aktiven Vorgang an, der es Ihnen ermöglicht, mit Enttäuschungen, Fehleinschätzungen, Hoffnungslosigkeit und Burn-out zurechtzukommen.

- Bei mißlungenem Selbstmanagement können gelegentlich auch andere Menschen in ihrem Befinden beeinträchtigt werden. Wenn beispielsweise ein Partner seine Zeit oder sein Geld vertut, kann dies Auswirkungen auf den anderen Partner haben.

- Ihr Vertrauen in sich selbst und in die Fähigkeiten anderer erlaubt Ihnen, eine sowohl führende als auch stützende Rolle einzunehmen. Auf diese Weise wird die Einnahme einer fordernden und strafenden Haltung überflüssig.

- Wenn Sie Führungsaufgaben wahrnehmen, sollten Sie auch bei Ihren Mitarbeitern Selbstmanagement fördern. Unterstützen Sie junge Mitarbeiter beim Erlernen neuer Fähigkeiten. Konkurrieren Sie nicht mit ihnen, und fördern Sie kein unterwürfiges Verhalten. Nehmen Sie keine defensive Haltung ein, die nur der Wahrung Ihrer jetzigen beruflichen Stellung dient und dauerhafter Souveränität abträglich ist.

- Überlassen Sie es nicht der Organisation, in der Sie arbeiten, Ihre Weiterentwicklung sicherzustellen, sondern unternehmen Sie selbst Schritte in diese Richtung. Ergreifen Sie die Initiative.

- Stehen Sie zu ihrer Eigenständigkeit als Person, wenn Sie mit Vorgesetzten oder in einer Gruppe gleichgestellter Mitarbeiter sprechen. Gehen Sie dabei auf die Gruppe ein, und grenzen Sie sich nicht aus. In einem professionellen Arbeitsverhältnis können Sie Autorität akzeptieren, ohne Ihr Selbstwertgefühl zu verlieren.

● Übernehmen Sie nicht kritiklos vorgegebene Kriterien für Erfolg oder Mißerfolg. Lernen Sie den hohen Wert selbstbestimmter Kriterien zu schätzen.

● Ihre eigene praktische Philosophie sollte von solchen Ideologien und Modeströmungen Abstand nehmen, die nicht der positiven Weiterentwicklung der eigenen Persönlichkeit dienen.

Wie wir sehen, erfordert effektives Selbstmanagement letztendlich die Fähigkeit, Harmonie zwischen zahlreichen Vorgängen herbeizuführen oder sie wiederherstellen zu können. Diese Vorgänge bringen ihre Veränderungen mit sich, und so bedeutet Selbstmanagement immer auch die Steuerung von Veränderungsprozessen. Veränderung erfordert aber die fortlaufende Bewältigung von Aufgaben und Auflösung von Konflikten. Sollen individuelle Ziele erreicht werden, muß sich der einzelne mit den jeweils gegebenen Umständen auseinandersetzen. Er muß die Bedingungen, unter denen er entscheidet und handelt verstehen und akzeptieren. Wenn Sie sich als Teil eines solchen Vorgangs verstehen und diesen bewußt und gezielt mitgestalten, werden Sie Ihren persönlichen Entwicklungsprozeß voranbringen. Darin besteht effektives Selbstmanagement.

Literatur

Altmann, R.: Warum regiert der Kompromiß die Welt, Herr Altmann? Ein Interview von Heribert Klein. Frankfurter Allgemeine Magazin, Heft 895, S. 66-67 (25. April 1997)

Ambühl, H.; Grawe, K.: Psychotherapeutisches Handeln als Verwirklichung therapeutischer Heuristiken. Psychotherapie, Psychosomatik und medizinische Psychologie, 39:1-10 (1989)

American Psychiatric Association (APA). Diagnostisches und statistisches Manual psychischer Störungen (DSM-IV). Hogrefe, Göttingen (1996)

Anderson, C. A.: Imagination and expectation. The effect of imagining behavioral scripts on personal intentions. Journal of Personality and Social Psychology, 45:293-305 (1983)

Anderson, M. P.: Imaginal processes. Therapeutic applications and theoretical models. In: Mahoney, M. J. (ed.): Psychotherapy process. Current issues and future directions. Plenum, New York (1980)

Argyris, C.: Reasoning, Learning and Action. Jossey-Bass, San Francisco (1983)

Aronson, E.: The social animal. Freeman, New York (1972)

Bandura, A.: Self-efficacy: Toward a unifying theory of behavioral change. Psychological Review, 84:191-215 (1977)

Bandura, A.: Self-regulation of motivation and action through internal standards and goal systems. In: Pervin, L. A. (ed.): Goal concepts in personality and social psychology. Lawrence Earlbaum, Hillsdale, N. J. (1989)

Bandura, A.; Schunk, D. H.: Cultivating competence, self efficacy, and intrinsic interest through proximal self-motivation. Journal of Personality and Social Psychology, 41:586-598 (1982)

Bateson, G.: Ökologie des Geistes. Anthropologische, psychologische biologische und epistemologische Perspektiven. Suhrkamp, Frankfurt a.M. (1981)

Bateson, G.: Geist und Natur. Eine notwendige Einheit. Suhrkamp, Frankfurt a. M. (1982)

Bateson, G.; Jackson, D. D.; Haley, J.; Weakland, J.: Auf dem Wege zu einer Schizophrenie-Theorie. In: Habermas, J.; Henrich, D.; Taubes, J. (Hrsg.): Schizophrenie und Familie. Suhrkamp, Frankfurt a. M. (1969)

Bischof, N.: Struktur und Bedeutung. Eine Einführung in die Systemtheorie. Hans Huber, Bern (1998)

Böning, U.: Coaching für Manager. In: Rosenstiel, L. von; Regnet, E.; Domsch, M. E. (Hrsg.): Führung von Mitarbeitern. Handbuch für erfolgreiches Personalmanagement. Schäffer-Poeschel, Stuttgart (1999)

Bowlby, J.: Bindung. Fischer, Frankfurt a. M. (1984)

Breuer, F.: Psychologische Beratung und Therapie in der Praxis. Quelle & Meyer, Heidelberg (1979)

Carver, C. S.; Scheier, M. F.: Attention and self-regulation. A control-theory approach to human behavior. Springer, New York (1981)

Caspar, F. (Hrsg.): Psychotherapeutische Problemanalyse. Deutsche Gesellschaft für Verhaltenstherapie, Tübingen (1996)

Caspar, F.; Grawe, K.: Psychotherapie. Anwendungen von Methoden oder ein heuristischer, integrierender Produktionsprozeß? In: Christmann, F.; Dietrich, M.; Larbig, W. (Hrsg.): Ambulante Verhaltensmedizin und Psychotherapie. Der Blick über den Zaun. Quintessenz, München (1993)

Ciompi, L.: Affektlogik. Klett-Cotta, Stuttgart (1982)

Ciompi, L.: Zur Integration von Fühlen und Denken im Lichte der „Affektlogik". Die Psyche als Teil eines autopoietischen Systems. In: Kisker, K. P.; Lauter, H.; Meyer, J. E.; Miller, C.; Strömgren, E. (Hrsg.): Psychiatrie der Gegenwart, Bd. 1. Springer, Berlin (1986)

De Waele, M.; Morval, J.; Sheitoyan, R.: Self Management in Organizations. The Dynamics of Interaction. Hogrefe & Huber, Seattle (1993)

Dörner, D.: Problemlösen als Informationsverarbeitung. Kohlhammer, Stuttgart (1976)

Dörner, D.: Die Logik des Mißlingens. Strategisches Denken in komplexen Situationen. Rowohlt, Reinbek (1995)

Einhorn, H. J.; Hogarth, R. M.: Behavioral decision theory: Processes of judgment and choice. Annual Review of Psychology, 32:53-88 (1982)

Faust, D.: Research on human judgment and its application to clinical practice. Professional Psychology: Research and Practice, 17:420-430 (1986)

Festinger, L.: A theory of cognitive dissonance. Stanford University Press, Stanford (1957)

Finke, J.: Empathie und Interaktion. Methodik und Praxis der Gesprächspsychotherapie. Georg Thieme, Stuttgart (1994)

Freud, S. [1904]: Zur Psychopathologie des Alltagslebens. Gesammelte Werke, Bd. IV. Imago, London (1941)

Freud, S. [1916]: Vorlesungen zur Einführung in die Psychoanalyse. Gesammelte Werke, Bd. XI. Imago, London (1940)

Freud, S. [1912]: Totem und Tabu. Gesammelte Werke, Bd. IX. Imago, London (1940)

Freud, S. [1929]: Das Unbehagen in der Kultur. Gesammelte Werke, Bd. XIV. Imago, London (1948)

Gebert, D.: Interventionen in Organisationen. In: Schuler, H. (Hrsg.): Lehrbuch Organisationspsychologie, Hans Huber, Bern (1993)

Gehlen, A.: Moral und Hypermoral. Eine pluralistische Ethik. Akademische Verlagsgesellschaft Athenaion, Wiesbaden (1969)

Gehlen, A.: Urmensch und Spätkultur. Philosophische Ergebnisse und Aussagen. Akademische Verlagsgesellschaft Athenaion, Wiesbaden (1956)

Geus, A. de: Planning as learning. Harvard Business Review, March/April 70-74 (1988)

Gibb, J.: Trust. A New View of Personal and Organizational Development. Guild of Tutors Press, Los Angeles (1978)

Gracián, B.: Hand-Orakel und Kunst der Weltklugheit [1647]. Diogenes, Zürich (1993)

Grawe, K.; Donati, R.; Bernauer, F.: Psychotherapie im Wandel. Von der Konfession zur Profession. Hogrefe, Göttingen (1995)

Grawe, K.; Grawe-Gerber, M.; Heininger, B.; Ambühl, H.; Caspar, F.: Schematheoretische Fallkonzeption und Therapieplanung. Eine Anleitung für Therapeuten. In: Caspar, F. (Hrsg.): Psychotherapeutische Problemanalyse. Deutsche Gesellschaft für Verhaltenstherapie, Tübingen (1996)

Hecht, C.: Kognitive Verhaltenstherapie. Selbstmanagement-Therapie. Ich will mich ändern. In: Petzold, H. (Hrsg.): Wege zum Menschen. Methoden und Persönlichkeiten moderner Psychotherapie, Bd. 2. Junfermann, Paderborn (1984)

Heckhausen, H.: Perspektiven einer Psychologie des Wollens. In: Heckhausen, H.; Gollwitzer, P. M.; Weinert, F. E. (Hrsg.): Jenseits des Rubikon. Der Wille in den Humanwissenschaften. Springer, Berlin (1987)

Heigl-Evers, A.; Heigl, F.: Das Göttinger Modell der Gruppenpsychotherapie. In: Kutter, P. (Hrsg.): Methoden und Theorien der Gruppenpsychotherapie. Psychoanalytische und tiefenpsychologische Perspektiven. Frommann, Stuttgart (1985)

Holling, H.; Müller, G. G.: Theorien der Organisationspsychologie. In: Schuler, H. (Hrsg.): Lehrbuch Organisationspsychologie. Hans Huber, Bern (1995)

Janis, I. L.; Mann, L.: Decision making. A psychological analysis of conflict, choice and commitment. Free Press, New York (1977)

Jung, C. G.: Der Mensch und seine Symbole. Walter, Solothurn (1968)

Jung, C. G.: Die Beziehungen zwischen dem Ich und dem Unbewußten [1928]. Deutscher Taschenbuch Verlag, München (1990)

Kahnemann, D.; Tversky, A.: On the psychology of prediction. Psychological Review, 80:237-251 (1973)

Kaimer, P.: Therapie in komplexen Systemen. Verhaltensmodifikation, 7:213-234 (1986)

Kalidasa [5. Jh.]: Sakuntala. Ein indisches Schauspiel. Aus dem Sanskrit übertragen von Johannes Mehlig. Manesse, Zürich (1987)

Kaminski, G.: Verhaltenstheorie und Verhaltensmodifikation. Klett, Stuttgart (1970)

Kanfer, F. H.: Selbstregulation und Verhalten. In: Heckhausen, H.; Gollwitzer, P. M.; Weinert, F. E. (Hrsg.): Jenseits des Rubikon. Der Wille in den Humanwissenschaften. Springer, Berlin (1987)

Kanfer, F. H.: Basiskonzepte in der Verhaltenstherapie. Veränderungen während der letzten 30 Jahre. In: Hand, I.; Wittchen, H.-U. (Hrsg.): Verhaltenstherapie in der Medizin. Springer, Berlin (1989)

Kanfer, F. H.; Karoly, P.: Self-control. A behavioristic excursion into the lions' den. Behavior Therapy, 3:398-416 (1972)

Kanfer, F. H.; Saslow, G.: Verhaltenstheoretische Diagnostik. In: Schulte, D.: Diagnostik in der Verhaltenstherapie. Urban & Schwarzenberg, München (1974)

Kanfer, F. H.; Reinecker, H.; Schmelzer, D.: Selbstmanagement-Therapie. Springer, Heidelberg (2000)

Kant, I.: Kritik der reinen Vernunft [1781]. Suhrkamp, Frankfurt a. M. (1977)

Kant, I.: Kritik der praktischen Vernunft [1788]. Suhrkamp, Frankfurt a. M. (1977)

Kegan, R.: Die Entwicklungsstufen des Selbst. Fortschritte und Krisen im menschlichen Leben. Kindt, München (1986)

Kets de Vries, M.: The neurotic organization. International Universities Press, New York (1984)

Kets de Vries, M.; Miller, D.: The irrational executive. International Universities Press, New York (1984)

Kipp, J.; Unger, H.-P.; Wehmeier, P. M.: Beziehung und Psychose. Leitfaden für den verstehenden Umgang mit schizophrenen und depressiven Patienten. Georg Thieme, Stuttgart (1996)

Klinger, E.: Current concerns and disengagement from incentives. In: Halish, F.; Kuhl, J. (Hrsg.): Motivation, intention and volition. Springer, Berlin (1987)

Klinger, E.; Barta, S. G.; Maxeiner, M. E.: Current concerns. Assessing therapeutically relevant motivation. In: Kendall, P. C.; Hollon, S. D. (Hrsg.): Assessment strategies for cognitive-behavioral interventions. Academic Press, New York (1981)

Korsybski, A.: Science and sanity. An introduction to non-Aristotelian systems and general semantics. Science Press, Lancaster, P. A. (1933)

Kunzmann, P.; Burkard, F.-P.; Wiedmann, F.: dtv-Atlas zur Philosophie. Deutscher Taschenbuch Verlag, München (1991)

Laing, R. D.: Mystifizierung, Konfusion und Konflikt. In: Bateson, G.; Jackson, D. D.; Laing, R. D.; Lidtz, T.; Wynne, L. C. (Hrsg.): Schizophrenie und Familie. Suhrkamp, Frankfurt a. M. (1969)

Laing, R. D.: Self and Others. Penguin, New York (1971)

Latham, G. P.; Locke, E. A.: Self-regulation through goal setting. Organizational Behavior and Human Decision Processes, 50:212-247 (1991)

Linneweh, K.; Hofmann, L. M.: Persönlichkeitsmanagement: In: Rosenstiel, L. von; Regnet, E.; Domsch, M. E. (Hrsg.): Führung von Mitarbeitern. Handbuch für erfolgreiches Personalmanagement. Schäffer-Poeschel, Stuttgart (1999)

March, J. D.; Simon, H. A.: Organisation und Individuum. Gabler, Wiesbaden (1976)

Mattejat, F.: Indikationsstellung und Therapieplanung. In: Remschmidt, H. (Hrsg.): Psychotherapie im Kindes- und Jugendalter. Georg Thieme, Stuttgart (1997)

Meichenbaum, D.: Kognitive Verhaltensmodifikation. Urban & Schwarzenberg, München (1979)

Milgram, S.: The individual in a social world: Essays and experiments. Addison-Wesley, Reading, M. A. (1977)

Miller, G. A.: The magical number seven, plus or minus two. Psychological Review, 63:81-97 (1956)

Miller, J. G.: Living Systems. McGraw-Hill, New York (1978)

Montada, L.: Die geistige Entwicklung aus der Sicht Jean Piagets. In: Oerter, R.; Montada, L. (Hrsg.): Entwicklungspsychologie. Psychologie Verlags Union, Weinheim (1995)

Neisser, U.: Cognition and reality. Principles and implications of cognitive psychology. Freeman, San Francisco (1976)

Nisbet, R.; Ross, L.: Human inference: Strategies and shortcomings of social judgment. Prentice-Hall, Englewood Cliffs, N. J. (1980)

Oerter, R.: Kultur, Ökologie und Entwicklung. In: Oerter, R.; Montada, L.: Entwicklungspsychologie. Psychologie Verlags Union, Weinheim (1995)

Orlinsky, D. E.; Grawe, K.; Parks, B. K.: Process and outcome in psychotherapy. In: Bergin, A. E.; Garfield, S. L. (Eds.): Handbook of psychotherapy and behavior change. Wiley, New York (1994)

Peirce, C. S.: Entwurf und Zufall [1884]. In: Naturordnung und Zeichenprozeß. Schriften über Semiotik und Naturphilosophie. Mit einem Vorwort von Ilya Prigogine. Herausgegeben und eingeleitet von Helmut Pape. Suhrkamp, Frankfurt a. M. (1991)

Perls, F. S.: Grundlagen der Gestalttherapie. Einführung und Sitzungsprotokolle. Pfeiffer, München (1976)

Pfeffer, J.: Power in organizations. Pitman, Marshfield, M. S. (1981)

Piaget, J.; Inhelder, B.: Die Psychologie des Kindes. Fischer, Frankfurt a. M. (1981)

Powers, W. T.: Behavior and the control of perception. Aldine, New York (1973)

Reinecker, H.: Grundlagen der Verhaltenstherapie. Psychologie Verlags Union, Weinheim (1994)

Riemann, F.: Grundformen der Angst. Eine tiefenpsychologische Studie. Ernst Reinhardt, München (1995)

Rogers, C. R.: The necessary and sufficient conditions of therapeutic personality change. Journal of Consulting Psychology, 21:95-103 (1957)

Rogers, C. R.: Eine Theorie der Psychotherapie, der Persönlichkeit und der zwischenmenschlichen Beziehungen. Gesellschaft für wissenschaftliche Gesprächspsychotherapie, Köln (1987)

Rosenstiel, L. von: Kommunikation und Führung in Arbeitsgruppen. In: Schuler, H. (Hrsg.): Lehrbuch Organisationspsychologie. Hans Huber, Bern (1995)

Rosenstiel, L. von: Grundlagen der Organisationspsychologie. Schäffer-Poeschel, Stuttgart (2000)

Rudolf, G.: Psychotherapeutische Medizin. Ein einführendes Lehrbuch auf psychodynamischer Grundlage. Enke, Stuttgart (1995)

Sandvoss, E. R.: Geschichte der Philosophie, Bd. 1: Indien, China, Griechenland, Rom. Deutscher Taschenbuch Verlag, München (1989)

Schein, E. H.: Organizational culture and leadership. Jossey-Bass, San Francisco (1986)

Schiepek, G.: Systemische Diagnostik in der klinischen Psychologie. Psychologie Verlags Union, Weinheim (1986)

Schiepek, G.: Systemtheorie in der klinischen Psychologie. Psychologie Verlags Union, München (1991)

Schiepek, G.; Kaimer, P.: Systemische Diagnostik im Fluß praktischer Erfahrungen. In: Caspar, F. (Hrsg.): Psychotherapeutische Problemanalyse. Deutsche Gesellschaft für Verhaltenstherapie, Tübingen (1996)

Scholl, W.: Grundkonzepte der Organisation. In: Schuler, H. (Hrsg.): Lehrbuch Organisationspsychologie. Hans Huber, Bern (1995)

Schulte, D. (Hrsg.): Therapeutische Entscheidungen. Hogrefe, Göttingen (1991)

Schulte, D.: Therapieplanung. Hogrefe, Göttingen (1996)

Seligman, M. E.: Erlernte Hilflosigkeit. Urban & Schwarzenberg, München (1983)

Semmer, N.; Udris, I.: Bedeutung und Wirkung von Arbeit. In: Schuler, H. (Hrsg.): Lehrbuch Organisationspsychologie. Hans Huber, Bern (1995)

Senge, P. M.: Die fünfte Disziplin. Klett-Cotta, Stuttgart (1996)

Shazer, S. de: Muster familientherapeutischer Kurzzeit-Therapie. Ein ökosystemischer Ansatz. Junfermann, Paderborn (1992)

Shem, S.: The House of God. Dell, New York (1987)

Simon, H. A.: Entscheidungsverhalten in Organisationen. Moderne Industrie, Landsberg (1981)

Spangler, G.; Zimmermann, P. (Hrsg.): Die Bindungstheorie. Grundlagen, Forschung und Anwendung. Klett-Cotta, Stuttgart (1995)

Stacey, R. D.: Unternehmen am Rande des Chaos. Komplexität und Kreativität in Organisationen. Schaeffer-Poeschel, Stuttgart (1997)

Starck, F.: Urteilsheuristiken. In: Frey, D., Irle, M. (Hrsg.): Theorien der Sozialpsychologie, Bd. III. Motivations- und Informationsverarbeitungstheorien. Hans Huber, Bern (1985)

Sulz, S. K. D.: Eine kognitiv-affektive Entwicklungstheorie als theoretische Grundlegung psychotherapeutischen Handelns. In: Sulz, S. K. D. (Hrsg.): Das Therapiebuch. Erfahrene Therapeuten berichten, wie sie Therapie machen. CIP-Medien, München (1994a)

Sulz, S. K. D.: Zielanalyse und Therapieplanung. In: Sulz, S. K. D. (Hrsg.): Das Therapiebuch. Erfahrene Therapeuten berichten, wie sie Therapie machen. CIP-Medien, München (1994b)

Uexküll, J. von: Nie geschaute Welten. Die Umwelten meiner Freunde. Fischer, Berlin (1936)

Vester, F.: Neuland des Denkens. Vom technokratischen zum kybernetischen Zeitalter. Deutscher Taschenbuch Verlag, München (1984)

Volkamer, K.; Streicher, C.; Walton, K. G.: Intuition, Kreativität und ganzheitliches Denken. Neue Wege zum bewußten Handeln. Suhrkamp, Frankfurt a.M. (1996)

Vollmer, G.: Wissenschaft mit Steinzeitgehirnen? Boehringer, Mannheim (1986)

Watzlawick, P.; Beavin, J. H.; Jackson, D. D.: Menschliche Kommunikation. Formen, Störungen, Paradoxien. Hans Huber, Bern (1969)

Watzlawick, P.; Weakland, J. H.; Fisch, R.: Lösungen. Zur Theorie und Praxis menschlichen Wandels. Hans Huber, Bern (1974)

Watzlawick, P.: Die Möglichkeit des Andersseins. Zur Technik der therapeutischen Kommunikation. Hans Huber, Bern (1977)

Weizsäcker, V. von: Der Gestaltkreis. Theorie der Einheit von Wahrnehmen und Bewegen [1940]. Suhrkamp, Frankfurt a. M. (1973)

Wheeler, D. D.; Janis, I. L.: A practical guide for making decisions. Free Press, New York (1980)

Wöhe, G.: Einführung in die allgemeine Betriebswirtschaftslehre. Vahlen, München (1990)

Zadeh, L. A.: Fuzzy sets. Information and control, 8:338-353 (1965)

Zeier, H.: Arbeit, Glück und Langeweile. Psychologie im Alltag. Hans Huber, Bern (1992)

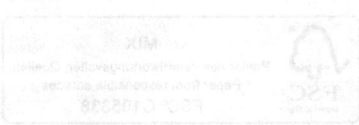

MIX
Papier aus verantwortungsvollen Quellen
Paper from responsible sources
FSC® C105338

FSC
www.fsc.org

Printed by Libri Plureos GmbH
in Hamburg, Germany